Basiswissen Sozialwirtschaft und Sozialmanagement

Reihe herausgegeben von
K. Grunwald, Stuttgart, Deutschland
L. Kolhoff, Wolfenbüttel, Deutschland

Beirat
H. Backhaus-Maul, Halle (Saale), Deutschland
M. Fröse, Dresden, Deutschland
W. Grillitsch, Feldkirchen, Österreich
A. Laib, St. Gallen, Schweiz
A. Langer, Hamburg, Deutschland
W.-R. Wendt, Stuttgart, Deutschland
P. Zängl, Olten, Schweiz

Die Lehrbuchreihe „Basiswissen Sozialwirtschaft und Sozialmanagement" vermittelt zentrale Inhalte zum Themenfeld Sozialwirtschaft und Sozialmanagement in verständlicher, didaktisch sorgfältig aufbereiteter und kompakter Form. In sich abgeschlossene, thematisch fokussierte Lehrbücher stellen die verschiedenen Themen theoretisch fundiert und kritisch reflektiert dar. Vermittelt werden sowohl Grundlagen aus relevanten wissenschaftlichen (Teil-)Disziplinen als auch methodische Zugänge zu Herausforderungen der Sozialwirtschaft im Allgemeinen und sozialwirtschaftlicher Unternehmen im Besonderen. Die Bände richten sich an Studierende und Fachkräfte der Sozialen Arbeit, der Sozialwirtschaft und des Sozialmanagements. Sie sollen nicht nur in der Lehre (insbesondere der Vor- und Nachbereitung von Seminarveranstaltungen), sondern auch in der individuellen bzw. selbstständigen Beschäftigung mit relevanten sozialwirtschaftlichen Fragestellungen eine gute Unterstützung im Lernprozess von Studierenden sowie in der Weiterbildung von Fach- und Führungskräften bieten.

Weitere Bände in der Reihe http://www.springer.com/series/15473

Harald Christa

Personalmarketing

Eine Einführung für
sozialwirtschaftliche Organisationen

Harald Christa
Evangelische Hochschule Dresden
Dresden, Deutschland

ISSN 2569-6009 ISSN 2569-6017 (electronic)
Basiswissen Sozialwirtschaft und Sozialmanagement
ISBN 978-3-658-19489-5 ISBN 978-3-658-19490-1 (eBook)
https://doi.org/10.1007/978-3-658-19490-1

Die Deutsche Nationalbibliothek verzeichnet diese Publikation in der Deutschen National-
bibliografie; detaillierte bibliografische Daten sind im Internet über http://dnb.d-nb.de abrufbar.

Springer VS
© Springer Fachmedien Wiesbaden GmbH, ein Teil von Springer Nature 2019
Das Werk einschließlich aller seiner Teile ist urheberrechtlich geschützt. Jede Verwertung, die
nicht ausdrücklich vom Urheberrechtsgesetz zugelassen ist, bedarf der vorherigen Zustimmung
des Verlags. Das gilt insbesondere für Vervielfältigungen, Bearbeitungen, Übersetzungen,
Mikroverfilmungen und die Einspeicherung und Verarbeitung in elektronischen Systemen.
Die Wiedergabe von Gebrauchsnamen, Handelsnamen, Warenbezeichnungen usw. in diesem
Werk berechtigt auch ohne besondere Kennzeichnung nicht zu der Annahme, dass solche
Namen im Sinne der Warenzeichen- und Markenschutz-Gesetzgebung als frei zu betrachten
wären und daher von jedermann benutzt werden dürften.
Der Verlag, die Autoren und die Herausgeber gehen davon aus, dass die Angaben und Informa-
tionen in diesem Werk zum Zeitpunkt der Veröffentlichung vollständig und korrekt sind.
Weder der Verlag, noch die Autoren oder die Herausgeber übernehmen, ausdrücklich oder
implizit, Gewähr für den Inhalt des Werkes, etwaige Fehler oder Äußerungen. Der Verlag bleibt
im Hinblick auf geografische Zuordnungen und Gebietsbezeichnungen in veröffentlichten Karten
und Institutionsadressen neutral.

Springer VS ist ein Imprint der eingetragenen Gesellschaft Springer Fachmedien Wiesbaden GmbH
und ist ein Teil von Springer Nature
Die Anschrift der Gesellschaft ist: Abraham-Lincoln-Str. 46, 65189 Wiesbaden, Germany

Inhalt

Abbildungsverzeichnis IX

Tabellenverzeichnis XI

Vorwort XIII

1 **Grundlagen** 1
  1.1 Die Umweltabhängigkeit sozialer Organisationen 2
  1.2 Rahmenbedingungen und Herausforderungen
      des Personalmarketings sozialwirtschaftlicher Organisationen . . . 4
      1.2.1 Arbeitsmärke 4
      1.2.2 Die Wohlfahrtspflege als personalintensiver Sektor 7
      1.2.3 Die Wohlfahrtspflege als expansiver
            personalnachfragender Sektor 8
      1.2.4 Das Angebot an Arbeitskräften für die Sozialwirtschaft:
            Prognosen zum Fachkräfteangebot in Deutschland 9
      1.2.5 Ersatzbedarf durch rentenaltersbedingtes Ausscheiden
            aus dem (sozialen) Berufsleben 12
      1.2.6 Ersatzbedarf durch vorzeitig ausscheidende
            Fachkräfte 13
      1.2.7 Der Fachkräftemangel auf operativer
            und Führungsebene 15
  1.3 Marketing als absatzwirtschaftliche Disziplin 17
      1.3.1 Marketing – Begriff, Geschichte und Bedeutung 17
      1.3.2 Die Marketingwissenschaft und ihre Anforderungen
            an eine moderne Führungspraxis 20
      1.3.3 Sozio-Marketing 22

1.4	Personalmarketing		25
	1.4.1 Personalmarketing als funktionaler Teil des Marketings		25
	1.4.2 Personalmarketing „nach außen" und „nach innen"		27
	1.4.3 Der Mitarbeiter als Kunde		28
	1.4.4 Arbeitgeberimage und Employer Branding		29
	1.4.5 Besonderheiten im Personalmarketing für soziale Organisationen		32
Literaturverzeichnis Kapitel 1			34
2	**Mitarbeitendengewinnung**		37
2.1	Maßnahmen zur Akquise von Mitarbeitenden		38
	2.1.1 Interne Personalrekrutierung		38
	2.1.2 Bewerbendenpool		39
	2.1.3 Stellenanzeigen		40
	2.1.4 Exkurs: Kommunikationswirkung		41
	2.1.5 Out-of-Home Werbung		45
	2.1.6 Internet-Recruitment		47
	2.1.7 Arbeitsagentur und private Vermittler		51
	2.1.8 Direktansprache		54
	2.1.9 Messen für Nachwuchskräfte		57
	2.1.10 Events		59
	2.1.11 Zusammenarbeit mit Fachschulen und Hochschulen		61
2.2	Informationsbeschaffung und Analyse		63
	2.2.1 Marktanalyse und -prognose		64
	2.2.2 Stärken-/Schwächen-Analyse		70
	2.2.3 Konkurrenzanalyse		73
	2.2.4 Erarbeitung einer strategischen Ausrichtung		77
Literaturverzeichnis Kapitel 2			81
3	**Mitarbeitendenbindung**		85
3.1	Führungsverhalten		86
	3.1.1 Führungsstil		86
	3.1.2 Wertschätzung		90
	3.1.3 Konstruktive Konfliktbearbeitung und Mediation		92
3.2	Vergütung		94
	3.2.1 Arbeitslohn		94
	3.2.2 Leistungsorientierte Vergütung		95
	3.2.3 Zusätzliche Arbeitgeberleistungen		96
	3.2.4 Exkurs: Bindungstypen		98

3.3	Entwicklungsmöglichkeiten	99
	3.3.1 Fort- und Weiterbildung	99
	3.3.2 Karriereoptionen	101
3.4	Organisation	102
	3.4.1 Aufbauorganisation	102
	3.4.2 Ablauforganisation	104
	3.4.3 Betriebsklima	106
	3.4.4 Aufgabengestaltung	108
	3.4.5 Arbeitsbedingungen	110
3.5	Personalbildung und Personalförderung	112
	3.5.1 Einarbeitung und Integration	112
	3.5.2 Patenschaften und Mentoring	114
	3.5.3 Enlargement, Enrichment, Rotation: Human-Resources-Maßnahmen	115
	3.5.4 Diversity Management	117
	3.5.5 Betriebliche Gesundheitsförderung	119
3.6	Die Mitarbeitendenbefragung als Instrument der Mitarbeitendenbindung	121
	3.6.1 Das Mannheimer Organisationsdiagnose-Instrumentarium	122
	3.6.2 Modell zur Erfassung der Arbeitsbedingungen und der Zufriedenheit von Mitarbeitenden von Rimann und Udris	122
	3.6.3 Die Mitarbeitendenbefragung im Kontext der Verbesserung der Fachkräftebindung	123
3.7	Die Heranziehung von Unternehmensdaten zur Identifikation von Schwachstellen bei der Mitarbeitendenbindung	124
	3.7.1 Fluktuationsrate	124
	3.7.2 Krankenstand	125
	3.7.3 Überlastungsanzeigen	126
	3.7.4 Abmahnungen	126
Literaturverzeichnis Kapitel 3		128
4	**Employer Branding**	133
4.1	Grundlagen des Employer Brandings	134
	4.1.1 Begriff und Bedeutung	134
	4.1.2 Markenpolitik als Basis des Employer Brandings	136
4.2	Erarbeitung und Etablierung einer Arbeitgebermarke	141
	4.2.1 Wesentliche Arbeitsschritte	141

	4.2.2	Die Entwicklung eines Positionierungsprofils	142
	4.2.3	Die Kommunikation einer Arbeitgebermarke	146
4.3	Employer Brand Controlling		152
	4.3.1	Controlling als Managementinstrument des Employer Brandings	152
	4.3.2	Kennzahlen des Employer Brand Controllings	153
	4.3.3	Informationsbeschaffung im Employer Branding Prozess	159
4.4	Besondere Herausforderung des Employer Brandings für soziale Organisationen		162
	4.4.1	Employer Branding und die Kultur der Sozialorganisation	163
	4.4.2	Systemische Herangehensweise	164
Literaturverzeichnis Kapitel 4			167

Zusammenfassung und Ausblick 171
5.1 Zusammenfassung 171
    5.1.1 Rahmenbedingungen und Herausforderungen des Personalmarketings sozialwirtschaftlicher Organisationen 171
    5.1.2 Mitarbeitendengewinnung 172
    5.1.3 Mitarbeitendenbindung 173
    5.1.4 Employer Branding 173
5.2 Ausblick 174
    5.2.1 Der Fachkräftemangel wird noch weiter an Bedeutung gewinnen 174
    5.2.2 Professionelles Personalmarketing als Schlüsselfaktor des Sozialmanagements 175

Gesamtliteraturverzeichnis 179

Abbildungsverzeichnis

Abbildung 1.1	System-/Umwelt-Relationen sozialer Organisationen	3
Abbildung 1.2	Angebot und Nachfrage auf dem Arbeitsmarkt	5
Abbildung 1.3	Bevölkerungsprognose des Statistischen Bundesamts bis 2040	10
Abbildung 1.4	Altersbedingt ausscheidende Altenpflegerinnen und Altenpfleger bei ambulanten und stationären Pflegeeinrichtungen in Hessen	13
Abbildung 1.5	Personalbedarf in Kindertageseinrichtungen bis 2020 aufgrund Übergang in Rente und vorzeitigem Ausstieg	14
Abbildung 1.6	Arbeitsfähigkeit von Mitarbeitenden in verschiedenen Berufsgruppen	15
Abbildung 1.7	Der Marketing-Mix	19
Abbildung 1.8	Die Integrationsfunktion des Marketings im Management	19
Abbildung 1.9	Anforderungen des Marketings an die Verantwortlichen	21
Abbildung 1.10	Sozialwirtschaftliches Leistungs- und Finanzierungsdreieck	23
Abbildung 1.11	Ebenen des Sozio-Marketings	24
Abbildung 1.12	VRIO-Prinzip und Personalmarketing	26
Abbildung 1.13	Personalmarketing nach innen und außen	27
Abbildung 1.14	Image und Verhalten	31
Abbildung 2.1	Stufen der Kommunikationswirkung	43
Abbildung 2.2	Marktanalyse und -prognose in drei Schritten	65
Abbildung 2.3	SWOT-Matrix	71
Abbildung 2.4	Matrix zur Priorisierung von Zielgruppen	80
Abbildung 3.1	Ein Linien-System vs. Linking-Pin-Prinzip	104

Abbildung 3.2	Passung von Bedürfnis und Arbeitsbedingungen	110
Abbildung 3.3	Die „Job Design-Theorie"	116
Abbildung 4.1	Konzept und Ziele des Employer Brandings	135
Abbildung 4.2	Markenführung im Marketing-Mix	137
Abbildung 4.3	Markenidentität und Markenimage	139
Abbildung 4.4	Hauptelemente des Employer Branding	140
Abbildung 4.5	Elemente des Branding Prozesses	142
Abbildung 4.6	Entwicklung eines Positionierungsprofils der Arbeitgebermarke	145
Abbildung 4.7	Positionierung im Employer Branding – Chancen und Gefahren	146
Abbildung 4.8	Logik des Employer Brand Controllings	153
Abbildung 4.9	Ziele von Employer Branding Maßnahmen und mögliche Kennzahlen	154
Abbildung 4.10	Dimensionen einer Marketing-Implementierung	165

Tabellenverzeichnis

Tabelle 1.1	Einflussfaktoren auf Arbeitsmärkten	6
Tabelle 2.1	Vor- und Nachteile der internen Personalrekrutierung	39
Tabelle 2.2	Vor- und Nachteile einer Kandidatensuche über die Agentur für Arbeit	53
Tabelle 2.3	Kennzahlen zur Marktanalyse und Marktprognose für Arbeitskräfte	65
Tabelle 2.4	Marktanalyse und -prognosen am Beispiel dreier Varianten	67
Tabelle 2.5	Leitfragen zur SWOT-Analyse	72
Tabelle 2.6	Konkurrenzanalyse – Beispiel	75
Tabelle 2.7	Inventar zur Erfassung von Arbeitsmotiven	76
Tabelle 2.8	Erfassung des Bedürfnisbefriedigungspotenzials eines Arbeitsplatzes	77
Tabelle 2.9	Strategierichtungen als Ableitung aus der SWOT-Analyse	78
Tabelle 4.1	Instrumentelle Bereiche der Employer-Branding-Kommunikation	148
Tabelle 4.2	Arbeitgeberwahlprozess mit möglichen Kontaktpunkten	148
Tabelle 4.3	Beispiel für einen Employer-Branding-Kommunikationsplan	151
Tabelle 4.4	Beispiel einer kommunikativen Detailplanung	151
Tabelle 4.5	Kennzahlen für den Rekrutierungserfolg	155
Tabelle 4.6	Erhebung zur globalen Arbeitgeberattraktivität	156
Tabelle 4.7	Ergebnis einer Erhebung zur Arbeitgeberattraktivität – Beispiel	157
Tabelle 4.8	Ergebung des affektiven Anteils der Arbeitgeberattraktivität – Beispiel	157

Tabelle 4.9 Erhebung der Bekanntheit einer Arbeitgebermarke – Beispiel   158
Tabelle 4.10 Erhebung der „Arbeitgebervertrautheit" – Beispiel   159
Tabelle 4.11 Gegenüberstellung der Vor- und Nachteile im Alexander-Stift   161

Vorwort

Betriebe und Unternehmen aller Branchen und Sektoren stehen hierzulande vor großen personalpolitischen Herausforderungen, denn Machtverhältnisse auf dem Arbeitsmarkt verschieben sich zugunsten der Beschäftigten. Es ist insbesondere der demographische Wandel, der dazu führen wird, dass die Zahl an Nachwuchskräften künftig deutlich geringer ausfällt als in der Vergangenheit. Die Verfügbarkeit von angemessen qualifizierten Mitarbeiterinnen und Mitarbeitern wird auch in der Sozialwirtschaft eher früher als später zu einem betriebswirtschaftlichen und fachlichen „Engpassfaktor" werden, welcher für die betroffenen Anbieter eine fundierte (Weiter-)Arbeit ernsthaft gefährden und die Wettbewerbsfähigkeit erheblich einschränken kann.

Es muss davon ausgegangen werden, dass soziale Organisationen in den kommenden Jahren in wachsendem Maße mit anderen wirtschaftlichen Sektoren sowie untereinander um engagiertes und gut qualifiziertes Personal als wichtigste Ressource konkurrieren werden. Freie wie öffentliche Träger, Einrichtungen und Dienste der Wohlfahrtspflege werden in Zukunft mehr denn je auf die Fähigkeit angewiesen sein, Personal zu akquirieren und zu binden. Es gilt, als Arbeitgeber attraktiv zu sein und die Arbeitsuchenden zu überzeugen. Organisationen der Sozialwirtschaft werden gleichzeitig gut beraten sein, wenn sie ihre Perspektive auf Personal ausweiten und auch die bereits gewonnenen Mitarbeitenden als „Kunden" sehen, die es zu halten gilt.

Mitarbeitendengewinnung und Mitarbeitendenbindung sind Aufgabe des Personalmarketings. Instrumente und Methoden, aber auch Maximen und Denkweisen dieser Managementdisziplin können helfen, den Herausforderungen des künftigen Fachkräftemangels erfolgreich zu begegnen. Soziale Organisationen können eine ganze Reihe von Ansätzen zur Akquise von Mitarbeiterinnen und Mitarbeitern sowie zur Verstärkung der Bindung ihrer Beschäftigten nutzen. In diesem Band werden solche Optionen vorgestellt werden, die sich Trägern, Einrichtungen und Diensten der Sozialen Arbeit, der Frühen Bildung, der Rehabilitation und Pflege sowie der Gesundheitsversorgung bieten.

Diese Publikation umfasst fünf Kapitel und ist wie folgt strukturiert:

- In Kapitel 1 wird eine Einführung in die Thematik vorgenommen. Den Ausgangspunkt bilden die aktuellen wie künftigen personalwirtschaftlichen Rahmenbedingungen und Herausforderungen für soziale Organisationen. Wir skizzieren die drohende Schere zwischen einer hohen Nachfrage nach Fachkräften und dem prognostizierten Rückgang von Nachwuchs. Dann erfolgt ein Abriss des Marketings und schließlich des Personalmarketings als jenes Managementelement, welches auf die Gewinnung und den Erhalt von Mitarbeitenden konzentriert ist.
- Kapitel 2 wendet sich den kurz- und mittelfristig ausgerichteten Maßnahmen der Personalakquise zu. Im Kontext der operativen Maßnahmen werden klassische und moderne Ansätze wie die interne Personalrekrutierung, die Stellenanzeige, die Out-of-Home Werbung, die Einschaltung von Arbeitsagenturen und privaten Vermittlern sowie das Internet Recruitment und die Direktansprache vorgestellt. Messen für Nachwuchskräfte, Events sowie die Zusammenarbeit mit Fachschulen und Hochschulen werden als Instrumente der mittelfristig angelegten Personalbeschaffung erläutert.
- Kapitel 3 befasst sich mit der erfolgreichen Bindung von Mitarbeiterinnen und Mitarbeitern in sozialen Organisationen. Mit dem Führungsverhalten, der Vergütung, der Schaffung von Entwicklungsmöglichkeiten, den organisationsbezogenen Maßnahmen sowie der Personalbildung und Personalförderung werden zentrale Ansatzpunkte für die Erarbeitung einer mitarbeiterorientierten Bindungsstrategie dargelegt. In diesem Abschnitt werden zudem die Mitarbeitendenbefragung als Instrument der Personalbindung sowie die Heranziehung von Unternehmensdaten zur Identifikation von Schwachstellen erläutert.
- Kapitel 4 umreißt mit dem Employer Branding die langfristig orientierte Politik die Etablierung und Pflege einer erfolgreichen Arbeitgebermarke. Im Zentrum stehen wesentliche Arbeitsschritte des Employer Branding Prozesses, die Profilierung und Kommunikation einer Arbeitgebermarke, das Employer Brand Controlling sowie die besonderen Herausforderungen von Employer Branding in sozialen Organisationen.
- Kapitel 5 enthält eine Zusammenfassung sowie einen Abriss der Perspektiven des Personalmarketings für Organisationen der Sozialwirtschaft.

Der Autor war bestrebt, den Text dieses Buchs so weit als möglich geschlechtsneutral zu verfassen. An einigen wenigen Stellen war dies nicht möglich, da ansonsten der Lesefluss ernsthaft beeinträchtigt gewesen wäre. Dies gilt auch für Zitate, die immer im Original wiedergegeben wurden. Bei der Verwendung der männlichen ist natürlich immer auch die weibliche Form mit gemeint.

Ein Dank gilt den Herausgebern Klaus Grunwald und Ludger Kolhoff sowie Stefanie Laux von Springer VS für ihre freundliche Unterstützung und ihre Geduld bei der Betreuung dieses Bandes.

Harald Christa, im Mai 2018

Grundlagen 1

Zusammenfassung

Die Rahmenbedingungen und Herausforderungen des Personalmarketings sozialwirtschaftlicher Organisationen sind gekennzeichnet durch eine hohe Nachfrage nach Fachkräften sowie einem zurückgehenden Angebot. Träger, Einrichtungen und Dienste des sozialen Sektors sind gezwungen, sich durch Personalmarketing im Wettbewerb um Arbeitskräfte zu behaupten. Das Personalmarketing als Teildisziplin des Marketings ist jenes funktionale Element des Managements, welches für die Gewinnung und Bindung von Mitarbeiterinnen und Mitarbeitern zuständig ist.

Studienziel

In diesem Kapitel soll ein Verständnis für die Relevanz und damit für die Notwendigkeit der Beachtung jener gesellschaftlichen Rahmenbedingungen geschaffen werden, die für den Erhalt und die Entwicklung einer hinreichenden Personalstruktur sozialer Organisationen unerlässlich sind. Die Leserinnen und Leser kennen nach der Lektüre die Rahmenbedingungen der Personalbeschaffung und Personalbindung im sozialen Sektor und wissen um die Bedeutung und den Ansatz des Personalmarketings als Teil des Managements sozialer Organisationen.

1.1 Die Umweltabhängigkeit sozialer Organisationen

In diesem ersten Abschnitt werden Sichtweisen soziologischer sowie organisations- und managementtheoretischer Ansätze auf Umweltbeziehungen und Umweltabhängigkeiten von Organisationen vorgestellt.

- Bereits in der Systemtheorie der 1950er-Jahre wurde darauf hingewiesen, dass die Grundfunktionen eines jeden sozialen Systems nicht nur in der Zielsetzung und Verwirklichung, in der Integration und Kontrolle der Handlungen in den Subsystemen sowie im Aufbau und Erhaltung der Sozialstruktur und in der Mitgliedermotivation bestehen, sondern auch in der „Adaption" im Sinne einer Umweltorientierung zur Sicherstellung des Ressourcenzugangs (Parsons und Smelser 2001, S. 36 ff.). Neben der Zielerreichung durch Ressourcennutzung, der Bewahrung von organisationaler Handlungskonsistenz und dem Aufbau und der Pflege von Normen und Werten obliegt mithin jeder Organisation auch die Passung und Anpassung an ihre systemrelevanten Umwelten.
- Auch frühe situative Ansätze der Organisations- und Managementtheorie verwendeten bereits die Vorstellung von einem angemessenen „organizational fit" von Unternehmens- und Umweltmerkmalen, welcher zu einem ökonomischen Erfolg führt. Die jeweilige Organisationsstruktur, prozessuale Koordinationsformen, Führungsstile und Angebote spielten in diesen Modellen dabei eine besondere Rolle. Korrespondierend damit wurden u. a. das Informationsproblem (bei der Umweltbeobachtung) und die Unsicherheit von (strategischen) Entscheidungen thematisiert (Stinchcombe 1990; March und Simon 1993).
- Im System-/Umwelt-Paradigma der neueren Systemtheorie der 1980er Jahre wurden Organisationen auch unter dem Primat der Umweltoffenheit des Systems einerseits, der Komplexität und Turbulenz von Umwelten andererseits betrachtet, wobei die System-/Umwelt-Relationen der Organisation, die Strategie der Umweltbeobachtung und die Strategie der Reduktion von Komplexität besonders hervorgehoben worden sind (bspw. Luhmann 1987). Im Zentrum der entsprechenden Rezeption durch die Managementliteratur standen u. a. die Möglichkeiten eines Betriebs oder einer Unternehmung, die Strategie, die Strukturen und Operationen an die (vom System beobachtbaren) Umweltbedingungen und -veränderungen anzupassen.
- In der Betriebswirtschaftslehre werden Unternehmen und Betriebe als eingebettet in ökonomische, sozio-kulturelle, technologische und politisch-rechtliche Umwelten sowie im Kontext der jeweiligen Branche, des jeweiligen Markts und des Wettbewerbs interpretiert (bspw. Jung et al. 2016, S. 303). Somit müssen die Unternehmen und Betriebe als offene soziale Systeme „nicht isoliert in ihrer Binnenstruktur, sondern von vornherein in ihrer Verflechtung

mit Wirtschaft und Gesellschaft betrachtet werden" (Bleicher und Abegglen 2017, S. 130). Der Leitung von Betrieben und Unternehmen als sozio-technische Systeme obliegt vor diesem Hintergrund die Aufgabe der Gestaltung eines institutionellen Rahmens, der es ermöglicht, eine handlungsfähige Ganzheit über ihre Zweckerfüllung überlebens- und entwicklungsfähig zu halten (Ulrich und Fluri 1992, S. 113).

- Auch in der Literatur zum Sozialmanagement werden Organisationen der Wohlfahrtspflege als zielgerichtete, produktive, soziale und umweltabhängige Systeme verstanden, wobei in Bezug auf die letztgenannte Komponente die Austauschbeziehungen mit vielen Interessensträgern, die systeminterne Ausrichtung der Leistungen an zum Teil widersprüchliche Umweltanforderungen, die Potenziale und Grenzen von Veränderungen aufgrund von Umweltveränderungen sowie die Spannung zwischen Organisationsprofil und Umweltoffenheit als besondere Herausforderungen für den Erhalt und die Entwicklung von Trägern, Einrichtungen und Diensten thematisiert werden (bspw. Schwarz 1996, S. 17; Merchel 2009, S. 79).

Soziale Organisationen unterscheiden sich von erwerbswirtschaftlichen Betrieben und Unternehmen also nicht in Bezug auf den Umstand, dass sie in einer ganzen Reihe von auf Austausch bezogenen Beziehungen zu diversen Umwelten bzw.

Abbildung 1.1 System-/Umwelt-Relationen sozialer Organisationen (eigene Darstellung)

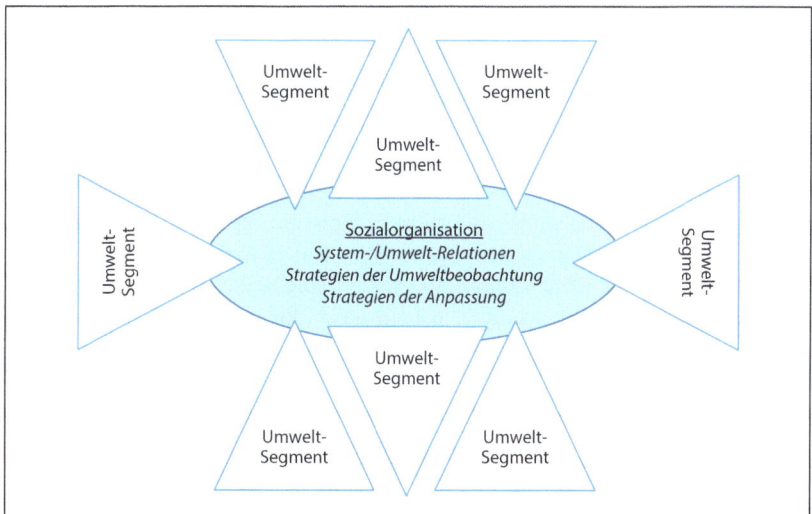

Umweltsegmenten stehen. Zu nennen sind die verschiedenen Quellen der Finanzierung, der Lieferung von Sachgütern ebenso wie Informationen. Im Kontext des vorliegenden Bandes interessieren vor allem jene System-/Umwelt-Relationen, welche auf den Produktionsfaktor „Arbeit", mithin das Personal, bezogen sind. Aufgrund der immensen Bedeutung, die Fachkräfte im Sozialbereich innehaben, empfiehlt sich die „strategische Vorausschau" auf Chancen, jedoch auch auf die Risiken von Umweltveränderungen: „Aufgabe des Prozesses der strategischen Vorausschau ist die frühzeitige Identifikation neuer Entwicklungen im Umfeld des Unternehmens und die firmenweite Auseinandersetzung mit den wichtigsten dieser Trends und Szenarien. Ziel ist es, die Zukunft proaktiv zu entwerfen. Das heißt, Gefahren sollen erkannt und bearbeitet werden, bevor sie unhandhabbar und zu Risiken für das Unternehmen werden; Gelegenheiten sollen aufgespürt und als gebotene Chance genutzt werden, bevor das Unternehmen sie an Konkurrenten verliert" (Müller-Stevens und Lechner 2016, S. 189).

1.2 Rahmenbedingungen und Herausforderungen des Personalmarketings sozialwirtschaftlicher Organisationen

Ausgehend von Märkten für Arbeit und der Bedeutung von Personal in sozialen Organisationen sollen nun wesentliche Aussagen einschlägiger Prognosen zur mittel- und langfristigen Fachkräftesituation im sozialen Sektor dargelegt werden, um die personalwirtschaftliche Perspektive von Trägern, Einrichtungen und Diensten der sozialen Arbeit, der Rehabilitations-, der Pflege- und der Gesundheitswirtschaft zu verdeutlichen.

1.2.1 Arbeitsmärke

Wie die Volkswirtschaftslehre ausführt, ist es Sinn und Zweck eines Marktes, Angebot und Nachfrage nach einem bestimmten Gut (einem Produkt oder einer Dienstleistung) zusammenzuführen. Es existiert eine Reihe von Märkten, so z. B. der Markt für Konsumgüter und Dienstleistungen, für Immobilien und für Aktien – und für den „Produktionsfaktor Arbeit". Im Falle von Arbeitsmärkten treffen Anbieter (Unternehmen) und Nachfrager von Arbeitsplätzen (Arbeitnehmende) mit ihren Plänen und Intentionen zusammen. Zu beachten ist in terminologischer Hinsicht, dass es auf dem Arbeitsmarkt gleichzeitig ein Angebot an Arbeitskräften (durch die Arbeitnehmenden) und eine Nachfrage nach Arbeitskräften (durch die Unternehmen und Betriebe als Arbeitgeber) gibt:

- Arbeitnehmende sind Anbieter von Arbeitskraft und gleichzeitig Nachfrager nach Arbeitsplätzen,
- Arbeitgeber sind Anbieter von Arbeitsplätzen und Nachfrager nach Arbeitskraft.

Marktmechanismen können aufgrund ihrer Koordinationsfunktion für Anbieter und Nachfrager durchaus sehr leistungsfähig und wohlstandsförderlich sein. Im neoklassischen Idealfall tendieren Märkte zu einer Deckung von Angebot und Nachfrage, man spricht dann von einer „Markträumung" bzw. von einem „Markt im Gleichgewicht". In vollkommen homogenen Märkten erfolgt eine Regelung rein über den Preismechanismus. Insbesondere beim Arbeitsmarkt kann jedoch nicht von einer idealen Wechselbeziehung von Angebot und Nachfrage ausgegangen werden, man spricht in diesem Zusammenhang von eingeschränkten Marktstrukturen (bspw. Bofinger 2015):

- So kann der Preis bei einem Überangebot des Produktionsfaktors Arbeit nicht beliebig tief sinken, da sonst das Existenzminimum unterschritten werden könnte.
- Weder bei Arbeitgebern noch bei Arbeitssuchenden liegt eine vollständige Information vor, schon gar kein streng rationales Verhalten. Wir müssen vielmehr von einer Intransparenz auf Arbeitsmärkten ausgehen und den Marktpartnern (auch) subjektive Kriterien bei der Bestimmung ihres Marktverhaltens unterstellen.
- Bei der Arbeitskraft handelt es sich zudem um ein heterogenes Gut mit unterschiedlichen Qualifikationen, Talenten, Fähigkeiten zur Mobilität usw. In

Abbildung 1.2 Angebot und Nachfrage auf dem Arbeitsmarkt (eigene Darstellung)

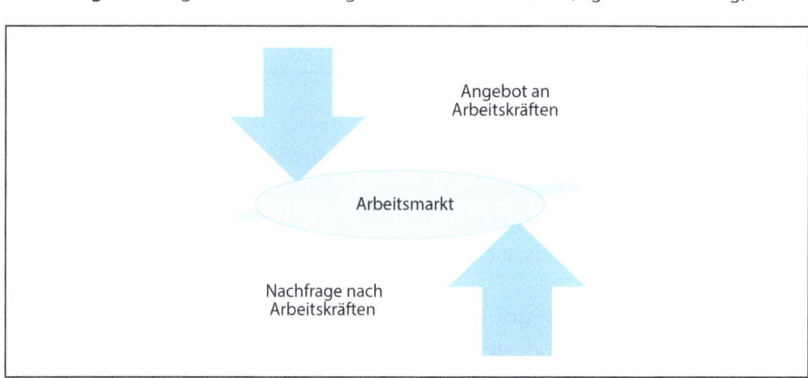

einem mehr oder weniger großen Umfang weisen Volkswirtschaften eine sogenannte „persistente unfreiwillige Arbeitslosigkeit", Profildiskrepanzen zwischen Angebot und Nachfrage („Mismatch-Arbeitslosigkeit") sowie regionale Ungleichgewichte auf Arbeitsmärkten auf.

- Bei der Aushandlung des Preises für die „Ware Arbeitskraft" übernehmen oftmals Gewerkschaften mit großer Verhandlungsmacht die Position der einzelnen (atomisierten) Arbeitnehmerinnen und Arbeitnehmer. Viele der entsprechenden Vereinbarungen werden für „allgemeinverbindlich" erklärt und gelten damit für ganze Branchen.
- Gesetzliche Bestimmungen regeln eine Vielzahl von Verhaltensweisen auf dem Arbeitsmarkt, so zum Beispiel über den Arbeitsschutz, die Mitbestimmung sowie den Arbeits- und Kündigungsschutz. Arbeitsmärkte sind zudem häufig durch den Umstand gekennzeichnet, dass der an sich hochflexible Preis für die „Ware Arbeitskraft" als klassischer Marktmechanismus über die Reglements einer Mindestlohngesetzgebung außer Kraft gesetzt werden (können) und die Vergütung damit auch hierüber nicht (mehr) dem freien Spiel von Angebot und Nachfrage überlassen ist.

Arbeitsmärkte werden durch eine Reihe von Faktoren auf der Angebots- und Nachfrageseite beeinflusst, zu nennen sind insbesondere:

Tabelle 1.1 Einflussfaktoren auf Arbeitsmärkten

Angebotsseite	Nachfrageseite
• Demografie	• Konjunktur
• Migration	• Wirtschaftswandel
• Ausbildungsverhalten	• Strukturveränderungen
• Qualifikationsverhalten	• Lohnkosten
• Erwerbsverhalten	• Arbeitszeit
• Verrentungsregelungen	• Altersstruktur der Beschäftigten
• Lohnstrukturen	

Trotz vielfältiger Regelungen und politischer Bestrebungen zur Konsolidierung kann es auf Arbeitsmärkten zu nachhaltigen Ungleichgewichten kommen. In der Historie der bundesdeutschen Märkte für Arbeit kennen wir sowohl gravierende Überhänge an Nachfragen als auch an Angeboten.

- So musste in der Phase des sogenannten „Wirtschaftswunders" von Beginn der 1950er- bis gegen Ende der 1960er-Jahre im Westen Deutschlands bei sehr geringer Arbeitslosenquote von einem zumindest latenten Arbeitskräftemangel in einigen Branchen gesprochen werden. In einigen Bereichen wie z. B. der Automobilindustrie herrsche sogar ein massiver Überhang an freien Stellen vor, so dass eine gezielte Anwerbung ausländischer Arbeitnehmerinnen und Arbeitnehmer u. a. aus dem Mittelmeerraum erfolgte.

- Im Zusammenhang mit den beiden Ölpreiskrisen von 1973 und 1980 stiegen die Arbeitslosenzahlen jedoch wieder erheblich und verblieben längere Zeit auf einem relativ hohen Niveau.
- Seit dem Jahr 2005 verzeichnen wir in Deutschland einen gravierenden Rückgang der Arbeitslosigkeit, derzeit (mit Stand Frühjahr 2018) entwickelt sich die Aussicht weiterhin günstig. Für ältere Menschen und Geringqualifizierte bestehen jedoch nach wie vor höhere Arbeitsmarktrisiken als für jüngere und gut qualifizierte Arbeitssuchende.

1.2.2 Die Wohlfahrtspflege als personalintensiver Sektor

Die Relevanz des Produktionsfaktors Personal in Organisationen der sozialen Arbeit, der Frühen Bildung, der Rehabilitation sowie der Pflege- und der Gesundheitswirtschaft erklärt sich durch den Umstand, dass es sich bei den Angeboten in diesen Feldern um personenbezogene Dienstleistungen handelt. Solche Leistungsfelder sind betriebswirtschaftlich dadurch bestimmt, dass sie mit geringem bis keinem maschinellen bzw. technologischen Aufwand operieren, die eigentliche Tätigkeit mithin im Wesentlichen durch Menschen an Menschen erbracht wird. Für die Leistungserbringer und die öffentlichen Leistungsträger ergibt sich die korrespondierende Problematik, dass personenbezogene soziale Dienstleistungen nicht einer Produktivitätssteigerung (wie z. B. in der Industrie durch den Einsatz von Technik bzw. IT) unterworfen werden können. Nicht ganz zuletzt muss die Arbeit in den genannten Sektoren als kommunikationsintensiver und damit zumindest potenziell spannungsanfälliger als in bspw. technischen Berufszweigen wahrgenommen werden.

Dies hat Konsequenzen für die Steuerung sozialer Betriebe und Unternehmen:

- Für die Bedingung der Möglichkeit einer Leistungserbringung muss das Personal als „Engpassfaktor" bezeichnet werden, denn ohne eine quantitativ hinreichende und qualitativ angemessene Besetzung von Stellen ist die Arbeit von Einrichtungen und Diensten des sozialen Sektors nicht möglich. Eine Betriebserlaubnis wird in der Regel nur bei Erfüllung der jeweils vorgegebenen Stellenschlüssel sowie der entsprechenden Fachkraftquote erteilt bzw. aufrechterhalten.

- Personal kann gleichermaßen als entscheidender Kosten- wie Erfolgsfaktor angesehen werden. Je nach Arbeitsfeld ist von einem Anteil des Personalaufwands an den gesamten Kosten in Höhe von 70 bis 90 Prozent auszugehen. Die Qualität (i. S. v. Wirkung) der personenbezogenen Leistungen ist stark abhängig von der Ausbildung der Fachkräfte, sie können nicht durch Geringqualifizierte oder ehrenamtlich/freiwillig Tätige ersetzt werden.

In struktureller Hinsicht zeichnen sich die verschiedenen sozialen Arbeitsfelder nahezu durchgehend dadurch aus, dass sie mit einem hohen Frauenanteil sowie mit einem vergleichsweise hohen Anteil von Teilzeitarbeit operieren. Für die hauptamtlich Beschäftigten gelten in den meisten Trägern die gleichen Mitbestimmungsregelungen und arbeitsrechtlichen Vorgaben wie in der profitorientierten Wirtschaft. Ausnahmen bilden Leistungserbringer unter kirchlicher Trägerschaft sowie einige wenige weitere Trägerschaften mit einem Sonderstatus.

1.2.3 Die Wohlfahrtspflege als expansiver personalnachfragender Sektor

Einrichtungen und Dienste des Sozial-, Kita-, Rehabilitations-, Pflege- und Gesundheitsbereichs können als einer der in der Vergangenheit besonders stark expandierenden Wirtschaftszweige angesehen werden. Laut Boeßenecker und Vilain (2013, S. 52) hat sich die Beschäftigtenzahl alleine im Bereich der Freien Wohlfahrtspflege von rund 380 000 Personen im Jahr 1970 auf 1,5 Millionen im Jahr 2008 erhöht. Die neuesten verfügbaren Zahlen aus dem Jahr 2012 zeigen, dass dieser Trend sich weiter fortgesetzt hat, mittlerweile sind rund 727 700 Personen in Vollzeit und rund 946 200 Menschen in Teilzeit dort beschäftigt. Die Verbandsebenen, die Einrichtungen, Dienste und Träger der Freien Wohlfahrtspflege beschäftigen derzeit rund vier Prozent aller Erwerbspersonen in Deutschland (Bundesarbeitsgemeinschaft der Freien Wohlfahrtspflege 2012, S. 10 ff.).

Wie viele junge Menschen dem Arbeitsmarkt im Bereich der sozialen Arbeit, der Pflege oder der Elementar- und Hortpädagogik künftig zur Verfügung stehen, hängt von diversen Rahmenbedingungen wie der Vergütungshöhe und der Zahl der Ausbildungsplätze in diesen Sektoren ebenso ab wie von der Entwicklung des Berufsbildes und alternativen Möglichkeiten auf dem Arbeitsmarkt. Derzeit werden Maßnahmen zur Fachkräftesicherung auch in der politischen Diskussion prominent erörtert. Möglicherweise können verstärkte bildungspolitische Anstrengungen dazu führen, dass die Zahl der Schulabgängerinnen und Schulabgänger ohne Abschluss ebenso reduziert wird wie die der Studienabbrüche. Unter Umständen gelingt es auch, die Erwerbsbeteiligung von Menschen über 55 Jahren sowie von Frauen weiter zu erhöhen und das Fachkräftepotenzial über eine forcierte Anwerbung qualifizierter Personen im erwerbsfähigen Alter aus dem Ausland zu stützen. Im Augenblick gehen jedoch viele Experten davon aus, dass Maßnahmen wie die Ausweitung von Ausbildungsbedingungen für Fachkräfte im sozialen Bereich nicht die künftigen Disparitäten zwischen der Nachfrage und dem Potenzial eliminieren können. Im Hinblick auf die Bewertung der verschiedenen arbeitsmarktpolitischen Ansatzpunkte für Pflegefachkräfte äußert bspw. Bogai (2014, S. 117) eine „erhebliche Skepsis über deren Beitrag zur nennenswerten Erhöhung des Angebots an Pflegekräften".

Nicht zuletzt hängt die Nachfrage des sozialen Sektors nach adäquat ausgebildeten Arbeitskräften auch stark davon ab, wie hoch der Bedarf an sozialpädagogischen, erzieherischen und pflegerischen Leistungen in der Zukunft ausfällt bzw. wie viele Einrichtungen und Dienste künftig mit welcher Ausstattung existieren werden. Zumindest zum gegenwärtigen Zeitpunkt sind indes keine Anhaltspunkte zu erkennen, dass die personenbezogenen sozialen Dienstleistungen mittel- bis langfristig quantitative Einbußen in nennenswertem Umfang erfahren werden. Im Gegenteil können für nicht wenige Bereiche des sozialen Sektors wachsende Bedarfe und Bestrebungen zu einem Ausbau erkannt werden. So soll eine weitere Expansion der öffentlichen Kinderbetreuungsangebote u.a. die Chancen für Mütter mit jüngeren Kindern im Haushalt (als jene Gruppe mit der geringsten Erwerbsbeteiligung und der geringsten durchschnittlichen Wochenarbeitszeit) erhöhen, am Erwerbsleben zu partizipieren. Besonders deutlich werden demographische Entwicklungen auf der Personal- und auf der Bedarfsseite im Bereich der Pflege und Gesundheitsversorgung von Senioren. Dieser Sektor hat bereits in den vergangenen zwanzig Jahren eine bedeutsame Ausweitung erfahren. Die Beschäftigung der Gesundheits- und Krankenpfleger ist nach Angaben der Gesundheitsberichterstattung des Bundes bereits zwischen den Jahren 2000 und 2011 um rund 100 000 bzw. umgerechnet in Vollzeitkräfte um rund 50 000 Personen angestiegen (Bogai 2014, S. 108f.).

1.2.4 Das Angebot an Arbeitskräften für die Sozialwirtschaft: Prognosen zum Fachkräfteangebot in Deutschland

Das Angebot an Arbeit – und damit die Möglichkeiten der Arbeitgeber zur Akquise von bedarfsgerecht qualifiziertem Personal – wird wie oben gesehen durch verschiedene Faktoren bestimmt, maßgeblich jedoch von der Altersstruktur einer Gesellschaft. Künftige Herausforderungen auf dem Arbeitsmarkt entstehen in Deutschland durch einen gleichzeitigen Bevölkerungsrückgang und einen Alterungsprozess der Gesellschaft. Dies bedeutet, dass ohne gravierende externe Ef-

Abbildung 1.3 Bevölkerungsprognose des Statistischen Bundesamts bis 2040 (Statistisches Bundesamt 2015, S. 22 ff., eigene Darstellung)

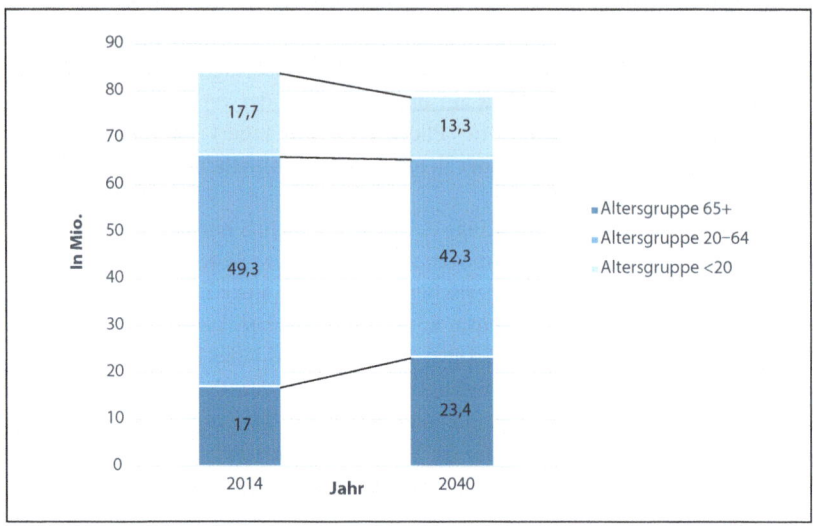

fekte mittelfristig die Zahl der Kinder und Jugendlichen sowie der jüngeren Personen im erwerbsfähigen Alter absinken, die Zahl der älteren Arbeitnehmenden sowie der Senioren dagegen deutlich ansteigen wird.

Abbildung 1.3 zeigt die Prognose der Bevölkerung in den Altersgruppen unter 20, 20 bis 64 sowie 65 Jahre und älter gemäß der 13. koordinierten Bevölkerungsvorausberechnung des Statistischen Bundesamts, ausgehend von einem Bestand des Jahres 2014 bis zum Jahr 2040. Diese Prognose konnte noch nicht die Migrationswelle des Jahres 2015 sowie die etwas gestiegene Fertilität erfassen. Daher wurde für diese Abhandlung jene Variante des Statistischen Bundesamtes zur Ansicht herangezogen, bei welcher mit einer stärkeren Zuwanderung sowie einer Geburtenhäufigkeit von 1,4 Kindern je Frau kalkuliert wurde.

Naturgemäß sind Voraussagen zu gesellschaftlichen und ökonomischen Entwicklungen lediglich Schätzungen, die auf bestimmten Annahmen beruhen. Somit müssen auch Vorhersagen zum Bedarf an Fachkräften in sozialen Berufen stets mit einer gewissen Vorsicht behandelt werden. Allerdings gehen auch aktuellere Schätzungen als die der oben angeführten Bevölkerungsvorausberechnung des Statistischen Bundesamts davon aus, dass ein Fachkräfteengpass selbst bei Berücksichtigung weiterhin hoher Zuwanderungsraten und einer weiterhin anstei-

genden Teilhabe am Erwerbsleben der Frauen und älteren Menschen zu erwarten ist.
Einige Schlaglichter sollen dies verdeutlichen:

- „Das Erwerbspersonenpotenzial in Deutschland wird voraussichtlich sinken. Selbst Szenarien mit optimistischen Annahmen zeigen, wie schwer es wird, diesen Trend zu verlangsamen". Zu diesem Fazit gelangten die Autoren des Berichts zur Projektion des Erwerbspersonenpotenzials bis 2060 des Instituts für Arbeitsmarkt- und Berufsforschung aus dem Jahre 2017 (Fuchs et al. 2017, S. 7). Es wird also zum gegenwärtigen Zeitpunkt davon ausgegangen, dass dieser Trend nicht maßgeblich umkehrbar ist. Wie stark sich die genannten Einschnitte auf die Wirtschaft ohne Anpassung durch Effizienzverbesserung auswirken können, zeigt ein weiteres Zitat aus dem genannten Bericht: „Um den Rückgang des angebotsseitigen Arbeitsvolumens völlig zu stoppen, wäre [...] eine unrealistische Erhöhung der durchschnittlichen Wochenarbeitszeit um bis zu 20 Stunden pro Beschäftigten erforderlich" (a.a.O., S. 8). Ein mittel- und langfristig relativ starker Rückgang der Erwerbspersonen muss trotz Verbesserungen in den vergangenen Jahren nach wie vor für die ostdeutschen Bundesländer, insbesondere Sachsen-Anhalt, Thüringen und Mecklenburg-Vorpommern erwartet werden, jedoch werden auch westdeutsche Regionen von diesem Trend betroffen sein.
- Den Langfristprojektionen des Instituts für Arbeitsmarkt- und Berufsforschung (2015, S. 7) gemäß, könnte es vor allem im sogenannten „mittleren Qualifikationsbereich" zu Schwierigkeiten kommen. In Gesundheitsberufen sind dabei Engpässe sowohl bei akademischen wie nicht-akademischen Berufsfeldern nahezu sicher – bezüglich der Altenpflege wird von erheblichen Problemen ausgegangen. Die Bundesregierung verweist mit Zahlen des Statistischen Bundesamtes und des Bundesinstitutes für Berufsbildung darauf, es könnte allein der demografische Wandel „dazu führen, dass der Bedarf an Pflegevollkräften (sowohl Fachkräfte als auch Pflegehelfer) bis 2025 um rund 27 Prozent gegenüber 2005 ansteigt. Dies könnte bei konstanter Fortschreibung der Beschäftigungsstruktur zu einer Lücke von ausgebildeten Pflegekräften von rund 200 000 Pflegekräften im Jahre 2025 führen" (bund.de 2016).
- Es ist davon auszugehen, dass auch der Kita-Bereich die junge Generation künftig noch intensiver als heute umwerben muss. Bereits bis 2020 ist laut einer Studie der Arbeitsstelle für Kinder- und Jugendhilfestatistik im Forschungsverbund Deutsches Jugendinstitut/Technische Universität Dortmund mit einem Bedarf an zusätzlichen Fachkräften in Höhe von 196 000 Personen in Kindertageseinrichtungen zu rechnen (vbw 2012, S. 16).

- Bosch (2014, S. 28) hat den Umbruch in Arbeitsmarkt und Beschäftigung für soziale Organisationen in Arbeitsvolumina umgerechnet und kalkuliert für die Sozial-, Pflege- und Gesundheitswirtschaft bis zum Jahr 2030 in toto einen Personalmangel in Höhe von einer Dreiviertelmilliarde Arbeitsstunden.
- Dass nicht nur die frei-gemeinnützigen, die privat-gewerblichen sowie die öffentlichen Leistungserbringer von einem Fachkräftemangel bedroht sind, zeigen die Ergebnisse einer Studie von Merchel et al. (2012, S. 192 ff.), wonach in einer bundesweiten Befragung von Verantwortlichen des Allgemeinen Sozialen Dienstes 58 Prozent der Führungskräfte die Besetzung von neuen Stellen als künftig problematisch einschätzen. Auch die Leistungsträger verspüren bzw. antizipieren also einen Wettbewerb um qualifizierte Mitarbeitende und müssen sich auf wachsende Herausforderungen im Bereich der Personalrekrutierung einstellen.

1.2.5 Ersatzbedarf durch rentenaltersbedingtes Ausscheiden aus dem (sozialen) Berufsleben

Die demographische Wende auf dem Arbeitsmarkt ist in hohem Maße dem Umstand geschuldet, dass in den kommenden zwanzig Jahren ein nicht unerheblicher Teil der sogenannten „Baby-Boomer-Generation" in das Rentenalter kommen wird[1]. Nach Schätzungen des Bundesministeriums für Arbeit und Soziales (2013, S. 13) muss bis zum Jahr 2030 davon ausgegangen werden, dass in Deutschland die Zahl der Erwerbspersonen über 55 Jahre – und damit der rentennäheren Arbeitskräfte – um nahezu drei Millionen ansteigen wird.

Bei gleichzeitig höherer Lebenserwartung und der größeren Zahl an älteren und alten Menschen mit Bedarf an Pflege- und Gesundheitsleistungen entsteht also nahezu zwangsläufig eine Lücke im Fachkräftepotenzial. Bis 2030 entsteht bspw. laut den neuesten Hochrechnungen des Hessischem Pflegemonitors in diesem Bundesland ein altersbedingter Ersatzbedarf in Höhe von 55 Prozent für ausscheidende Gesundheits- und (Kinder-)Krankenpflegerinnen und Krankenpfleger bei ambulanten und stationären Pflegeeinrichtungen. Die Quote bei Altenpflegerinnen und Altenpflegern liegt bei 40 Prozent (hessischer-pflegemonitor.de 2015). Abbildung 1.4 visualisiert die Relationen des altersbedingten Ersatzbedarfs zum Bestand in Hessen, die Angaben beziehen sich auf Vollzeitkräfte.

---

[1] Für die nachfolgenden (also nach 1970 geborenen) Kohorten sprechen wir dagegen von den „geburtenschwachen Jahrgängen".

Abbildung 1.4 Altersbedingt ausscheidende Altenpflegerinnen und Altenpfleger bei ambulanten und stationären Pflegeeinrichtungen in Hessen (Angaben in Vollzeitkräften, hessischer-pflegemonitor.de 2015, eigene Darstellung)

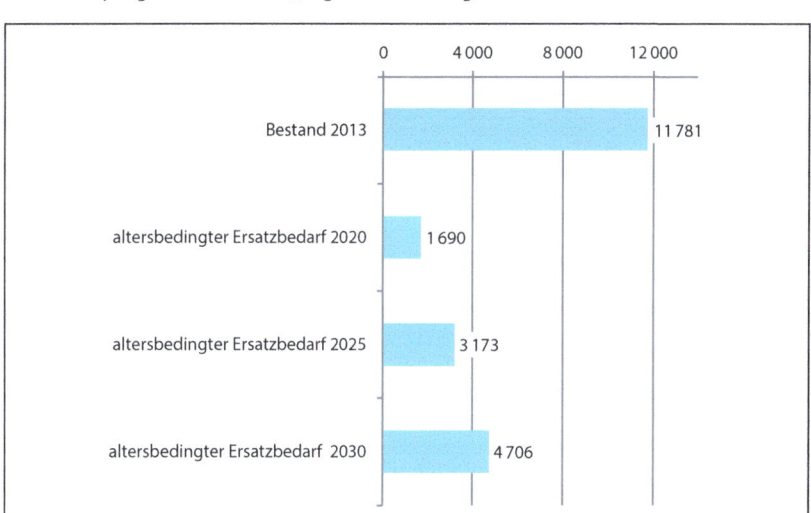

1.2.6 Ersatzbedarf durch vorzeitig ausscheidende Fachkräfte

Für eine Abschätzung des Bedarfs an Neueinstellungen ist nicht nur der Ersatzbedarf für rentenbedingt ausscheidende, sondern auch für vorzeitig ausscheidende Fachkräfte einzuberechnen. In einer im Jahr 2012 veröffentlichten Studie gehen die Experten der Arbeitsstelle für Kinder- und Jugendhilfestatistik im Forschungsverbund Deutsches Jugendinstitut/Technische Universität Dortmund davon aus, dass bei einem unterstellten Ersatzbedarf in Höhe von einem Prozent der Belegschaft rund 23 500 Fachkräfte im Kita-Bereich aufgrund eines vorzeitigen Ausstiegs benötigt werden (vbw 2012, S. 11).

Alarmierende Informationen zum Ersatzbedarf aufgrund vorzeitigen Ausscheidens aus dem Beruf hat die „NEXT-Studie" für den Sektor der Pflege- und Gesundheitswirtschaft ermittelt. Den Ergebnissen der Befragungen von Pflegekräften ist zu entnehmen, dass 19 Prozent der Fachkräfte im Bereich des Krankenhauses häufig (d. h. einige Male pro Monat oder sogar häufiger) an einen Berufsausstieg denken, in Alten- und Pflegeheimen sind dies immerhin 16 Prozent. Darüber hinaus möchten 29 Prozent der Befragten des Krankenhausbereichs und 25 Prozent in Alten- und Pflegeheimen die Einrichtung verlassen bzw. wechseln (Simon et al. 2005, S. 51 ff.).

Abbildung 1.5 Personalbedarf in Kindertageseinrichtungen bis 2020 aufgrund Übergang in Rente und vorzeitigem Ausstieg (vbw 2012, S. 7, eigene Darstellung)

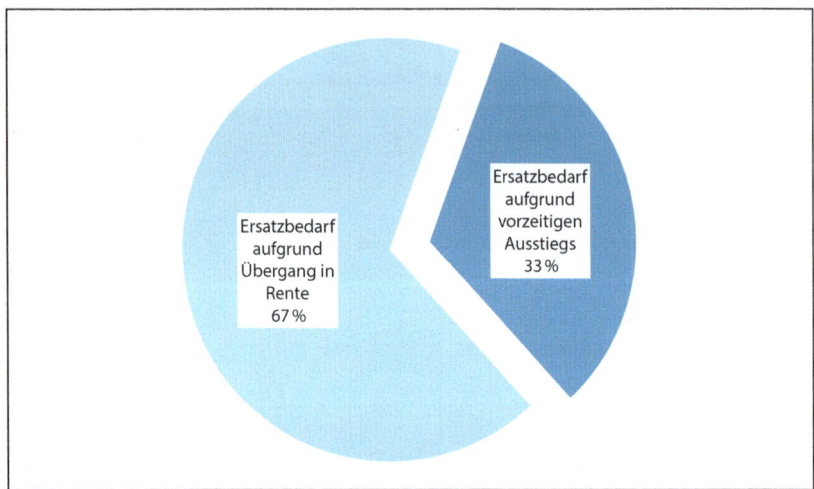

Einige soziale Berufe weisen zudem einen relativ hohen Krankenstand auf:

- Nach den Ergebnissen des Gesundheitsreports 2017 der Techniker Krankenkasse liegen zwar die sozialen Berufe mit jährlich 14,8 krankheitsbedingten Fehltagen aktuell ziemlich genau im Durchschnitt aller Beschäftigtengruppen in Deutschland (tk.de 2017). Jedoch weisen Erzieherinnen und Erzieher nach einer im Deutschen Ärzteblatt veröffentlichten Mitteilung dieser Krankenkasse überdurchschnittlich hohe Fehlzeiten auf. Sie waren im Jahr 2015 durchschnittlich 18,9 Tage krankgeschrieben. Die Autoren der Untersuchung weisen auf die verstärkte Virenbelastung in diesem Berufsfeld hin und betonen, dass psychische Störungen einen zunehmenden Anteil an den Ursachen für Fehltage haben (aerzteblatt.de 2015).
- Ebenfalls besonders belastet erscheinen die Pflegeberufe. Nach einer ebenfalls im Deutschen Ärzteblatt im Jahr 2011 zitierten Studie der AOK Bayern liegt deren Krankenstand um rund 30 Prozent über dem Durchschnitt aller Beschäftigten (aerzteblatt.de 2011). Die Autorinnen und Autoren der Analysen zum neuen Gesundheitsatlas der BKK (Kliner et al. 2017, S. XI) verweisen darauf, dass bspw. die Arbeitsunfähigkeitstage wegen psychischer Störungen bei

Abbildung 1.6 Arbeitsfähigkeit von Mitarbeitenden in verschiedenen Berufsgruppen (Kliner et al. 2017, S. 7, eigene Darstellung)

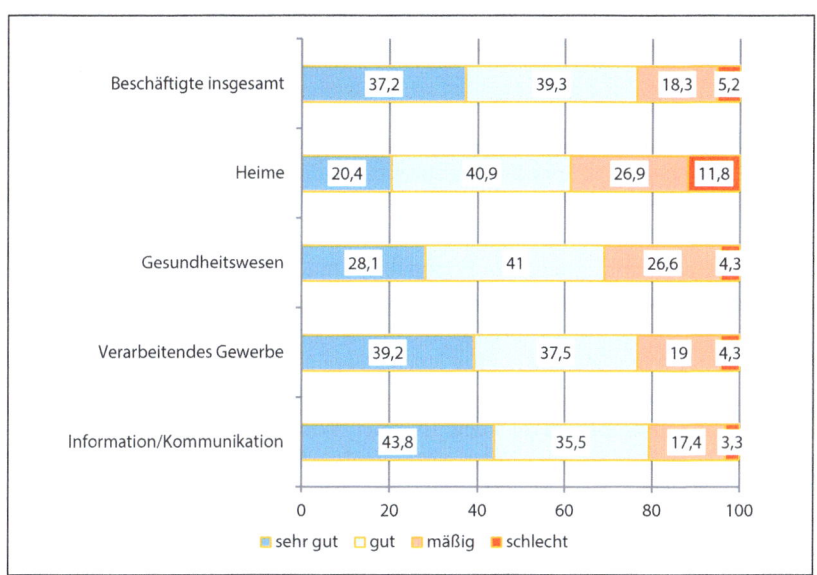

den Pflegeberufen für Männer und Frauen über alle Anforderungsniveaustufen „zum Teil deutlich über den Fehltagen aller Beschäftigten insgesamt" liegen. Gesundheits- und Krankenpfleger mit Aufsichts- bzw. Führungsfunktion weisen gleich viele bzw. sogar mehr Fehltage als die sonstigen Fachkräfte auf. Ebenfalls hervorzuheben sind die Ergebnisse dieser Studie zur Einschätzung der Arbeitsfähigkeit von Mitarbeitenden in Heimen (ohne Erholungs- und Ferienheime, a. a. O., S. 6): Lediglich 61,3 % der Beschäftigten in dieser Wirtschaftsgruppe weisen eine gute bzw. sehr gute Arbeitsfähigkeit auf. Zusätzlich zeige sich „ein Alters- und Teilzeitbeschäftigungseffekt in den Pflegeberufen mit nochmals niedrigeren Arbeitsfähigkeitswerten bei den über 49-Jährigen in der Altenpflege sowie den Teilzeitkräften in der Gesundheits- und Krankenpflege" (a. a. O., S. 9).

1.2.7 Der Fachkräftemangel auf operativer und Führungsebene

Seit einigen Jahren kommentieren die Medien die personelle Ausstattung im Pflege- und Gesundheitsbereich sowie die Schwierigkeiten bei der Fachkräftegewinnung als „Pflegenotstand". Schon zum gegenwärtigen Zeitpunkt ist allerdings auch an einigen anderen Stellen einerseits für die Verantwortlichen der Leitungserbringer, andererseits bei der für die Gewährung von sozialer Infrastruktur letztverantwortlichen öffentlichen Hand ein Mangel an gut ausgebildeten Mitarbeitenden bemerkbar:

- Eine Studie zur Arbeitssituation in der sächsischen Sozialwirtschaft der TU Chemnitz hat schon 2013 eine erschwerte Situation bei der Akquise neuer Mitarbeiterinnen und Mitarbeiter in der Jugendhilfe ermittelt: „Vor allem in den weniger attraktiven Bereichen (z. B. den stationären Hilfen zur Erziehung) sei es sehr schwierig, geeignetes Personal zu finden. Verlängerte Vakanzzeiten wurden als Folge benannt" (Kuniß 2013, S. 9).
- Mit der Überschrift „Immer mehr ,Aushilfs-Erzieher' in den Kitas" berichtet der NDR am 07.01.2017 über einen „leeren" Arbeitsmarkt für Erzieherinnen und Erzieher: „Kindertagesstätten in Mecklenburg-Vorpommern finden offenbar kaum noch ausgebildete Erzieher. Wie der Direktor des Kommunalen Sozialverbandes, Jörg Rabe, am Sonnabend in Schwerin erklärte, werde immer häufiger gering qualifiziertes Personal eingestellt. Die Zahl der Ausnahmeanträge habe sich 2016 im Vergleich zum Vorjahr mehr als verdoppelt" (ndr.de 2017).
- Unter dem Titel „Mindestens 2 000 Kitaplätze nicht belegt – weil Erzieher fehlen" schreibt der TAGESSPIEGEL am 31.03.2017 über den nicht deckbaren Fachkräftebedarf bei Erziehern und Erzieherinnen in Berlin: „,Wir könnten 600 Kinder mehr aufnehmen, ohne einen Stein zu mauern', sagte Neuköllns Jugendstadtrat Falko Liecke (CDU) am Donnerstag im Hinblick auf den Personalmangel im Kita-Eigenbetrieb Südost. Angesichts der vielen Eltern, die zurzeit vergeblich einen Kitaplatz suchen, geht er davon aus, dass absehbar ,die ersten Klagen eintrudeln'" (tagesspiegel.de 2017).

Fachkräftemangel wird im sozialen Sektor nicht nur im operativen Bereich wahrgenommen, sondern auch in mittleren und höheren Leitungspositionen. So berichtet Polenske (2017, S. 135), dass im Jahr 2013 eine Heimleiterin und ein Heimleiter eines diakonischen Werks das Angebot eines Headhunters erhielten, für jährlich 10 000 € mehr in der Einrichtung eines anderen Trägers tätig zu sein: „Die beiden Abwerbeversuche sind längst keine Einzelfälle mehr, sondern exemplarisch zu betrachten und sie zeigen den massiven Wettbewerb um Fach- und Führungskräfte im Altenpflegebereich".

1.3 Marketing als absatzwirtschaftliche Disziplin

In der Konsequenz bedeuten die oben stehend referierten Befunde zum Fachkräftemangel, dass Organisationen der Sozialwirtschaft in ihrer großen Mehrzahl künftig verstärkte Anstrengungen in ihrem Personalmarketing unternehmen müssen. Bevor die Essentials des Personalmarketings in Wesen und Form dargelegt werden, soll allerdings noch das Marketing als absatzwirtschaftlich ausgerichtete Leitdisziplin umrissen werden.

1.3.1 Marketing – Begriff, Geschichte und Bedeutung

Das Marketing ist ein in der erwerbswirtschaftlich ausgerichteten Betriebswirtschaftslehre bzw. im Management gewinnorientierter Organisationen traditionell fest verankertes Element. Man spricht vom Marketing als einer „Funktion", die im unternehmerischen und betrieblichen Kontext neben der Produktion und den Finanzen, dem Personal und der Organisation eine große Bedeutung für das Erreichen von Umsatz- und Gewinnzielen aufweist.

Als Definition von Marketing kann jene derzeit gängige bzw. in der Literatur als vergleichsweise konsensfähige Begriffsbestimmung herangezogen werden, die von der American Marketing Association (AMA) geprägt wurde: Marketing umfasst demnach „die Aktivitäten, Institutionen und Prozesse zur Schaffung, Kommunikation, Bereitstellung und zum Austausch von Angeboten, die einen Wert haben für Kunden, Auftraggeber, Partner und die Gesellschaft insgesamt" (Übersetzung aus dem Amerikanischen von Kuß und Kleinaltenkamp 2013, S. 11).

Die Geschichte des Marketings lässt sich – zumindest begrifflich – bis in die erste Dekade des 20. Jahrhunderts zurückverfolgen. In etwa zur gleichen Zeit, als erste Publikationen zu einem wissenschaftlich begründeten Management erschienen, wurde auch das systematische absatzwirtschaftliche Bestreben in Industrie und Handel bereits thematisiert. Meffert et al. (2014, S. 6) schreiben namentlich Samuel Sparling zu, in seinem Werk „Introduction to Business Organization" im Jahre 1906 das Marketing erstmalig als Element der Betriebswirtschaft erwähnt zu haben. Schon in dieser Publikation wurden zentrale und für das Marketing heute noch wesentlich Problemstellungen analysiert, so enthielt sein Buch Abschnitte wie „Evolution des Marktes", „Austausch", „Direktverkauf", „Versandhandel" oder „Werbung" (Jones und Tadajewski 2018, S. 129, eigene Übersetzung).

Standen noch bis Ende der 1950er-Jahre die Fragen optimaler Handels- und Vertriebswege in stark expandierenden Märkten und einem Nachfrageüberhang im Vordergrund der Marketing-Überlegungen, wurden bereits kurze Zeit später viele Unternehmen mit wachsender Konkurrenz und Überangebot auf gesättigten

Märkten konfrontiert. Folglich gewann die am Bedarf der Kunden ausgerichtete Gestaltung von Produkt und Preis in den Erörterungen der Marketingtheorie ebenso an Bedeutung wie Strategien der Käuferbeeinflussung durch Werbung. Die Herausbildung eines „modernen Marketings" wird in diese Zeit datiert, US-amerikanische Autoren systematisierten die bis dahin noch unverbundenen Elemente eines Marketingansatzes und stellten darüber hinaus „die konsequente Orientierung aller Unternehmensaktivitäten an den Bedürfnissen und Wünschen der Nachfrager in den Mittelpunkt ihrer Überlegungen" (Meffert et al. 2014, S. 7). In den 1960-Jahren etablierte sich der „Marketing-Mix" im Sinne einer möglichst optimalen Passung von Produkt, Preis, Distribution und Kommunikation.

Als eine weitere wichtige Stufe der Entwicklung des Marketings kann der in der Literatur der 1970er- und 1980er-Jahre zunehmend artikulierte Anspruch gewertet werden, absatzwirtschaftliche Überlegungen noch stärker in die unternehmerische Führungsfunktion zu integrieren und (unter dem Schlagwort „Customer Relationship Management") die Kundenbindung stärker in den Fokus des Marketings zu bringen. In den 1980er-Jahren erfolgte überdies eine Integration von Methoden und Instrumenten des strategischen Managements in das Marketing. In der nachfolgenden Dekade gerieten die Interessen der verschiedenen Zielgruppen der Unternehmung (i. S. v. externen und internen Beziehungen zu „Stakeholdern") in den Fokus des marketingorientierten Managements. Das Marketing wurde in dieser Phase zunehmend aufgrund seiner Integrationsfunktion als Leitdisziplin im Management propagiert, das Marketingdenken bestimmte mehr und mehr alle Bereiche der Wertschöpfung in der Industrie und im Handel.

Weitere Stufen des Marketings können als „ganzheitlicher Ansatz" in der Unternehmens- und Kommunikationspolitik sowie als „vernetztes Marketing im digitalen Zeitalter" bezeichnet werden. Spätestens ab der Jahrtausendwende gewannen die Digitalisierung im Marketing (Präsenz im Internet und in sozialen Netzwerken), das Verhältnis von Unternehmen und Öffentlichkeit sowie die Nutzung von Möglichkeiten der Individualisierung von Produkten und Dienstleistungen stark an Bedeutung.

Kennzeichnend für diese Entwicklung ist, dass der grundsätzliche Anspruch des Marketings im betriebswirtschaftlichen Handeln zunehmende Ausweitung erfahren hat:

- Ausgehend vom Management der Produktion und des Vertriebs
- erweiterte sich die Perspektive im Sinne einer Konsumentenorientierung auf die Verbraucherbedürfnisse und -bedarfe,
- auf Techniken der Analyse der Beziehungen zwischen Unternehmen und Markt,

Marketing als absatzwirtschaftliche Disziplin 19

Abbildung 1.7 Der Marketing-Mix (eigene Darstellung)

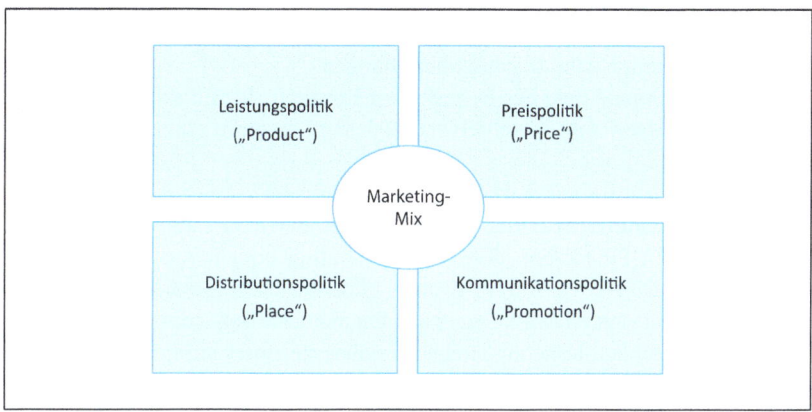

Abbildung 1.8 Die Integrationsfunktion des Marketings im Management (eigene Darstellung)

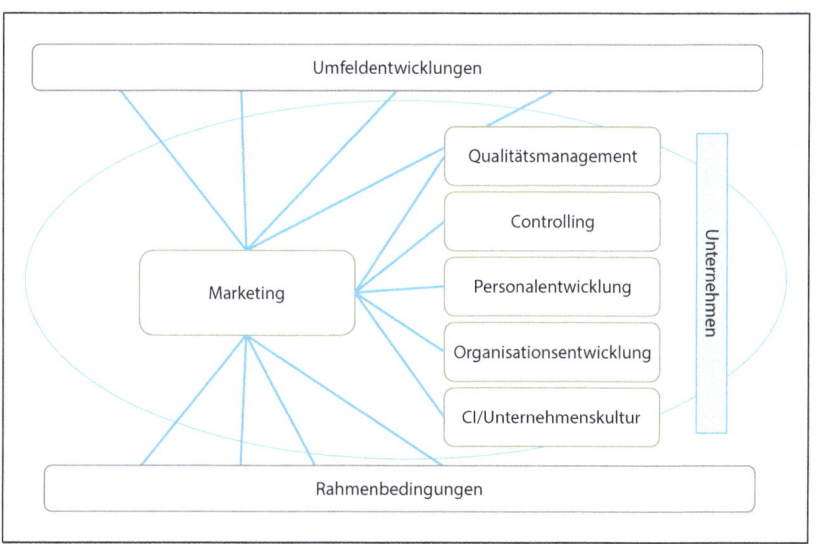

- auf die Erschließung von Methoden zur Gewinnung von Wettbewerbsvorteilen,
- auf die Konzeption des Marketings als Führungskonzept und als ganzheitliches Management von Austauschbeziehungen
- bis hin zur Ausweitung des Begriffes auf Konzepte der Unternehmungen als „sozial verantwortliche Gesellschaftsmitglieder" im Sinne eines „corporate citizenship".

Eine weitere Ausdifferenzierung des Marketings muss im Zusammenhang mit der vorliegenden Publikation ebenfalls Erwähnung finden: Ausgehend von einer generellen Differenzierung in Absatz- und Beschaffungsmarketing konnten sich nämlich mit den Ansätzen u. a. zum Finanzmarketing, zum Zuliefermarketing und zum Public Marketing einige spezialisierte Ausrichtungen dieser Disziplin bilden. Im Zuge des „Engpassfaktors Personal" erhält seit einigen Jahren auch das Personalmarketing besondere Aufmerksamkeit. Ist die Bedeutung des Marketings als absatzwirtschaftliche Disziplin der Betriebswirtschaftslehre nach wie vor noch unbestritten, nimmt die Relevanz als beschaffungswirtschaftliches Element des Managements infolge des Fachkräftemangels zu und erhält eine gleichwertige Bedeutung, denn ohne geeignete Fachkräfte kann in den meisten Branchen weder eine Herstellung noch ein Verkauf von Produkten und Dienstleistungen gewährleistet werden.

1.3.2 Die Marketingwissenschaft und ihre Anforderungen an eine moderne Führungspraxis

Was kann realistischerweise von einer Marketingwissenschaft erwartet werden? Kuß (2009, S. 10 ff.) stellt folgenden Nutzen einer empirisch fundierten Theorie heraus:

- Strukturierung von Kommunikation über Marketingthemen durch Definition von Fachbegriffen,
- Ordnung und Orientierung durch Strukturierung von Marketing-Problemen,
- empirische Generalisierungen durch Generierung von Aussagen zu „beobachtbaren Wenn-Dann-Beziehungen" (jedoch mit Berücksichtigung der jeweiligen strukturellen und marktbezogenen Situation des Unternehmens),
- strategische Grundsätze im Sinne von Handlungsempfehlungen für ein zielgerichtetes Agieren in bestimmten Situationen,
- Empfehlungen für die Forschung im Sinne von einer Zuordnung geeigneter Methoden zu bestimmten Problemstellungen und Situationen.

Als Quellen von Marketing-Wissen fungieren neben der akademischen Forschung auch kommerzielle Marktuntersuchungen einschließlich der Analysen von Beratungsinstituten. Das Marketing gewinnt seine Erkenntnisse zudem aus verschiedenen wissenschaftlichen Feldern, wie der Psychologie, der Soziologie und der Volkswirtschaftslehre. Führende Publikationen zur Marketing-Theorie und zu empirischen Ergebnissen werden vor allem in den USA herausgegeben, so zum Beispiel das Journal of Marketing, das Journal of Marketing Research und die Zeitschrift Marketing-Science. Führend im deutschsprachigen Raum ist die Zeitschrift Marketing ZFP.

In der einschlägigen Literatur wird durchgehend darauf hingewiesen, dass das Marketing in allen Organisationen bzw. Unternehmen eine Reihe von Anforderungen an die Verantwortlichen stellt (bspw. Meffert und Burmann 2015):

- Das Marketing ist als eine mit anderen Elementen des Managements gleichwertige „Unternehmensaufgabe" bzw. „Funktion" zu behandeln. Marketingüberlegungen sind somit neben anderen wichtigen betriebswirtschaftlichen Fragen in die zentralen Erörterungen eines Unternehmens oder eines Betriebes einzubeziehen.
- Das Marketing ist als verantwortlich für die Optimierung von „Kundenbeziehungen" zu verstehen. Es muss insbesondere der Nutzen bzw. der Wert von Gütern und Dienstleistungen für Kunden bzw. andere Zielgruppen in den Mit-

Abbildung 1.9 Anforderungen des Marketings an die Verantwortlichen (eigene Darstellung)

telpunkt der Analysen der Leitungskräfte gestellt werden, Marketing wird damit stets aus Sicht der jeweiligen Kunden bzw. Zielgruppen betrieben.
- Marketing hat auch eine Funktion im Führungskonzept einer Unternehmung. Nicht notwendigerweise nur in Dienstleistungsbetrieben sind die Mitarbeitenden aufgrund ihres häufigen Kundenkontakts quasi „Träger" eines unternehmerischen und betrieblichen Marketings. Sie sind als äußerst wichtige Schnittstelle zwischen der Strategie und der Umsetzung eines Marketings anzusehen.
- Das Marketing ist systematisch-konzeptionell auszugestalten. Dies bedeutet, dass die Methoden und Instrumente des Marketings bzw. der Marktbearbeitung nicht isoliert und punktuell, sondern vielmehr als ein konzeptionelles Gesamtpaket anzuwenden sind.

1.3.3 Sozio-Marketing

Obgleich bereits in den 50er-Jahren des vergangenen Jahrhunderts in den USA erste Überlegungen zu einem Marketing auch für Nonprofit- bzw. soziale Organisationen angestellt wurden, hat das Denken und Handeln in Marketingkategorien die Sozial-, Pflege-, Rehabilitations- und Gesundheitswirtschaft in Deutschland erst seit rund fünfzehn Jahren in größerem Maße erfasst. Die Zunahme der Relevanz marktbezogener Themen in diesen Bereichen ist damit zu erklären, dass aufgrund von Veränderungen maßgeblicher Gesetze zur Leistungserbringung ein stärkerer Absatz- und Konkurrenzdruck entstanden ist. Vor allem einzelleistungsfinanzierte Einrichtungen und Dienste sind inzwischen gezwungen, kurz-, mittel- und langfristig absehbare Marktentwicklungen zu antizipieren, Handlungsnotwendigkeiten zu erkennen sowie ihre Angebots-, Preis- und Distributionspolitik regelmäßig auf den Prüfstand zu stellen. Korrespondierend hierzu haben sich in den vergangenen Jahren viele Anbieter von sozialer Arbeit, Kita-, Reha- sowie Pflege- und Gesundheitsdienstleistungen genötigt gesehen, ihre Kommunikationspolitik auszubauen und zu professionalisieren.

In einem bescheidenen Umfang ist mittlerweile auch ein Schrifttum zum Marketing für soziale Organisationen entstanden. Zu nennen sind neben den Lehrbüchern von Birzele und Thieme (2007), Christa (2010) und Kortendieck (2011) auch Veröffentlichungen zu branchenspezifischen Strategien wie von Seigel (2014) sowie Beiträge in Fachzeitschriften wie SOZIALwirtschaft und SOZIALwirtschaft aktuell (bspw. Christa 2016b).

Es versteht sich nahezu von selbst, dass nicht alle Methoden und Instrumente der erwerbswirtschaftlich orientierten Marketinglehre auf den Bereich der personenbezogenen sozialen, erzieherischen, pflegerischen und gesundheitsorientierten Dienstleistungen direkt übertragen werden können. Die im Rahmen der

Sozialgesetzgebung operierenden Sektoren weisen spezifische Marktbedingungen und Produkt- bzw. Leistungseigenschaften auf, so zum Beispiel ein großes Informationsgefälle zwischen Anbietenden und Nachfragenden, Mehrdeutigkeiten im Kundenbegriff sowie eine vergleichsweise starke Rahmensetzung und Einflussnahme von politischer bzw. politisch-administrativer Seite.

In welchem Maße das Sozio-Marketing als absatzwirtschaftliche Lehre für Organisationen der Sozialwirtschaft auf die besonderen Bedingungen des „Marktes" eingehen müssen, verdeutlicht bereits die Konstellation der Finanzierung sozialer Dienstleistungen. In ihrer großen Mehrzahl werden sie von freigemeinnützigen oder privaten bzw. privat gewerblichen Leistungserbringern erbracht, deren Tätigkeit jedoch nicht von den Klientinnen und Klienten, Adressatinnen und Adressaten etc. als „Kundinnen und Kunden" vergütet werden, sondern von einem öffentlichen Leistungsträger im Rahmen von Muss-, Soll- oder Kann-Leistungen. Sozialwirtschaftliche Organisationen produzieren in der Regel sogenannte „meritorische Güter", welche zwar der Bürgerin und dem Bürger zur Verfügung stehen, allerdings nur unter Vorliegen bestimmter (in der Regel über die Sozialgesetzgebung definierter) Voraussetzungen. Die Steuerung der Nachfrage durch die Sozialleistungsträger ist fachlich, jedoch unter Umständen auch fiskalisch induziert.

Aus ökonomischer Sicht besteht in vielen Branchen des Sozialen eine Kundenbeziehung also nicht zu den Klientinnen und Klienten, sondern zum Leistungsträger. Die Rechtsbeziehungen bei der Leistungserbringung – und damit die für das Sozio-Marketing kennzeichnenden Tauschverhältnisse – werden üblicherweise als sogenanntes „sozialwirtschaftliches Leistungs- und Finanzierungsdreieck" dargestellt (vgl. Abb. 1.10).

Abbildung 1.10 Sozialwirtschaftliches Leistungs- und Finanzierungsdreieck (eigene Darstellung)

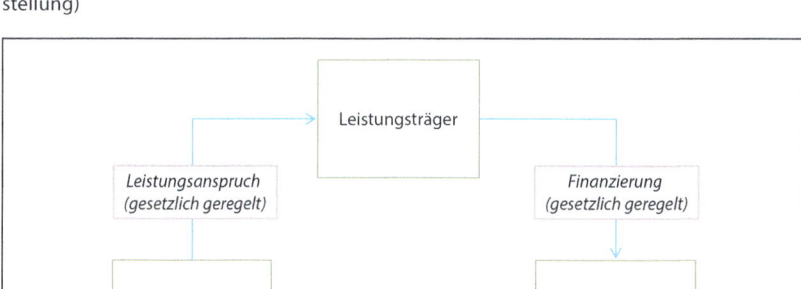

Abbildung 1.11 Ebenen des Sozio-Marketings (eigene Darstellung)

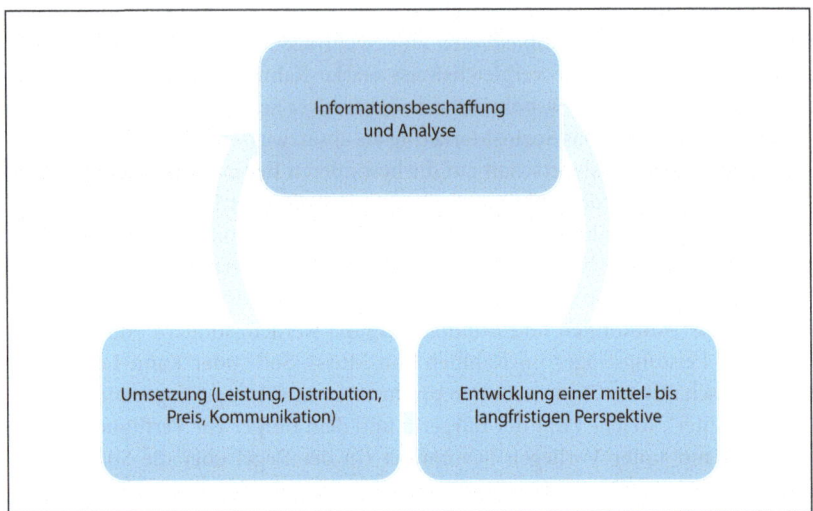

Ein wie im erwerbswirtschaftlichen Märkten übliches kundinnen- und kundenbezogenes Marketing kann in der Sozialwirtschaft nicht durchgeführt, Leistungen von sozialen Einrichtungen und Diensten können kaum einer direkten „Vermarktung" zugeführt werden. Die Implementierung von ursprünglich für die Erwerbswirtschaft konzipierten Ansätzen des Marketings muss mithin einer genauen Prüfung im Hinblick auf ihre Sinnhaftigkeit in der jeweiligen Sozialbranche unterzogen und gegebenenfalls angepasst werden.

Nichtsdestoweniger kann eine Übertragbarkeit vom Grunde her als gegeben angesehen werden: Austauschbeziehungen zu wichtigen Umwelten wie Leistungsträger, Spendende, Unternehmen als Sponsoren, Nutzerinnen und Nutzer, Öffentlichkeit, potenzielle Arbeitnehmende etc. müssen auch in sozialen Organisationen entwickelt und gepflegt werden, es empfiehlt sich ein systematischer Aufbau der Marketing-Konzeption für jede soziale Organisation ebenso wie die Verankerung des Marketings in allen strategischen und operativen Managementbereichen.

Besonders zu betonen sind folgende Grundlagen zur konzeptionellen Ausgestaltung:

- Unverzichtbar ist für jede soziale Organisation ein Minimum an Informationsbeschaffung bzw. Marktforschung,

- Entscheidungen zur Strategie und zur konkreteren Umsetzung mittel- und langfristiger Überlegungen sind notwendig und
- haben stets die Leistung, den Preis, die Distribution sowie die Kommunikation in einem ganzheitlichen Sinne einzubeziehen.

Diese Elemente der konzeptionellen Ausgestaltung eines Sozio-Marketings müssen in einem systematischen Zusammenhang gesehen werden, Abbildung 1.11 soll dies verdeutlichen.

1.4 Personalmarketing

Wir haben gesehen, dass sich einerseits bereits in naher Zukunft in einigen Bereichen der Sozial-, Pflege- und Gesundheitswirtschaft nicht unbedeutende Schwierigkeiten bei der Rekrutierung von Arbeitskräften ergeben können, andererseits die Fluktuation, zumindest in manchen Branchen, ein durchaus ernstzunehmendes Problem darstellt. Gleichermaßen sind die Verbände, die Träger, die Einrichtungen und die Dienste auf der Seite der Leistungserbringer und die öffentlichen Institutionen auf der Seite der Leistungsträger damit angehalten, geeignete Strategien und Maßnahmen des Personalmarketings zu entwerfen, um auf dem Arbeitsmarkt weiterhin wettbewerbsfähig zu bleiben. Im Folgenden soll dieses Handlungsfeld als funktionaler Teil des Marketings sowie als Personalmarketing „nach außen" und „nach innen" umrissen sowie die Mitarbeiterin oder der Mitarbeiter in seiner Eigenschaft als „Kundin" oder „Kunde" von sozialwirtschaftlichen Arbeitgebern erläutert werden. Den Abschluss bilden ein Abriss der Handlungskomplexe „Arbeitgeberimage" und „Employer Branding" sowie Hinweise auf Besonderheiten im Personalmarketing für soziale Organisationen.

1.4.1 Personalmarketing als funktionaler Teil des Marketings

Das Personalmarketing ist abgeleitet aus der allgemeinen Form der auf Austauschbeziehungen in Märkten spezialisierten Marketinglehre. Während jedoch im herkömmlichen Marketing der Absatz von Produkten und Dienstleistungen als Zielstellung dominiert, müssen wir im Personalmarketing dahingehend umdenken, dass nun die Personalbeschaffung im Sinne einer erfolgreichen Besetzung von freien Arbeitsstellen mit adäquat qualifizierten Mitarbeitenden sowie die Vermeidung von unerwünschter betrieblicher Fluktuation im Fokus stehen.

Dies bedeutet also, „nicht das Personal wird ‚vermarktet', sondern die in einer Organisation zur Verfügung stehenden Arbeitsplätze" (Seiwert 1985, S. 349,

Abbildung 1.12 VRIO-Prinzip und Personalmarketing (Haubold et al. 2014, S. 118, eigene Darstellung)

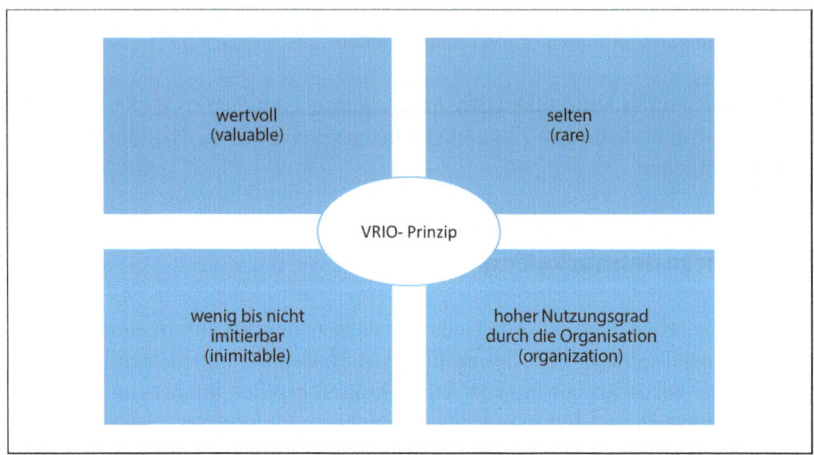

zit. nach Schanz 2015, S. 350). In einer weiteren Form muss das Personalmarketing verstanden werden als „marktbezogene Denk- und Handlungskonzeption einer zukunftsorientierten Unternehmens- und Personalpolitik, die auf die Bedürfnisse und Interessen sowohl vorhandener als auch neuer Mitarbeiter ausgerichtet ist" (ebd.).

Damit gerät nicht nur die vorausschauende Akquisepolitik und die Zielgruppe der potenziell künftig Mitarbeitenden in den Blick, sondern auch die erfolgreiche Bindung des bereits gegebenen Bestands an Fachkräften. Das Halten von Arbeitskräften folgt idealerweise dem sogenannten „ressourcenorientierten Ansatz" des Managements: „Personalbindung ist vor diesem theoretischen Hintergrund die Managementfähigkeit, diejenigen Wettbewerbsvorteile zu bewahren und auszubauen, die auf der individuellen Zusammensetzung der Humanressourcen beruhen. Der ressourcenbasierte Ansatz legt dabei ein strategisch ausdifferenziertes Vorgehen nahe: Personalbindungsaktivitäten sollten sich auf diejenigen Mitarbeiter bzw. Positionen im Unternehmen beziehen, die in besonderem Maße zur Generierung dieser Wettbewerbsvorteile beitragen" (Haubold et al. 2014, S. 116).

Zur Analyse der ressourcenbezogenen Relevanz von Mitarbeitenden werden häufig die Kriterien des „VRIO-Prinzips" empfohlen (a. a. O.), wonach eine Humanressource umso eher Vorteile im Wettbewerb ermöglichen kann, je wertvoller (valuable), seltener (rare) und weniger imitierbar (inimitable) sie ist, aber auch je größer der Nutzungsgrad durch die Organisation (organization) ausfallen kann.

So ist beispielsweise im Zusammenhang mit dem Kriterium der Nicht-Imitierbarkeit eine Fachkraft umso wertvoller, je intensiver sie ihre Qualifikationen im Laufe ihrer Betriebszugehörigkeit an die Anforderungen des Unternehmens angepasst oder ihre Rolle im sozialen Gefüge des Unternehmens ausgeprägt hat. Eine entsprechend wertvolle Fachkraft sollte nicht nur gewonnen, sondern auch nicht verloren werden. Ähnliches gilt natürlich auch für die Akquise und Bindung von Mitarbeitenden, welche die anderen genannten Kriterien erfüllen.

Das VRIO-Prinzip im Personalmarketing soll aufgrund seiner großen Bedeutung in der Abbildung 1.12 visualisiert dargestellt werden.

1.4.2 Personalmarketing „nach außen" und „nach innen"

Personalmarketing besteht folglich in einer konzeptionell ganzheitlichen Sichtweise gleichermaßen aus

- einem „Marketing nach außen" (also einem dezidiert auf Personalgewinnung ausgerichteten Vorgehen) sowie
- einem „Marketing nach innen" (also einem auf die Bedürfnisse, Bedarfe und Interessen der Mitarbeitenden ausgerichteten Strategie des Personalmanagements zu deren nachhaltigen Bindung an die Organisation).

Die Abbildung 1.13 zeigt die beiden Hauptanliegen des Personalmarketings mit korrespondierenden Leitfragen auf. Die zwischen dem Personalmarketing nach

Abbildung 1.13 Personalmarketing nach innen und außen (eigene Darstellung)

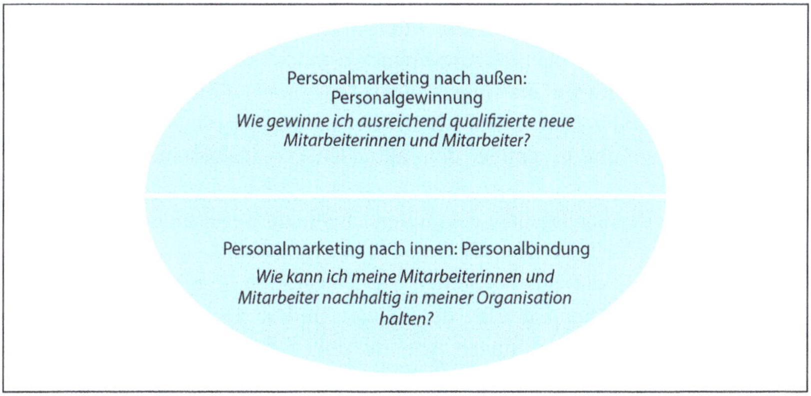

Personalmarketing nach außen:
Personalgewinnung
Wie gewinne ich ausreichend qualifizierte neue Mitarbeiterinnen und Mitarbeiter?

Personalmarketing nach innen: Personalbindung
Wie kann ich meine Mitarbeiterinnen und Mitarbeiter nachhaltig in meiner Organisation halten?

außen und nach innen liegenden Pfeile sollen signalisieren, dass die jeweiligen Zielstellungen und Fragen durchaus auch Schnittmengen aufweisen (müssen). Nicht zuletzt ist dies dem Umstand geschuldet, dass eine erfolgreiche Gewinnung von neuen Mitarbeitenden kaum effizient ist, wenn diese schon bald wieder ausscheiden. Die Kosten, welche aufgrund nicht besetzter Stellen entstehen, sowie der Aufwand, welcher für die Akquise neuer Mitarbeiterinnen und Mitarbeiter zu erbringen ist, dürfte die Kosten bzw. den Aufwand für die Bindung von bereits in der Organisation tätigen Fachkräften mittlerweile auch im sozialwirtschaftlichen Sektor übersteigen.

1.4.3 Der Mitarbeiter als Kunde

Auch im Personalmarketing gilt die Devise, dass alle Überlegungen die Perspektive der „Kundin" oder des „Kunden", hier also der zu rekrutierenden wie der gegenwärtig bereits beschäftigten Mitarbeiterinnen und Mitarbeiter, einbeziehen müssen. Besonders anschauliche Devisen für die Obliegenheiten einer solchen „Kundenorientierung" im Personalmarketing hat Heister (2013, S. 181) folgendermaßen formuliert:

- „Denke im Kopf potentieller und aktueller MitarbeiterInnen!
- Fühle im Herzen potentieller und aktueller MitarbeiterInnen!
- Träume in der Seele potentieller und aktueller MitarbeiterInnen!".

Lediglich über eine solche Denk- und Ansatzweise ist es gemäß der Lehre vom Personalmarketing möglich, die Attraktivität als Arbeitgeber aufrecht zu erhalten oder zu steigern und in der Konsequenz die benötigten Fachkräfte zu gewinnen und zu binden. Dabei ist noch zu bedenken, dass es sich bei den aktuellen und potenziellen Mitarbeitenden als „Kundinnen" und „Kunden" nicht notwendigerweise um eine homogene Gruppe handeln muss. So entstammen weder die gegenwärtig Beschäftigten aus einer Kohorte bzw. Generation, noch können die als künftige Mitarbeiterinnen und Mitarbeiter zu akquirierenden Menschen als kohärente Gruppe und gegenüber dem aktuellen Personalbestand als gleich betrachtet werden.

Wir müssen davon ausgehen, dass unterschiedliche Generationen und Kohorten jeweils individuelle zeitgemäße Prägungen erfahren haben. Anschaulich gemacht werden kann dies am Phänomen der „Generation Y" oder gar der „Generation Z", also den Alterskohorten der ab 1990 und ab 2000 Geborenen. Diese Gruppen von jüngeren und jungen Arbeitnehmenden werden häufig zitiert für einen Wertewandel in der Lebensgestaltung sowie höhere Anspruchshaltungen an das Berufsleben (bspw. Bund 2016 und Moskaliuk 2016). Dies zieht Herausforderungen für die Arbeitgeber nach sich. So haben die Verantwortlichen sich darauf einzustellen, dass kommende Kohorten in ihrem Habitus selbstbewusster, unabhängiger und einfordernder sind sowie ein stärkeres Gewicht auf Work-Life-Balance bis hin zum Hedonismus legen können.

Als Antwort auf die Bedarfe der neuen Mitarbeitenden werden die Führungs- und Leitungskräfte sozialwirtschaftlicher Organisationen die Implementierung flacherer Hierarchien, ein beteiligungsorientiertes Management und eine frühe Verantwortungsübernahme zu prüfen haben. Dies kann durchaus kollidieren mit traditionellen Strukturmustern und Kulturen von Trägern, Einrichtungen und Diensten. Eigene Studien des Autors kamen zu dem Ergebnis, dass die jüngeren Mitarbeitenden eine kritischere Einstellung zu Arbeitsbedingungen und Führungsstile als ihre älteren Kolleginnen und Kollegen aufweisen. Sie bewerten das Vorgesetztenverhalten und ihre Arbeitsstrukturen entschieden kritischer. Eine Passung von Ansprüchen des Nachwuchses und der Wirklichkeit im Sozialbetrieb scheint gerade in sozialwirtschaftlichen Organisationen angezeigt, die von einem solchen Wandel außerordentlich betroffen und auf einen guten Ruf als Arbeitgeber besonders angewiesen sind (Christa 2017).

An dieser Stelle zeigt sich deutlich, wie die oben erwähnte Verknüpfung von Informationsbeschaffung und Analyse, Entwicklung einer mittel- bis langfristigen Perspektive und einer strategischen Entscheidung sowie Umsetzung im Marketing-Mix in einem Zusammenspiel gedacht werden müssen: Ausgehend von einer über Umfeldbeobachtungen bzw. „Marktforschung" identifizierten Veränderung bei den Nachwuchskräften als „Kundinnen" und „Kunden" müssen mittel- und langfristige Veränderungen in der sozialen Organisation als Arbeitgeber entworfen sowie in der „Produktpolitik" (Arbeitsbedingungen, Führungsverhalten etc.) umgesetzt werden, um bei der Personalgewinnung und Personalbindung wettbewerbsfähig zu bleiben.

1.4.4 Arbeitgeberimage und Employer Branding

Eine nicht unwesentliche Einflussgröße für die Fähigkeit einer sozialen Organisation, ausreichend qualifiziertes Personal zu gewinnen, ist deren Image als Arbeitgeber. Unter Image ist in diesem Zusammenhang zu verstehen, welchen „Ruf" bzw. welche „Reputation" ein Träger, eine Einrichtung oder ein Dienst bei seinen bzw. ihren Zielgruppen als Bereitsteller von (mehr oder weniger) attraktiven Arbeitsplätzen genießt.

Buß (2007, S. 228f.) beschreibt anschaulich die Bedeutung von Image als Wertgröße der Außenwirkung: „Es ist ein mit einem Unternehmen unmittelbar verwobenes, historisch gegründetes, relativ dauerhaftes und auf die Zukunft gerichtetes Vorstellungsbild,

- das direkt verhaltens- bzw. handlungssteuernd wirkt (und zwar doppelseitig: im Sinne des Selbstbildes, das ein Unternehmen verpflichtet – sowie im Sinne des Fremdbildes, demzufolge Kunden und Öffentlichkeit Akzeptanzentscheidungen treffen);
- das im Verhältnis zu Konkurrenten eine Positionierung und/oder einen Ruf vermittelt. Image steht immer zu einer Umgebung in Beziehung; in diesem Sinne ist Image Abgrenzung und Unterscheidung. Das Anders-Sein ist eines seiner Zentralelemente;
- das in symbolisch verdichtender Exemplifikation aus der Fülle denkbarer Merkmale und Eigenschaften auf einige wenige vereinfachende, bildhafte oder typisierende reduziert ist. Das Image ist immer einfacher gestaltet als das Objekt, das es repräsentiert;
- das einen sozialen und immateriellen Wert darstellt, der sich darin ausdrückt, dass Image grundsätzlich Ausdruck von hohen oder niedrigen Akzeptanz- und Wertschätzungsurteilen ist".

Zu betonen ist, dass das Image bzw. der Ruf der Qualität einer Organisation nicht notwendigerweise mit ihrer tatsächlichen Qualität übereinstimmen muss. Es ist nachgerade ein Kennzeichen von Image, das Ergebnis von Vereinfachungen, Reduzierungen etc. im Blickwinkel der jeweiligen Zielgruppe zu sein, unter Umständen sogar als „Zerrbild" von Wirklichkeit.

Ein gutes Arbeitgeberimage einer sozialen Organisation als eine zwar subjektive, jedoch mächtige, Beurteilung durch Dritte kann durchaus als eine mitentscheidende motivationale Grundbedingung für aktuelle bzw. potenzielle Beschäftigte angesehen werden, ihre Tätigkeit in der jeweiligen Organisation aufrecht zu erhalten bzw. sich dort zu bewerben. Man kann also von einer Einstellungs-Verhaltens-Beziehung bei der Arbeitgeberwahl ausgehen. Ein positiver Ruf als Leistungserbringer oder Arbeitgeber kann auch im sozialen Sektor als „immaterielles Vermögen" der Organisation angesehen werden.

Drei Dimensionen bzw. Komponenten sind leitend bei der Konstitution des Images (Trommsdorff und Teichert 2011, S. 150 ff.):

- kognitiv: das Wissen über die Organisation und deren Arbeitsbedingungen;
- affektiv: die gefühlsmäßige Einstellung gegenüber der Organisation und deren Arbeitsbedingungen;
- konativ: die entsprechende Handlungstendenz, in der Organisation weiter beschäftigt zu bleiben bzw. sich dort zu bewerben.

Abbildung 1.14 Image und Verhalten (Trommsdorff und Teichert 2011, S. 151, eigene Darstellung)

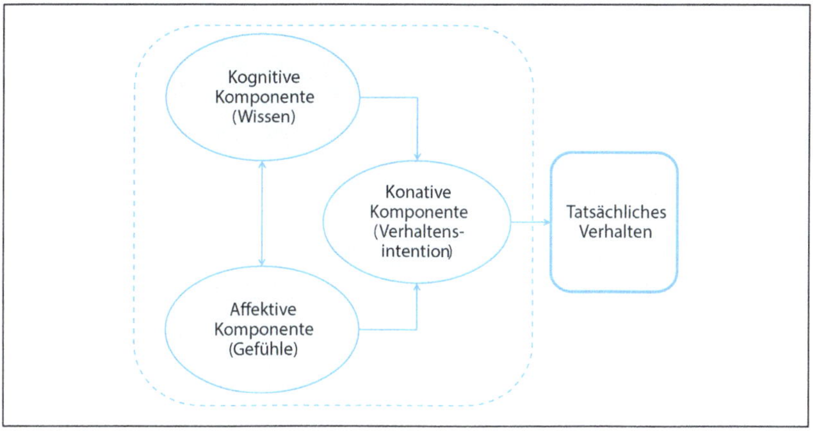

Um auch die gesellschaftspolitische Komponente des Images von sozialen Organisationen hervorzuheben, sei noch einmal Buß (2007, S. 231) zitiert, der darauf hinweist, dass sich die Vorstellung der Öffentlichkeit von einem ‚idealen' oder ‚wünschenswerten' Unternehmen […] in den letzten Jahren gründlich verändert [hat]. Sie hat sich wertbezogener entwickelt, d. h. stärker in Richtung einer Integration von sozialen und moralischen Wertmaßstäben im unternehmerischen Entscheidungskontext. Entsprechend ist das Wertklima insgesamt ‚öffentlicher' geworden. Was die Öffentlichkeit den Organisationen zumutet, ist sie nicht mehr und nicht weniger als eine verstärkte Integration von Loyalitätsgesten in die öffentliche Kommunikation".

Seit einigen Jahren erlangt im Zusammenhang mit dem Arbeitgeberimage das „Employer Branding" zunehmende Prominenz. Hinter diesem Ansatz steht die Vorstellung, eine Unternehmung bzw. einen Betrieb mit einer Ausrichtung auf Personalgewinnung und Personalbindung als attraktive „Arbeitgebermarke" in der Wahrnehmung der Zielgruppen zu positionieren. Aufgrund der besonderen Bedeutung des Employer Brandings für die Gewinnung und Bindung von Personal wurde diesem Thema im vorliegenden Buch ein eigener Abschnitt gewidmet (siehe weiter unten). Somit soll an dieser Stelle lediglich vermerkt werden, dass das Employer Branding die Elemente einer Markenbildung nutzt und zur Profilierung der Organisation auf dem Arbeitsmarkt eine „Arbeitgebermarke" kreiert, die Präferenzen bei den jeweiligen Zielgruppen erzeugen oder stabilisieren kann. Employer Branding soll sowohl nach außen die Gewinnung als auch nach innen die Bindung von Fachkräften nachhaltig unterstützen. In manchen Veröffentlichungen wird Employer Branding und Personalmarketing mittlerweile gleichgesetzt. Auch soziale Organisationen können die Potenziale des Employer Branding nutzen. Notwendig hierfür ist allerdings die Entwicklung eines Positionierungsprofils sowie die erfolgreiche Kommunikation der entsprechenden Arbeitgebermarke über verschiedene instrumentelle Bereiche und die Anwendung professioneller Methoden eines Employer Brand Controllings im Sinne von Kontrolle und Steuerung der entsprechenden Arbeitgeber-Markenpolitik.

1.4.5 Besonderheiten im Personalmarketing für soziale Organisationen

Bereits im Zusammenhang mit dem Marketing für soziale Organisationen wurde weiter oben angedeutet, dass die Spezifika sozialer Märkte zu berücksichtigen sind, wenn Ansätze aus der Erwerbswirtschaft in den Sozialbereich gleichsam „importiert" werden. Das Personalmarketing für soziale Organisationen hat eine Reihe von Besonderheiten zu berücksichtigen, die das Potenzial der Mitarbeitendengewinnung und -bindung nicht unerheblich einschränken:

- Ein wesentliches Spezifikum sozialer Märkte besteht wie erwähnt in der Finanzierung über öffentliche Leistungs- bzw. Kostenträger. Damit verbunden sind diverse gesetzliche Vorgaben für die Leistungserbringung und deren Finanzierung. Die einschlägigen Regelungen zur maximal refinanzierbaren Vergütung von Fachkräften der Leistungserbringer sehen häufig eine Begrenzung der Löhne und Gehälter auf die Höhe der Tarife des öffentlichen Dienstes vor. Die Ausgestaltung der Vergütung kann im sozialen Bereich damit nur begrenzt als Instrument der Attraktivitätssteigerung im Wettbewerb um Fachkräfte eingesetzt werden. Sollte eine soziale Organisation überdurchschnittliche Vergütungen für ihre Fachkräfte anbieten wollen, ist sie in der Regel gezwungen, dies über andere Wege als die übliche Refinanzierung durch die öffentliche Hand zu gewährleisten (Stichwort: Drittmittel).
- Zeitarbeit zur Kompensation von Bedarfsschwankungen oder kurzfristigen Personalengpässen ist aufgrund methodischer Probleme nicht in allen Branchen sinnvoll bzw. möglich. Damit entfällt für viele Träger, Einrichtungen und Dienste ein in der Erwerbswirtschaft bei schwankender Kapazitätsauslastung mittlerweile häufig genutztes Instrument der Personalbeschaffung.
- Ohne Zweifel sind auch in Zukunft im sozialen Sektor keine gegenüber Branchen wie Automobilindustrie oder Bankensektor wettbewerbsfähige Löhne und Gehälter zu erwarten. Die Höhe der Vergütung für Sozialpädagoginnen

und Sozialpädagogen, Heilerziehungspflegerinnen und Heilerziehungspfleger, Erzieherinnen und Erzieher oder Pflegekräfte wird weiterhin (deutlich) unterhalb jener hochproduktiven und gewinnintensiven Bereiche des produzierenden Gewerbes und so mancher Dienstleistungsbetriebe verbleiben.

Den genannten Restriktionen stehen jedoch auch Chancen gegenüber:

- Es sollte zwar nach wie vor davon ausgegangen werden, dass Mitarbeitende in personenbezogenen sozialen Dienstleistungsberufen ein Einkommen erwarten, mit welchem sie ein auskömmliches Leben bestreiten können, der Berufswunsch bzw. die Entscheidung für einen sozialen Beruf wurde andererseits in vielen Fällen von der „Sinnhaftigkeit" der Tätigkeit, so zum Beispiel von der Sozialarbeit als „Menschenrechtsprofession", mit beeinflusst.
- Potentielle Mitarbeiterinnen und Mitarbeiter im Sozialbereich sind mithin zu einem guten Teil weniger monetär, denn von intrinsischen Motiven geleitet und möchten entsprechende Bedingungen in ihrem Arbeitsleben vorfinden. Der Wettbewerbsnachteil mehr oder weniger einheitlicher und vergleichsweise geringer Vergütungshöhen kann gegebenenfalls ausgeglichen werden über eine Konzentration auf immaterielle Anreize wie Sinnstiftung, Freude an der Arbeit, Erfahrung von Wertschätzung etc. Die Palette der Einflussnahme auf solche Faktoren reicht – ausgehend von Visionen und Leitbildern – von der Ausgestaltung einer modernen Führungskultur bis hin zur Pflege des betrieblichen Klimas und der Förderung einer guten Kooperation in der Binnenstruktur der Organisation. Darauf wird weiter unten noch ausführlicher zurückzukommen sein.

Literaturempfehlungen zur Vertiefung

Ein Standardwerk, welches zur Vertiefung des Wissens über Marketing empfehlenswert ist, stammt von Meffert et al. (2014). Darin wird sehr umfassend über die Ansätze und Methoden des erwerbswirtschaftlichen Marketings informiert wird. Einen guten und kompakten Überblick zum Employer Branding als Instrument des Personalmarketings gibt Heister (2013).

Empfehlungen für praxisbezogene Vertiefungen

Zur Vertiefung im Feld des Sozio-Marketings sind die Publikationen von Christa (2010) und Kortendieck (2011) zu empfehlen, in welchen die Philosophie, die Methoden und die Instrumente des Marketings für sozialwirtschaftliche Organisationen auch unter Einbeziehung strategischer Elemente erläutert werden.

Literaturverzeichnis Kapitel 1

aerzteblatt.de (2011). Krankenstand von Pflegekräften. http://www.aerzteblatt.de/nachrichten/45524/Krankenstand-von-Pflegekraeften-ein-Drittel-ueber-dem-Durchschnitt. Zugegriffen: 12.10.2017.
aerzteblatt.de (2015). Hoher Krankenstand in der Kinderbetreuung. http://www.aerzteblatt.de/nachrichten/63805/Hoher-Krankenstand-in-der-Kinderbetreuung. Zugegriffen: 12.10.2017.
Birzele, H. J., & Thieme, L. (2007). *Sozial-Marketing*. Schwalbach/a. T.: Dgvt-Verlag.
Bleicher, K., & Abegglen, Chr. (2017). *Das Konzept Integriertes Management: Visionen – Missionen – Programme*. Frankfurt a. M.: Campus Verlag.
Buß, E. (2007). Image und Reputation. Werttreiber für das Management. In M. Piwinger & A. Zerfaß (Hrsg.), *Handbuch Unternehmenskommunikation* (S. 227–243). Wiesbaden: Springer Gabler.
Boeßenecker, K.-H., & Vilain, M. (2013). *Spitzenverbände der Freien Wohlfahrtspflege: Eine Einführung in Organisationsstrukturen und Handlungsfelder sozialwirtschaftlicher Akteure in Deutschland*. Weinheim: Beltz Juventa.
Bofinger, P. (2015). *Grundzüge der Volkswirtschaftslehre: Eine Einführung in die Wissenschaft von Märkten*. München: Pearson Studium.
Bogai, D. (2014). Perspektiven des Arbeitsmarktes für Pflegekräfte. *Vierteljahreshefte zur Wirtschaftsforschung DIW 04*, 107–122.
Bosch, G. (2014). Arbeitsmarkt und Beschäftigung im Umbruch. Auswirkungen auf die Sozial- und Gesundheitswirtschaft. In: Bundesarbeitsgemeinschaft der Freien Wohlfahrtspflege (Hrsg.), *Beschäftigung innovativ gestalten. Wertschöpfung – Wertschätzung – Wettbewerb. Bericht über den 8. Kongress der Sozialwirtschaft vom 13. und 14. Juni 2013 in Magdeburg* (S. 17–30). Baden-Baden: Nomos.
bund.de (2016). Beschäftigte in der Pflege. http://www.bmg.bund.de/index.php?id=646. Zugegriffen: 09.05.2018.
Bund, K. (2016). *Glück schlägt Geld. Generation Y: Was wir wirklich wollen*. 3. Aufl., Hamburg: Murmann.
Bundesarbeitsgemeinschaft der Freien Wohlfahrtspflege e. V. (2012). *Einrichtungen und Dienste der Freien Wohlfahrtspflege. Gesamtstatistik*. o. O., o. V.
Bundesministerium für Arbeit und Soziales (2013). *Arbeitsmarktprognose 2030. Eine strategische Vorausschau auf die Entwicklung von Angebot und Nachfrage in Deutschland*. Bonn: Bundesministerium für Arbeit und Soziales.
Christa, H. (2010). *Grundwissen Sozio-Marketing. Konzeptionelle und strategische Grundlagen für soziale Organisationen*. Wiesbaden: VS Verlag für Sozialwissenschaften.
Christa, H. (2016b). Distributionspolitik. Der unterschätzte Faktor. *SOZIALwirtschaft 6*, 34–35.
Christa, H. (2017). Weiche Faktoren im harten Wettbewerb. *SOZIALwirtschaft 6*, 38–39.
Fuchs, J., Söhnlein, D., & Weber, B. (2017). Arbeitskräfteangebot sinkt auch bei hoher Zuwanderung. IAB-Kurzbericht Nr. 6, 16.02.2017.

Haubold, A.-K., Gnieser, K., & Golovina, M. et al. (2014). Mitarbeiter an das Unternehmen binden. In: A.-K. Haubold, T. Gonschorek & I. Gestring et al. (Hrsg.), *Managementkompetenzen im Mittelstand. Grundlegendes Wissen und Instrumente zur praktischen Umsetzung* (S. 113–130). Wiesbaden: Springer Gabler.

Heister, W. (2013). Employer Branding. In: W. Pepels (Hrsg.), *Das neue Personalmarketing. Employee Relationship Management als moderner Erfolgstreiber. Bd. 2. Handbuch Personaleinsatz* (S. 179–201). Berlin: Wissenschaftsverlag.

hessischer-pflegemonitor.de (2015). Hessischer Pflegemonitor. http://www.hessischerpflegemonitor.de/2015/index.php?id=118. Zugegriffen: 09.09.2017.

Institut für Arbeitsmarkt- und Berufsforschung – IAB (2015). Zentrale Befunde zu aktuellen Arbeitsmarktthemen. IAB-Bericht 7/2015.

Jones, D. G., & Tadajewski, M. (2018). *Foundations of Marketing Thought: The Influence of the German Historical School.* New York: Routledge.

Jung, R. H., Heinzen, M., & Quarg, S. (2016). *Allgemeine Managementlehre. Lehrbuch für die angewandte Unternehmens- und Personalführung.* 6., neu bearb. u. erweit. Aufl., Berlin: Erich-Schmidt-Verlag.

Kliner, K., Rennert, D., & Richter, M. (Hrsg.) (2017). *Gesundheit und Arbeit – Blickpunkt Gesundheitswesen. BKK Gesundheitsatlas 2017.* Berlin: MWV.

Kortendieck, G. (2011). *Marketing im Sozialen Bereich.* Augsburg: Walhalla.

Kuniß, K. (2013). Die demografischen Herausforderungen für soziale Einrichtungen. Perspektiven aus der Praxis zur Personalsituation in der sächsischen Sozialwirtschaft. *corax 5*, 6–10.

Kuß, A. (2009). *Marketing-Theorie. Eine Einführung.* Wiesbaden: Springer Gabler.

Kuß, A., & Kleinaltenkamp, M. (2013). *Marketing – Einführung.* 5. Aufl., Wiesbaden: Springer Gabler.

Luhmann, N. (1987). *Soziale Systeme: Grundriß einer allgemeinen Theorie.* Frankfurt a. M.: Suhrkamp.

March, J. G., & Simon, H. A. (1993). *Organizations. Second Edition.* Cambridge: John Wiley & Sons.

Meffert, H., Burmann, Chr., & Kirchgeorg, M. (2014). *Marketing: Grundlagen marktorientierter Unternehmensführung. Konzepte – Instrumente – Praxisbeispiele.* 12., überarb. u. aktual. Aufl., Wiesbaden: Springer Gabler.

Merchel, J. (2009). *Sozialmanagement.* Weinheim: Juventa.

Merchel, J., Pamme, H., & Khalaf, A. (2012). *Personalmanagement im Allgemeinen Sozialen Dienst. Standortbestimmung und Perspektiven für Leitung.* Weinheim, Basel: Beltz Juventa.

Moskaliuk, J. (2016). *Generation Y als Herausforderung für Führungskräfte: Psychologisches Praxiswissen für wertorientierte Führung.* Wiesbaden: Springer.

Müller-Stevens, G., & Lechner, Chr. (2016). *Strategisches Management. Wie strategische Initiativen zum Wandel führen.* Stuttgart: Schäffer-Poeschel Verlag.

ndr.de (2017). Immer mehr Aushilfserzieher in Kitas. http://www.ndr.de/nachrichten/mecklenburg-vorpommern/Immer-mehr-Aushilfs-Erzieher-in-Kitas,kitaerzieher100.html. Zugegriffen: 28.09.2017.

Parsons, T., & Smelser, N. (2001). *Economy and Society: A Study in the Integration of Economic and Social Theory.* London: Routledge.

Polenske, U. (2017). Mitarbeiterbindung in der Diakonie am Beispiel von Einrichtungsleitenden der stationären Altenhilfe – Konsequenzen für diakonisches Personalmanagement. In: B. Hofmann, & M. Büscher (Hrsg.), *Diakonische Unternehmen multirational führen. Grundlagen – Kontroversen – Potenziale* (S. 135–151). Baden-Baden: Nomos.

Schanz, G. (2015). *Personalwirtschaftslehre*. 3. Aufl., München: Vahlen.

Schwarz, P. (1996). *Management-Brevier für Nonprofit-Organisationen*. Stuttgart, Bern: Springer Gabler.

Seigel, M. (2014). *PR & Marketing für Pflegedienste*. Hannover: Vincentz Network.

Seiwert, L. J. (1985). Vom operativen zum strategischen Personalmarketing. *Personalwirtschaft 4*, 348–353.

Simon, M., Tackenberg, P., Hasselhorn, H.-M., Kümmerling, A., Büscher, A., & Müller, B. H. (2005). *Auswertung der ersten Befragung der NEXT-Studie in Deutschland*. Universität Wuppertal.

Statistisches Bundesamt (2015). *Bevölkerung Deutschlands bis 2060. 13. koordinierte Bevölkerungsvorausberechnung*. Wiesbaden: Statistisches Bundesamt.

Stinchcombe, A. L. (1990). *Information and Organizations*. Berkeley: University of Carlifornia Press.

tagesspiegel.de (2017). Kinderbetreuung. http://www.amp.tagesspiegel.de/berlin/kinderbetreuung-in-berlin-mindestens-2000-kitaplaetze-nicht-belegt-weil-erzieher-fehlen/19595206.html. Zugegriffen: 10. 12. 2017.

tk.de (2017). Infografik Fehltage nach Berufsfeldern. http://www.tk.de/centaurus/servlet/contentblob/949252/Datei/68772/TK-Infografik-Fehltage-nach-Berufsfeldern.jpg. Zugegriffen: 02. 12. 2017.

Trommsdorff, V., & Teichert, Th. (2011). *Konsumentenverhalten*. 8. Aufl., Stuttgart: Kohlhammer.

Ulrich, P., & Fluri, E. (1992). *Management*. 6. Aufl., Bern und Stuttgart: Haupt.

vbw – Vereinigung der Bayerischen Wirtschaft e. V. (Hrsg.) (2012). Fachkräftebedarf in Kindertageseinrichtungen bis zum Jahr 2020, erstellt von Matthias Schilling, Arbeitsstelle Kinder- und Jugendhilfestatistik im Forschungsverbund Deutsches Jugendinstitut/Technische Universität Dortmund. Dortmund: vbw – Vereinigung der Bayerischen Wirtschaft e. V.

Mitarbeitendengewinnung 2

Zusammenfassung

In diesem Kapitel werden die instrumentellen Ansätze zur Mitarbeitendengewinnung beschrieben und erläutert. Konkrete kurzfristige Maßnahmenbereiche umfassen neben der internen Personalrekrutierung und der Stellenanzeige auch die Out-of-Home Werbung, das Internet-Recruitment, die Nutzung von Arbeitsagenturen und privaten Vermittlern sowie die Direktansprache und den Bewerbendenpool. In tendenziell mittelfristiger Hinsicht werden die Akquise über Messen für Nachwuchskräfte, Events sowie die Zusammenarbeit mit Fachschulen und Hochschulen behandelt. Im Kontext der Informationsbeschaffung und der Reflexion stehen die Marktanalyse und -prognose, die Stärken-/Schwächen- und die Konkurrenzanalyse im Mittelpunkt der Darlegungen.

Studienziel

Die Leserinnen und Leser kennen die Methoden der kurz- und mittelfristig angelegten Personalbeschaffung, die zentralen Ansätze zur Informationsbeschaffung und -analyse sowie der Grundlagen der Strategiefindung.

2.1 Maßnahmen zur Akquise von Mitarbeitenden

Nunmehr werden die Möglichkeiten zur aktiven Mitarbeitendenakquise dargelegt. Die folgenden Ausführungen sind geordnet nach kurz- und mittelfristig wirksamen Maßnahmen[1].

- Kurzfristige Maßnahmen werden unternommen mit dem Ziel, eine Akquise von Personal möglichst unmittelbar zu realisieren. Mit interner Personalrekrutierung und Bewerbendenpool, Stellenanzeigen und Out-of-Home Werbung, Internet-Recruitment und Einschaltung von Arbeitsagentur oder privaten Vermittlern sowie Direktansprache potentieller Bewerberinnen und Bewerber sollen die wesentlichen Ansätze zur Fachkräftegewinnung für soziale Organisationen behandelt werden.
- Maßnahmen mit eher mittelfristiger Perspektive sollen Präferenzen bei den Zielgruppen erzeugen, welche erst nach einiger Zeit (beispielsweise Ausbildung oder Studium, jedoch möglicherweise auch einige Jahre Berufstätigkeit) zum Tragen kommen. Mit Messen für Nachwuchskräfte, Events sowie der Zusammenarbeit mit Fachschulen und Hochschulen sollen drei entsprechende Maßnahmenkomplexe erläutert werden.

2.1.1 Interne Personalrekrutierung

Ein auch für soziale Organisationen erster möglicher Weg der Personalrekrutierung ist jener der internen Stellenausschreibung. Die Gründe, sich für einen Versuch der Besetzung über das „Schwarze Brett" zu entscheiden, können darin liegen,

- dass keine geeigneten Kandidaten auf dem Arbeitsmarkt vermutet werden,
- dass eine Verfügbarkeit von geeigneten Kräften in der eigenen Organisation unterstellt wird
- und/oder dass die Vorteile der Rekrutierung einer bereits in der eigenen Organisation tätigen Arbeitskraft im Abgleich mit der Alternative einer externen Beschaffung überwiegen.

Zweifellos erspart eine erfolgreiche interne Personalrekrutierung aufwändige Maßnahmen der Akquise inklusive einer möglicherweise zeitraubenden Durchführung von Vorstellungsgesprächen und der Auswahl der/des vermeintlich bes-

---

[1] Das Employer Branding als langfristiges Handlungsfeld der Etablierung einer Arbeitgebermarke erfährt eine Darstellung in Kapitel 4.

ten Bewerbenden. Zudem kann davon ausgegangen werden, dass nach einer externen Beschaffung im Sinne einer Neueinstellung nicht nur die Einarbeitungskosten höher sein werden, sondern auch die Eingliederungsschwierigkeiten und das Risiko einer Fehlauswahl.

Umgekehrt kann Folgendes zu bedenken gegeben werden: „Bei dieser Art der Personalbeschaffung bedarf es [...] nicht selten eines gewissen Fingerspitzengefühls, wenn ein Mitarbeiter in eine andere Abteilung versetzt werden soll; denn welcher Vorgesetzte gibt schon gerne einen guten Mitarbeiter ab. Probleme können sich auch dann ergeben, wenn einer aus einem Kreis Gleichgestellter deren Vorgesetzter werden soll. In diesem Fall sind Neidgefühle der Übergangenen nicht selten – und darauf sollte angemessen reagiert werden" (Schulz 2014, S. 38).

Die Vor- und Nachteile einer internen Personalrekrutierung wurden nach Schulz (a. a. O., S. 40) in Tabelle 2.1 zusammengefasst:

Tabelle 2.1 Vor- und Nachteile der internen Personalrekrutierung (Schulz 2014, S. 40, eigene Darstellung)

Vorteile	Nachteile
• Die Mitarbeitenden erkennen Entwicklungs- und Aufstiegschancen • Die Motivation des Arbeitnehmers wird positiv beeinflusst • Die Einarbeitungszeit ist kürzer • Die Bindung des Arbeitnehmers an das Unternehmen wird erhöht • Die Beschaffung des Arbeitnehmers ist kostengünstig und schnell • Stellen für nachrückende Arbeitnehmer werden frei • Das Unternehmen kennt den Arbeitnehmer	• Begrenzte Auswahlmöglichkeit • Betriebsblindheit • Keine Know-how-Erhöhung durch externes Wissen • Lediglich eine Verlagerung des qualitativen Personalbedarfs • Hohe Fortbildungs-/Umschulungskosten • Befürchtungen des Arbeitnehmers, abgelehnt zu werden • Angst des Arbeitnehmers vor negativen Reaktionen des aktuellen Vorgesetzten • Neidreaktionen der Kollegen

2.1.2 Bewerbendenpool

„In einem Bewerberpool speichern Unternehmen die Bewerbungsdaten von früheren Bewerbungen, die für das Unternehmen interessante Qualifikationen haben" (Kirschten 2017, S. 128). Viele Träger und Einrichtungen des sozialen Sektors pflegen solche Datensätze insbesondere im Hinblick auf Initiativbewerbungen, die entweder bei einer Stellenbesetzung zunächst nicht berücksichtigt werden konnten oder wenn zum gegebenen Zeitpunkt keine entsprechende Stelle frei war.

Ein Bewerbendenpool kann nach Qualifikationen, Erfahrungen und besonderen Fähigkeiten differenziert sein. „Mithilfe eines Bewerberpools kann das Personalmanagement schnell auf geeignete Kandidaten zurückgreifen, ggf. ohne eine neue Stellenausschreibung mit entsprechendem Auswahlprozess zu initiieren" (ebd.). Die Aufnahme in einen Bewerbendenpool setzt voraus, dass die Erlaubnis des bzw. der Bewerbenden eingeholt wurde. Gesetzgebungen und Richtlinien zum Datenschutz sind einzuhalten. In Zeiten turbulenter Arbeitsmärkte ist der Bewerbendenpool regelmäßig zu aktualisieren.

2.1.3 Stellenanzeigen

Die Stellenanzeige (Print und/oder Online) ist ein nach wie vor wichtiges Instrument der Kommunikation von freien Stellen auf dem Arbeitsmarkt. Es handelt sich dabei um die für die Beschaffung essenzielle Personalwerbung im Sinne einer „Vermittlung der vom Unternehmen angebotenen Anreize an die Umwelt mit dem Ziel, geeignete Mitarbeiter für die Besetzung von freien Stellen zu finden" (Thommen et al. 2017, S. 388).

Stellenanzeigen haben einen typischen Aufbau, der sich in der Praxis bewährt hat:

- Darstellung des sozialen Unternehmens: Bereits mit diesem Einstieg kann das Interesse potentieller Bewerberinnen und Bewerber geweckt werden. Üblicherweise genannt werden in dieser Rubrik die Sozialbranche, in welcher die Organisation tätig ist, darüber hinaus zu erbringende soziale Dienstleistungen, die Geschichte des Trägers bzw. der Einrichtung, die Größe des Trägers bzw. der Einrichtung, aber auch besondere Werte und Normen.
- Beschreibung der zu besetzenden Stelle: Hier werden die wichtigsten Aspekte des vakanten Arbeitsplatzes beschrieben. Zu nennen sind Aufgaben, Verankerung in der Organisationsstruktur, gegebenenfalls Führungsanforderungen, Aufstiegsmöglichkeiten etc.
- Nennung der Anforderungen an die zu besetzende Stelle: Die potentiellen Bewerberinnen und Bewerber müssen für sich entscheiden können, ob sie für die vakante Stelle prinzipiell infrage kommen. Aufzuführen sind mithin die für die Tätigkeit notwendige formale Qualifikation, qualifikatorische Vertiefungen, besondere Berufserfahrung, Kenntnisse und Fertigkeiten.
- Nennung der Anforderungen an die Person: Nicht nur bei zu besetzenden Führungspositionen sollten auch die für eine Stellenbesetzung notwendigen persönlichen Eigenschaften aufgeführt werden. Gerade im sozialen Bereich sind Dispositionen im Hinblick auf soziale Kompetenz, Werte, Motivation etc. wichtig.

- Leistungen des Arbeitgebers: Nachdem die Anforderungen an die Stelle und die Bewerbenden genannt wurden, sollten nun Anreize für eine Bewerbung gesetzt werden. Neben der Vergütung, den Arbeitszeiten bzw. deren Gestaltung, Entwicklungsmöglichkeiten usw. sind weitere Faktoren, welche die Attraktivität einer Tätigkeit dieser Einrichtung bzw. in diesem Träger ausmachen, mittlerweile unverzichtbar aufzuführen. Zu nennen sind – so vorhanden – zusätzliche Arbeitgeberleistungen, ein besonderes Betriebsklima, Möglichkeiten zur Home Office Tätigkeit etc.
- Kontaktmöglichkeiten, Ansprechpartner, weitere Möglichkeiten zur Information: Aus distributionspolitischer Sicht ist es sehr wichtig, kurz und informativ die Wege zur Eingabe einer Bewerbung aufzuführen. Inzwischen eröffnen praktisch alle Unternehmen den an einer Stelle Interessierten neben der postalischen Bewerbung auch den elektronischen Weg per E-Mail. Für Nachfragen und weitere Vorabgespräche sollten Ansprechpartner genannt werden, zur genaueren Informationen über die Einrichtung oder den Träger sollten Hinweise auf die Homepage nicht fehlen.
- Gesetzliche Rahmenbedingungen: Die Regelungen des Allgemeinen Gleichbehandlungsgesetzes (AGG) sind einzuhalten. Es sollte nicht nur berücksichtigt werden, dass die Stellenanzeige keine Diskriminierung im Hinblick auf das Geschlecht enthält. Eine Lektüre des AGG ist vor der Veröffentlichung einer Stellenanzeige dringend anzuraten.

„Um als Beschaffungsmittel wirksam werden zu können, ist die Publikation akquisitorischer Potenziale für potentielle Bewerber unabdingbar" (Drumm 2008, S. 291). In toto sind die Vorzüge eines Arbeitsplatzes bzw. einer Bewerbung in der Stellenanzeige natürlich glaubwürdig hervorzuheben, d. h. ohne zu übertreiben resp. nicht einhaltbare Versprechungen zu machen.

2.1.4 Exkurs: Kommunikationswirkung

Bei der Gestaltung von Anzeigen sind folgende Faktoren zu beachten:

- Übersichtlich: Wesentliche Informationen müssen von den potentiellen Bewerberinnen und Bewerbern rasch zu erfassen sein.
- Profiliert: Die Stellenanzeige sollte Aufmerksamkeit hervorrufen, sich mithin auch optisch attraktiv von anderen Anzeigen unterscheiden.
- Lesbar: Die Anzeige sollte sachlich, jedoch nicht abschreckend bürokratisch verfasst sein.

- Informierend: Der Text kann durchaus auch spezifische Informationen zur vakanten Stelle enthalten. Floskeln sind für potentiellen Bewerberinnen und Bewerber nicht nur wenig aussagekräftig, sondern können im Zweifel sogar abschreckend wirken.
- Attraktiv: Das Layout sollte modernen Rezeptionsgewohnheiten entsprechen. Fotografische Elemente können die Aufmerksamkeit für eine Stellenanzeige enorm erhöhen.

Im Grunde folgen die Anforderungen an eine erfolgreiche Stellenanzeige den Maßgaben, die in der absatz- bzw. verkaufsorientierten Kommunikationspolitik gelten. Als bewährtes Kürzel für gelungene Wirkungsketten in der Kommunikation gilt im Marketing nach wie vor die „AIDA-Formel". Dieses Kürzel entstammt der englischen Sprache und steht für Attention (Aufmerksamkeit), Interest (Interesse), Desire (Wunsch) und Action (Aktion).

Die Formel kann für Stellenanzeigen als heuristisches Modell wie folgt genutzt werden:

- Das „Attention-Element" der Kommunikationswirkung besagt, dass die anvisierte Zielgruppe zunächst einmal auf die Stellenanzeige aufmerksam werden muss. „Die zentrale Frage ist also, wie man Aufmerksamkeit wecken kann" (Hoffmann und Akbar 2016, S. 74). In der Praxis sind auch viele Sozialunternehmen dazu übergegangen, das Design und die „Anmutung" von Stellenanzeigen auf die jeweilige Zielgruppe genauer zuzuschneiden, um die anvisierte „Community" zu motivieren, der betreffenden Werbung Aufmerksamkeit zukommen zu lassen. Hierbei kann durchaus auch eine emotionale Berührung hilfreich sein (man nennt dies in der Werbepsychologie „affektive Stimuli"). Hilfreich sind dabei auch Abbildungen, in welchen sich die Zielgruppe wieder erkennt.
- Im nahezu gleichen Moment, in welchem die Mitglieder der Zielgruppe das Inserat wahrnehmen, muss Interesse für den Inhalt geweckt werden, um den Rezeptionsprozess nicht abbrechen zu lassen.
- Unmittelbar hieran sollte eine Präferenz geschaffen werden (hier: im Sinne eines Wunschs der Leserin bzw. des Lesers nach einer Bewerbung). Eine wichtige Rolle spielt hierbei die Schaffung von Motivation, die Herausbildung von Präferenzen gegenüber anderen Inseraten etc. Die Anzeige müsste im Idealfall tauglich sein, potenzielle Bewerberinnen und Bewerber zu überzeugen resp. für die Stelle zu „begeistern".
- Dies ist jedoch immer noch nicht hinreichend: Nach Möglichkeit erhalten die Rezipientinnen und Rezipienten auch eine umstandslose Möglichkeit, sich zu bewerben. Dies geschieht beispielsweise mit der Angabe einer Internetseite.

Abbildung 2.1 Stufen der Kommunikationswirkung (bspw. Homburg 2017, S. 765, eigene Darstellung)

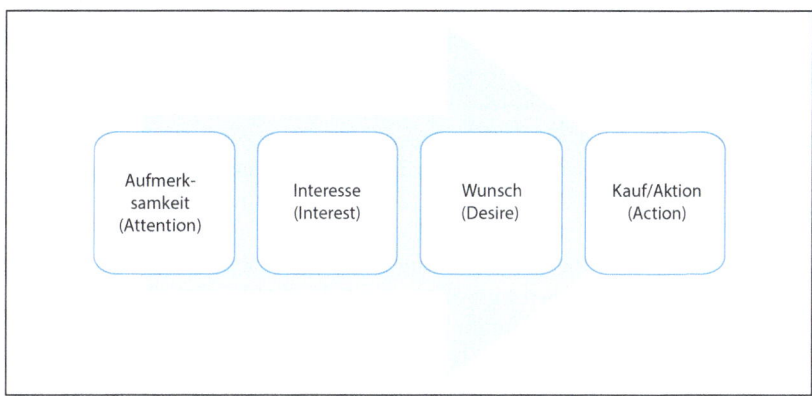

Durchaus sinnvoll ist mittlerweile der Abdruck eines sogenannten „QR-Codes", der (nachdem man mit dem Smartphone ein Foto des Codes gemacht hat) nicht nur unmittelbar auf die Website leitet, sondern auch zusätzliche Informationen, Videos u. a. m. übermitteln kann.

„In der Summe hat eine Anzeige also so gestaltet zu sein, dass sie zunächst die Neugierde des Lesers erweckt, um ihn dann durch ein möglichst attraktives Angebot zum Handeln zu bewegen. Das heißt also, dass nicht nur der informative Charakter im Vordergrund steht, sondern, dass auch die Aktivierungsfunktion wichtig ist" (Krings 2017, S. 33).

Gemäß dieser Stufentheorie der Wirkung von Kommunikation sind verschiedene Maßgaben für die Gestaltungsmerkmale einer Anzeige zu beachten.

- So sollte beachtet werden, dass die Überschrift einer Anzeige als erstes ins Auge des Betrachters fällt. Sie hat folglich prägnant, kontrastreich und klar auszufallen (hierzu und zum Folgenden Felser 2015, S. 337 ff.). Zudem empfehlen Werbe- und Konsumentenpsychologen, dass Überschriften möglichst viele Substantive enthalten, nicht als Frage formuliert werden, passiv formuliert sind und keine Negation enthalten sowie sich möglichst direkt an die Adressatinnen und Adressaten richten sollten.
- Beim Format und der Platzierung einer Anzeige spielt naturgemäß deren Größe ebenso eine Rolle wie deren Position auf einer Heft- oder Zeitungsseite. In westlichen Kulturen wird – so die empirischen Befunde zur Wahrnehmung

von Anzeigen und Inseraten – dem rechten oberen Feld eine besondere Aufmerksamkeit gewidmet. Dies gilt auch für Text und Illustration innerhalb einer Anzeige. In Bezug auf Farbgestaltung, Kontrast etc. ist hervorzuheben, dass die Konzeption zielgruppenspezifisch ausgerichtet sein muss. Bilder sind Texten vorzuziehen, sie dürfen jedoch aufgrund der Kürze der Rezeption (durchschnittlich lediglich ca. zwei Sekunden) nicht die Botschaft bzw. Intention der Anzeige vollkommen überlagern.

- Im Hinblick auf die kommunikative Stoßrichtung von Stellenanzeigen, und dies gilt auch für Plakate, Flyer etc. sowie die Akquise dem Internet (siehe weiter unten), ist in den vergangenen Jahren eine Hinwendung zum Ansatz zu beobachten, die Rezipientinnen und Rezipienten über ihr „Bedürfnis nach Einzigartigkeit" erreichen zu wollen. Dies äußert sich beispielsweise in den Versuchen, Nachwuchskräfte für die Pflege oder ehrenamtlich/freiwillig Mitarbeitende im Rettungsdienst als außergewöhnlich, stark, abenteuerlustig etc. anzusprechen. Diese Strategie folgt der Annahme, dass solche Botschaften für jüngere Menschen besonders attraktiv sind, welche an die Neigung appellieren, in ihren Entscheidungen ebenso selbstbewusst wie eigenständig zu sein, einen unverwechselbaren Stil zu pflegen sowie gerne auch unpopuläre Entscheidungen jenseits sozialer Konventionen und mit eigenem „Charakter" zu treffen (zu dieser Werbestrategie a. a. O., S. 316).

Ein Beispiel für eine solche zielgruppenspezifische Ansprache mit der optischen Anmutung des besonderen Charakters potentieller Nachwuchskräfte im sozialen Bereich ist die Kampagne „Vielfalt, MANN! Dein Talent für Hamburger Kitas" des PARITÄTISCHEN Hamburg gewesen. Ein attraktiver, freundlicher und dynamischer junger Mann wird neben dem Slogan „Sei alles, werde Erzieher!" großformatig abgebildet, auf seinem T-Shirt sind plakativ die Schlagworte „Rennfahrer, Tourguide, Künstler, Gärtner, Kaufmann, Teamplayer" zu lesen. Das Kampagnendach will zeigen, welche Vielfalt den Erzieherberuf in einer Kindertagesstätte erwartet: „vielfältige Talente, vielfältige Aufgaben, kein Tag wie der andere" (Heider-Winter und Lange 2014, S. 265 ff.). Zusätzlich wurden Aktionen auf Facebook sowie selbst produzierte Filme auf YouTube präsentiert, welche in Analogie zur Kampagne angelegt waren. Von der Deutschen Public Relations Gesellschaft wurde der Ansatz für den Internationalen Deutschen PR-Preis in der Kategorie Nonprofit-Organisationen nominiert.

Dass bei der Gestaltung sowohl von Inseraten jeglicher Form wie im Kontext von Gesprächen mit Bewerberinnen und Bewerbern die werbepsychologischen Erkenntnisse zu berücksichtigen sind, macht Felser (2015c, S. 280 ff.) unter den Stichworten „Glaubwürdigkeit" und „Zweiseitigkeit der Information" deutlich. So verweist er auf die Notwendigkeit, dass Überzeugen bis hin zu Einstellungsveränderungen der Voraussetzung bedürfen, dass der Kommunikator „gar nicht erst den Anschein erwecken [sollte], sein Publikum beeinflussen zu wollen. Die Reaktanztheorie sagt voraus, dass eine deutlich wahrnehmbare Beeinflussungsabsicht der Einstellungsänderungen hinderlich ist". Des Weiteren verweist er auf den Umstand, dass eine Kommunikation dann umso glaubwürdiger wird, wenn in der Argumentation „auch Nachteile der bevorzugten Position" zur Sprache gebracht werden. In empirischen Studien hat sich jene Strategie als vorteilhaft erwiesen, welche die positiven Bestandteile einer Argumentation an erster Stelle, die Nachteile der jeweiligen Position erst nachrangig artikuliert worden sind, wobei die Nachteile durch die Vorteile eine „Rahmung" erfahren sollten: „Daher laufen die Empfehlungen tendenziell darauf hinaus, die entscheidenden, im Sinne des Kommunikators, also die ‚Pro-Argumente', an exponierter Stelle zu präsentieren, z. B. am Anfang und am Schluss" (a. a. O., S. 282).

2.1.5 Out-of-Home Werbung

In jüngster Zeit sind einzelne Leistungserbringer nicht nur im Sektor der Pflege auch den Weg gegangen, über mehr oder weniger großflächige Werbeansprachen neues Personal für ihre Einrichtungen zu rekrutieren. Diese sogenannte „Out-of-Home Werbung" zeichnet sich dadurch aus, dass sie im öffentlichen Raum kommunikativ wirksam wird und somit eine vergleichsweise große Zielgruppe erreicht. Der Nachteil dieser Vorgehensweise ist die relativ große Streuung bzw. ein entsprechender Streuverlust.

Folgende Medien stehen im Rahmen der Out-of-Home Werbung zur Disposition:

- Plakatwerbung: Dieser traditionsreiche Weg der Kommunikation kann in verschiedenen Formaten und an verschiedenen Standorten zum Einsatz gebracht werden. Das Spektrum an Formaten reicht vom City-Light-Poster (ca. zwei Quadratmeter) über die Panoramafläche (7,12 × 2,52 Meter) und das Super Poster (5,26 × 3,72 Meter) sowie das Riesenposter (5,26 × 3,72 Meter) bis hin zur Plakatierung auf einer Litfaßsäule in unterschiedlichen Größen oder exklusiv auf einer Ganzsäule.
- Sogenannte „Out-of-Home-Channels" an Bahnhöfen und anderen öffentlichen Orten sowie in Einkaufszentren sind eine digitale Spielart der Plakatwerbung mit hoher Reichweite. Hier erfolgt die Präsentation mit Full HD-Spots. Insbesondere an gut frequentierten Stellen werden diese Medien zentral von einem Werbeanbieter per Internet gesteuert und können auch kurzfristig sowie mit vergleichsweise wenig Aufwand gebucht und schnell aktualisiert werden.

- Werbung auf einem Transportmedium: Vom standardisierten einzelnen Banner auf dem Seiten- oder Heckbereich bis hin zur vollständigen Präsenz im Sinne einer Ganzgestaltung auf der Außenfläche eines Fahrzeugs sind die Optionen der Werbung auf einem transportablen Medium wie Bus und Bahn des ÖPNV fließend. Ebenfalls möglich ist die Werbung im Innenraum eines solchen Transportfahrzeugs.

- Werbung in einem Transportmedium: Eine gängige Maßnahme der Werbung in einem Transportmedium ist mittlerweile die Präsenz auf den Flatscreens eines Busses oder einer Straßenbahn, welche neben aktueller Information auch Werbebotschaften enthalten können. Immer populärer werden im Transport des ÖPNV auch sogenannte „Ambient Medien", welche auf unkonventionelle Weise wie zum Beispiel auf dem Rücksitz plakative Werbeträger enthalten.

Eines der führenden Unternehmen im Bereich der Außenwerbung ist die Kölner Ströer AG mit diversen Niederlassungen in Deutschland und Europa. Auf Ihrer Website (stroeer.de) können die verschiedenen Möglichkeiten der Out-of-Home Werbung eingesehen werden. Dabei stehen interaktive Planungstools für die Illustration der Werbemöglichkeiten im Bereich Plakate, Verkehrsmedien oder Public Video sowie zur Kalkulation der Kosten zur Verfügung. Eine eigenständige Website der Unternehmensgruppe (stroeer-direkt.de) informiert über Möglichkeiten von regionalen und lokalen Akquise-Strategien.

Ein Klassiker unter der Out-of-Home Werbung ist der Flyer. Wie alle Medien weist auch der Flyer eine Reihe von Vor- und Nachteilen auf und muss mit technischem Bedacht gehandhabt werden:

- Positiv zu werten ist an diesem Medium die relativ kostengünstige Produktion und Verteilung sowie das handliche Format. Auf Flyern kann eine werbliche Kernbotschaft (im Sinne von „Personal gesucht") vermittelt, gegebenenfalls jedoch auch eine Image-Aktion transportiert bzw. flankiert werden. Sie können auf postalischem Weg zugestellt, an einschlägigen Orten ausgelegt oder in Zeitungen und Zeitschriften eingelegt, natürlich aber auch persönlich in die Hand gegeben werden. Als Nachteil muss berücksichtigt werden, dass aufgrund der preisgünstigen Herstellung inzwischen viele erwerbswirtschaftliche und soziale Organisationen mit Flyern arbeiten, die Rezipientinnen und Rezipienten mithin einer Art „Flyer-Überflutung" erliegen und auch diesem Medium inzwischen mehr und mehr zurückhaltend gegenüberstehen.

- Somit sind auch soziale Organisationen bei der Konzeption eines Flyers gehalten, professionell zu arbeiten. Dies umfasst unter anderem die für die Zielgruppe attraktive Wahl des Layouts und des Formats. Das Format kann beispielsweise als DIN lang Flyer in Größe eines Briefumschlags (9,8 × 21 Zentimeter) gewählt werden, zur Verfügung stehen aber auch DIN A 6 (Postkartenformat, 10,5 × 14,8 Zentimeter) oder Flyer DIN A 5 (14,8 × 21 Zentimeter). Üblicherweise wird eine grafische Auflösung von mindestens 300 dpi (dots per inch) von den Druckereien verlangt. Flyer können als Wickel-, Zick-Zack- oder Altarfalz gestaltet werden. Die meisten Flyer-Druckereien bieten ihren Kunden inzwischen auf ihrer Homepage die Möglichkeit an, websitegestützt eine eigene Vorlage zu erstellen. Es ist dabei möglich, aus einer Vielzahl an Vorlagen auszuwählen und zu überprüfen, wie die eigenen Gestaltungsvorstellungen auf dem Medium effektiv aussehen.

- In distributionspolitischer Hinsicht ist darauf hinzuweisen, dass auch dieses Medium mit einem gewissen Maß an Treffsicherheit bei der Verteilung zu versehen ist. Flyer weisen dort besondere Chancen auf Rezeption auf, wo sich die Zielgruppe bevorzugt aufhält, die Möglichkeit zur (im Idealfall konkurrenzlosen) Verteilung besteht und der Flyer wahrnehmbar ist. Ebenso wie alle anderen werblichen Maßnahmen der Personalbeschaffung muss auch der Flyer den Interessierten die Möglichkeit eröffnen, rasch mit der Sozialorganisation in Kontakt treten zu können. Der Flyer muss folglich sogenannte „Response-Elemente" (Anschrift, Telefon, E-Mail und Website, ggfls. QR-Code) an leicht sichtbarer Stelle enthalten.

2.1.6 Internet-Recruitment

In wachsendem Maße wird die klassische Print-Stellenanzeige in Zeitungen und Zeitschriften vom Internet abgelöst. Wir befinden uns technologisch betrachtet gerade inmitten der Phase des Internet 2.0, wobei die Möglichkeiten zur Interaktivität sowie der Komfort einer einfachen Bedienung von Jahr zu Jahr steigen. Von wenigen Regionen abgesehen ist die Verfügbarkeit von Internetkommunikation inzwischen eine Selbstverständlichkeit. Schlüter und Hallbauer (2014, S. 25) weisen darauf hin, dass die Fachkräftegewinnung über das Internet im sozialen Bereich zunimmt, aufgrund von mangelnden Ressourcen und mangelnder Expertise einige Instrumente jedoch nicht umfassend genug genutzt werden: „Vor dem Hintergrund der vorliegenden statistischen Daten kann sich der Verzicht auf Social-Media-Aktivitäten allerdings als ein teurer Wettbewerbsnachteil erweisen".

Neben der nahezu flächendeckenden Ausbreitung des Internets vor allem bei jüngeren Zielgruppen sprechen für das „E-Recruitment" folgende Faktoren:

- die meist günstigeren Preise,
- die Möglichkeit zur kurzfristigen Veröffentlichung,
- die Flexibilität im Handling,

- die längere Präsenz,
- eine größere Reichweite,
- die Möglichkeit zur eigenständigen Ausgestaltung.

Für das „E-Recruitment" sozialer Organisationen sind Jobportale, die eigene Website sowie Soziale Netzwerke besonders relevant.

Jobportale: Die „Social Media Recruiting Studie" aus dem Jahr 2015 konnte ermitteln, dass diese Form der Stellenausschreibung das mittlerweile meistgenutzte Instrument der Personalbeschaffung in Deutschland ist (Zils 2015, S. 10). Benutzerfreundlich sind diese Portale für die Arbeitssuchenden aufgrund ihrer Übersichtlichkeit sowie der Möglichkeit, vakante Stellen nach Region, Arbeitszeit, Anstellungsart und gegebenenfalls Arbeitgeber zu recherchieren.

- Eine der bekanntesten allgemeinen Jobbörsen bzw. Jobsuchmaschinen ist die von „monster.de", hier finden sich Stellen aus allen Wirtschaftsbereichen, im sozialen Sektor bspw. für Sozialpädagoginnen und Sozialpädagogen in ambulanten Erziehungshilfen und Angebote für Heilerziehungspflegende. Ebenfalls stark genutzt ist die Seite von „stepstone.de". Auch hier finden sich Stellenangebote in der sozialen und pflegerischen Arbeit in ausführender und leitender Tätigkeit. Viele Jobportale sind vernetzt und veröffentlichen Stellenanzeigen auch in anderen Online-Medien. Ein Inserat bei „stepstone.de" im Bereich der Pflege erscheint beispielsweise auch bei „altenheim.net" des Vincentz-Verlags, in der Jobbörse des Deutschen Pflegeverbands und des Thieme-Verlags sowie auf der Website von „deutsches-pflegeportal.de".
- In branchenspezifischen Portalen können Zielgruppen noch treffsicherer als in allgemeinen erreicht werden (bspw. Lorenz und Rohrschneider 2015). Solche Foren für Fach- und Führungskräfte des Sozialwesens stehen bspw. mit „stellenmarkt-sozial.de" oder den Online-Stellenmarkt von „socialnet.de" zu Verfügung. Viele der Portale offerieren eine Palette an Varianten von der kostenlosen Kleinanzeige bis zum kostenpflichtigen Premiuminserat mit größerer Reichweite, Vernetzung mit anderen Portalen, exklusiver Nennung in Newslettern etc. In eigenen landes- und bundesweiten Job- und Praktikumsbörsen bieten die Caritas, die Diakonie, das Rote Kreuz und andere große Verbände neben aktuellen Jobangeboten für Fachkräfte auch Ausbildungsplätze und Praktika an. Zudem enthalten sie Börsen für ehrenamtliche bzw. freiwillige Tätigkeiten.

Website: Die eigene Website kann als eigenständige Jobbörse einer sozialen Organisation ebenso verwendet werden wie als Ergänzung zu Inseraten in Print- oder

Online-Medien. Die aktuellen Technologien erlauben mittlerweile auch den weniger versierten Nutzenden eine komfortable Pflege der eigenen Homepage (sogenannte Content Management Systems), so dass auch Stellenangebote rasch und ohne Aufwand hier veröffentlicht werden können. Sehr viele Träger nutzen ihre Website und die ihrer Landesverbände inzwischen als Instrument der Kommunikation von Arbeitsplatzangeboten, vakante Stellen finden sich typischerweise unter der Rubrik „Arbeitsplatz", „Jobs" oder „Beruf und Karriere".

Bei der Nutzung der eigenen Website ist von einer Einrichtung oder einem Träger Folgendes zu berücksichtigen:

- Die eigene Homepage weist im Gegensatz zu spezialisierten Anbietern eine in der Regel wesentlich geringere Reichweite auf. Die meisten Arbeitsplatzsuchenden werden ihre Recherche über ein Jobportal durchführen und normalerweise lediglich über einen Eintrag in einer Suchmaschine wie Google, YAHOO oder Bing auf die entsprechende Homepage der Einrichtung oder des Trägers aufmerksam werden.
- Die eigene Website kann allerdings als digitale Visitenkarte einer Einrichtung und eines Trägers angesehen werden. Sie sollte entsprechend den Rezeptionsanforderungen der Zielgruppe ausgestaltet sein. Angesprochen ist damit die sogenannte „Usability", d. h. die Anwenderfreundlichkeit, ebenso wie die Ästhetik.
- Die Multimedialität und Interaktivität von Websites schafft kreative Chancen für die ansprechende Präsentation eines Arbeitsplatzes. So können beispielsweise zufriedene Mitarbeitende über die Arbeit in der Einrichtung berichten. Dies ist auch möglich in sogenannten „Blogs", also digitalen Tagebüchern oder ähnlichen Einträgen von Mitarbeitenden.
- Die Homepage kann als Kommunikationsplattform der Einrichtung bzw. dem Träger ermöglichen, auf einfachem und schnellem Weg mit Interessierten in Dialog zu treten, so unter anderem über Kontaktformulare und Kommentarfunktionen.

Soziale Netzwerke: Sie sind ein Element von sogenannten „Social-Web-Anwendungen". Neben Mikro-Blogs (sehr komprimierte Blogs mit wenig Zeichenumfang, meist auf zentralen Plattformen wie Twitter publiziert) und Social Sharing (Austausch digitaler Inhalte auf einer zentralen Plattform, beispielsweise YouTube) spielen sie die Hauptrolle in der modernen Internetkommunikation.

- Social Networking bedeutet die Konzipierung, Erstellung und Pflege von virtuellen Gemeinschaften im Internet, die bekanntesten diesbezüglichen Plattformen sind auf internationaler und nationaler Ebene derzeit Facebook und

Google+, im Bereich der sogenannten „Business-Portale" dominieren aktuell die Karrierenetzwerke XING und LinkedIn.
- In die Social Networking Plattformen, welche auf Beruf und Karriere konzentriert sind, werden im Wesentlichen berufliche Informationen in tabellarischer Form eingegeben. Die Daten beziehen sich typischerweise auf Ausbildung oder Studium, beruflichen Werdegang und Referenzen. Meist können auch noch individuelle Angaben über besondere Interessen, Zukunftsperspektiven, Wünsche zu Kontakten etc. gemacht werden. Viele Plattformen bieten eine kostenlose Basis- sowie eine kostenpflichtige Premium-Mitgliedschaft an. Es ist sowohl möglich, sich als Stellensuchende oder -suchender zu präsentieren als auch nach freien Stellen zu suchen. Inzwischen können die führenden Angebote auch über eine App in Anspruch genommen werden. Eine Recherche kann über Suchfunktionen via Smartphone, Tablett etc. realisiert werden. Im Zusammenhang mit einem Beitrag zum Active Sourcing auf der Karriereseite LinkedIn empfiehlt Brickwedde (2017, S. 156) die Erarbeitung eines guten Verständnisses für das gesuchte Profil, die Herausarbeitung von entsprechenden Schlüsselbegriffen und Synonymen für die Suche, die Kontaktaufnahme über die netzwerkinterne Nachrichtenfunktion zur Schaffung von Interesse sowie die Einleitung anschließender Maßnahmen zur schnellen Vereinbarung eines Gesprächs. Berücksichtigt werden sollte, dass zunehmend auch Soziale Netzwerke auf regionaler Ebene gegründet werden bzw. in globalen Plattformen eine Reihe von Regionalgruppen entstanden sind, manche dieser Gruppen führen auf regionaler Ebene auch persönliche Treffen durch.
- Als weltweit erfolgreichstes Soziales Netzwerk hat sich Facebook in den vergangenen Jahren mit nun rund 2,2 Milliarden Nutzern entwickelt. Die hinter der Plattform stehende Unternehmung betreibt auch die Foto- und Video-Sharing-Funktion Instagram sowie den Messenger-Dienst WhatsApp und gehört trotz eines massiven Datenskandals inzwischen zu den wertvollsten börsennotierten Unternehmen der Welt[2]. Schlüter und Hallbauer (2014, S. 55) betonen trotz der eindrucksvollen Mitglieder- und Nutzungszahlen, dass die Akquise von Mitarbeitenden via Facebook zwar rasch und umstandsloser als beim Schalten einer Stellenanzeige realisiert werden kann und entsprechende Veröffentlichungen im Idealfall über ein für Soziale Medien typisches Schneeballsystem stark an Verbreitung gewinnen können, die Nutzung dieser Plattorm jedoch nicht als singuläre Strategie verfolgt, sondern als Teil eines konzeptionell geschlossenen Vorgehens praktiziert werden sollte: „Facebook ist

---

2 Facebook wird in Deutschland von rund 31 Millionen Menschen genutzt, rund 30 Millionen sind monatlich, rund 23 Millionen täglich aktiv (Facebook 2018, Stand September 2017).

eher ein Werkzeug, um eine übergeordnete Strategie umzusetzen. Facebook ergänzt die bisherigen Maßnahmen und kann verschiedene strategische Ziele miteinander kombinieren". Durchaus möglich ist es jedoch, unter Einschaltung von Facebook die Bekanntheit als Arbeitgebermarke zu stärken, die Kunden- und Mitarbeitendenbindung zu intensivieren sowie allgemein das Image zu verbessern. Möglich ist auch, über die Analyse von Besucherzahlen und Kommentierungen eigener Posts und ähnlicher Veröffentlichungen auf Facebook Marktforschung zu betreiben. Hinweise zum erfolgreichen Aufbau einer Facebook-Seite gibt Grothe (2017, S. 200) wie folgt: Neben der Einladung von aktuellen und ehemaligen Mitarbeitenden und Praktikanten, die als Zielgruppe ohnehin infrage kommen, aber auch als Multiplikatoren effektiv sein könnten, empfiehlt er Facebook-Anzeigen oder gesponserte Links, welche vergleichsweise kostengünstig die passenden Zielgruppen nach Alter, Gegend, Qualifikation etc. gefiltert ansprechen können, aber auch einen internen Redaktionsplan für Inhalte sowie ein Screening von Websites zu verwandten fachlichen Themen und Links, welche zur sozialen Organisation und zu ihrem Vorhaben passen.

Beim Erstellen von Posts in Sozialen Medien sind ebenso wie bei der Gestaltung einer Website die gesetzlichen Regelungen u. a. zum Daten- und Personenschutz zu beachten. In Sozialen Medien sind Mitteilungen, Nachrichten bzw. Beiträge zudem angemessen kurz zu halten. Der Einsatz audiovisueller Elemente unterstützt die Aufmerksamkeit für einen Eintrag und die Attraktivität eines Stellenangebots.

2.1.7 Arbeitsagentur und private Vermittler

Ausgehend von der Nürnberger Zentrale (Bundesagentur für Arbeit) und zehn Landesagenturen werden Arbeitsuchende in Deutschland von 156 Agenturen für Arbeit mit rund 600 lokalen bzw. regionalen Geschäftsstellen und 303 Jobcentern in Beschäftigung vermittelt. Für Arbeitgeber haben sie Beratungs- und Unterstützungsfunktionen. Der Arbeitgeber-Service der Agenturen für Arbeit ist als Ansprechpartner zuständig für entsprechende Anfragen auch sozialer Organisationen. Die Meldung einer freien Stelle bzw. die Anforderung eines Vermittlungsservices kann gebührenfrei telefonisch, schriftlich oder online erfolgen. Durch die Agentur für Arbeit kann eine Bewerbervorauswahl (Analyse der arbeitsplatzbezogenen Anforderungen und psychologisch gestützte Vorauswahl geeigneter Bewerber) getroffen werden. Das Stellenangebot kann im Internet veröffentlicht werden, eine Online-Stellenmeldung erfolgt nach Registrierung als Arbeitgeber.

Die JOBBÖRSE ist das Service-Portal für Arbeitgeber und Arbeitsuchende. In dieser Datenbank sind Stellen-, Praktikanten- und Ausbildungsplatzdatenbanken sowie externe Jobbörsen zusammengefasst. „Ziel ist es, möglichst alle Stellen und Bewerber unter einer einzigen Internet-Adresse zu finden. Die Mitarbeitenden der Agenturen für Arbeit werden das System zukünftig zur Information, Vermittlung und Beratung ihrer Kunden nutzen. Darüber hinaus können Arbeitgeber und Arbeitnehmer selbständig ihre Stellen- und Bewerberprofile einstellen, verwalten und nach Stellen beziehungsweise Bewerbern suchen. Arbeitgeber können schnell und einfach über ein Stellenmeldeformular ihren Personalbedarf an die Agentur für Arbeit melden" (Bundesanstalt für Arbeit 2017).

Die Arbeitsagenturen vermitteln auch sogenannte „Arbeitsgelegenheiten", dabei handelt sich um eine sozialversicherungsfreie Beschäftigung bei einem geeigneten Träger. Die Tätigkeiten müssen im öffentlichen Interesse und wettbewerbsneutral sein. Rechtsgrundlage ist § 16d SGB II. Darin ist auch vorgegeben, dass auf Antrag die unmittelbar im Zusammenhang mit der Verrichtung von Arbeiten erforderlichen Kosten erstattet werden. Hierzu zählen eine besondere Anleitung, eine tätigkeitsbezogene Unterweisung oder eine sozialpädagogische Betreuung (§ 16d SGB II, 8). Zu beachten ist, dass solche Programme in der Regel temporär sind bzw. Veränderungen des politischen Willensbildungsprozesses unterliegen.

Die Vermittlungsquote der Bundesagentur für Arbeit oder Jobcenter lag 2014 bezogen auf die ungeförderte Beschäftigung bei 13 Prozent. Von den zwei Millionen Arbeitslosen, die in diesem Jahr eine nicht geförderte Beschäftigung auf dem ersten Arbeitsmarkt fanden, wurden 271 000 durch die Arbeitsagentur in Stellen vermittelt (Deutscher Bundestag 2015). Kirschten (2017, S. 128) vermerkt, dass die Erfahrungen der Praxis mit dem Erfolg von Stellenvermittlung durch die Institution der Arbeitsverwaltung sehr unterschiedlich sind: „Wesentlich ist hier eine gute und intensive Zusammenarbeit zwischen den Unternehmen und den verschiedenen Einrichtungen der Agentur für Arbeit". Die von Schulz (2014, S. 50) zusammengetragenen Vor- und Nachteile einer Kandidatensuche über die Agentur für Arbeit werden in Tabelle 2.2 aufgelistet.

Seit dem Jahr 1994 ist die Vermittlung von Arbeitssuchenden auch durch privat-gewerbliche Institutionen möglich. Seit dem 27. März 2002 kann jede natürliche oder juristische Person oder Personengesellschaft nach Anzeige beim Gewerbeamt nach § 14 Abs. 1 Gewerbeordnung Arbeitssuchende mit Arbeitgebern zur Begründung von Arbeitsverhältnissen als Vermittler zusammenführen. Für die Zusammenarbeit mit privaten Vermittlern gelten die rechtlichen Rahmenbedingungen der Maklerverträge gemäß §§ 652 ff. BGB. Nur nach der „Akkreditierungs- und Zulassungsverordnung Arbeitsförderung (AZAV)" zertifizierte Personen können die Vermittlungsgutscheine bei der Bundesagentur für Arbeit abrechnen.

Tabelle 2.2   Vor- und Nachteile einer Kandidatensuche über die Agentur für Arbeit (Schulz 2014, S. 50, eigene Darstellung)

Vorteile	Nachteile
• kostenfrei • große Datenbank • kaum eigener Zeitaufwand • zum Teil finanzielle Unterstützung bei Einstellung	• Ergebnis i. d. R. abhängig von Motivation des Sachbearbeiters der Agentur für Arbeit • unter Umständen Bewerber, die nur „einen Stempel" brauchen • selten passende Kandidaten • häufig Langzeitarbeitslose

Seit dem Jahr 2002 gibt es auf Bundesebene eine Vereinbarung über die Qualitätsstandards für die private Personal- und Arbeitsvermittlung[3]:

- Zu den fachlichen Voraussetzungen zählen ein Befähigungsnachweis des Vermittlers (z. B. einschlägiges Diplom, Berufserfahrung, gegebenenfalls vermittlungsspezifische Zusatzausbildung, Kenntnis der Methoden des Profilings, kundengerechte Gesprächsführung und Klärung bestehender Vermittlungshemmnisse), die Kenntnis des Datenschutzes und der einschlägigen gesetzlichen Vorschriften, die Kenntnis des regionalen und überregionalen Arbeitsmarktes und seiner Akteure sowie von Branchen- und Berufsprofilen.
- In den Standards werden zudem prozessbezogene Elemente eingefordert, dazu gehören neben einer Leistungsbeschreibung einschließlich des zu erbringenden Honorars u. a. die Dokumentation der einzelnen Vermittlungsaktivitäten, eine Zusammenarbeit mit fachkundigen Stellen (z. B. Schuldnerberatung) sowie Kontakte zu Arbeitgebern und Arbeitnehmern.

---

3   Die aufgeführten Qualitätsstandards wurden entsprechend der Entschließung des Deutschen Bundestags vom 15. März 2002 (BT.-Drucks. 14/8529) anlässlich der Verabschiedung des Gesetzes zur Vereinfachung der Wahl der Arbeitnehmervertreter in den Aufsichtsrat (BT-Drucks. 14/8214) unter der Moderation des Bundesministeriums für Wirtschaft und Arbeit sowie unter Beteiligung und Mitwirkung von u. a. der Bundesanstalt für Arbeit, dem Bundesverband Arbeiterwohlfahrt e. V., des Deutschen Industrie- und Handelskammertages und des Fachverbandes privater Arbeitsvermittler e. V. erarbeitet. Der im Januar 2013 gegründete BAP-Verbandsbereich Personalvermittlung (VBPV) hat die Standards übernommen.

2.1.8 Direktansprache

Das absatzorientierte Marketing versteht unter Direktansprache ein „Werkzeug innerhalb des Marketing-Instruments Kommunikation, das durch personalisierte Kommunikation die Bindung an das Unternehmen, das Produkt und die Marke unterstützt" (Becker 2014, S. 64). Man kann somit von einem Instrument des Direktverkaufs sprechen, welches im unmittelbaren Kundenkontakt zum Einsatz kommt. Im Personalmarketing hat die Direktansprache das Ziel der Rekrutierung von Mitarbeitenden über einen unmittelbaren Face-to-Face- oder Online-Kontakt. Da stets ein aktives Element mit der Direktansprache verbunden ist, nennt man ein solches Vorgehen in der Fachsprache auch „Active Sourcing". Diese Strategie ist häufig vorzufinden im Bereich der Führungskräftegewinnung von Unternehmen, wobei dies üblicherweise von darauf spezialisierten Unternehmensberatungen (sogenannten „Headhuntern") übernommen wird.

Die Vorgehensweise ist fünfstufig wie folgt (Moser und Sende 2014, S. 118):

- Erstellung des Anforderungsprofils
- Definition der Zielgruppe
- Identifikation potenzieller Bewerber und Bewerberinnen
- Ansprache
- Bewerbungsgespräch.

Laut einer von der Universität Bamberg 2016 durchgeführten Studie zu „Best Practices und ‚Big Failures' in der Rekrutierung"[4] gehören zu den erfolgreich eingesetzten Maßnahmen vor allem das „Active Sourcing". Genannt wurden insbesondere der Einsatz von Headhuntern, die Rekrutierungen nach Messen und die Zusammenarbeit mit Schulen. Ebenfalls häufig genannt wurden Maßnahmen wie die Nutzung persönlicher Kontakte sowie die Herstellung und Pflege intensiver Kontakte zu Talenten. Die dritthäufigsten Aktivitäten sind solche zur Ansprache potenzieller Bewerberinnen und Bewerber. Hierzu zählen vor allem Mitarbeitendenempfehlungen bzw. Prämien für Mitarbeitendenempfehlungen (Weitzel et al. 2016, S. 17).

Nicht notwendigerweise muss sich die Direktansprache auf eine Personalbeschaffung im Bereich der Leitungsstellen beschränken. Eine Fachkräftegewinnung durch bereits in der Einrichtung oder beim Träger tätige Mitarbeitende kann

---

4 Ergebnisse der Recruiting Trends 2016, einer empirischen Studie der Top 1 000 Unternehmen aus Deutschland sowie der Top 300 Unternehmen aus den Branchen Automotive, Handel und IT, und der Bewerbungspraxis 2016, einer empirischen Studie mit über 4 800 Stellensuchenden und Karriereinteressierten im Internet.

durch eine positive „Mund-zu-Mund-Propaganda" erfolgen. Eine solche Werbung ist deswegen vielversprechend, weil sie auf der Grundlage von authentischen Aussagen zufriedener Mitarbeiterinnen und Mitarbeiter erfolgt. Eine solche persönliche Empfehlung darf als glaubhafter und wirkungsvoller gelten, als jede noch so professionelle Kampagne.

Aktive Abwerbungsversuche sollten indes dezent und korrekt durchgeführt werden. So verweist Panczuk (2016, o. S.) auf einige Regeln, die bei der Direktansprache potentieller Mitarbeiterinnen und Mitarbeiter einzuhalten sind, wenn diese Personen sich bereits in einem Arbeitsverhältnis befinden:

- Die Angesprochenen nicht unnötig von ihrer Arbeit abhalten. Besser sogar im privaten Kontext kontaktieren.
- Kandidaten nicht bedrängen.
- Nicht schlecht über den aktuellen Arbeitgeber der Kandidaten sprechen.
- Keine wettbewerbswidrigen Aussagen über das Gehalt.

Roedenbeck Schäfer (2017, S. 159), die Leiterin der Kampagne „SOZIALE BERUFE kann nicht jeder" der Diakonie Deutschland, betont im Hinblick auf ein Gelingen der Direktansprache von Bewerbern bei XING und anderen Jobportalen, dass eher eine gezielte Ansprache gut ausgewählter Personen denn ein oberflächliches Vorgehen nach dem „Gießkannenprinzip" zu präferieren ist. Nachrichten an die potenziellen Bewerberinnen und Bewerber sollten individuell verfasst sein, Standardansprachen sollten vermieden werden. In der Ansprache sollte deutlich werden, dass auf das persönliche Profil des Kandidaten bzw. der Kandidatin eingegangen wird. Wunschkandidaten sind möglichst frühzeitig zu kontaktieren.

Die gleiche Autorin (a. a. O., S. 146) macht auch darauf aufmerksam, dass für viele Arbeitgeber die sogenannte „Kaltakquise" neben der Methode „MitarbeiterInnen werben MitarbeiterInnen" die wichtigste Säule der Gewinnung von Personal darstellt: „Laut der Studie ‚Recruiting Trends 2016' sagen 45 Prozent der befragten Bewerber, sie würden lieber von einem Unternehmen angesprochen werden als sich selbst dort zu bewerben. 31 Prozent haben sich, nachdem sie direkt angesprochen wurden, bei Unternehmen beworben, die sie sonst nicht als Arbeitgeber in Betracht gezogen hätten. 20 Prozent wechselten die Stelle, nachdem ein Unternehmen auf sie zugekommen war obwohl sie gar nicht auf Jobsuche waren. […] Ist die Person nun tatsächlich unzufrieden mit ihrem aktuellen Job, hat sie also jede Menge Gelegenheiten, daran etwas zu ändern ohne auch nur eine einzige Stellenbörse aufzusuchen". Eine ähnliche Einschätzung vertritt Dannhäuser (2017, S. 3), wenn er unter der Überschrift „Vom ‚Post and Pray' zum ‚aktiven Recruiting' in sozialen Netzwerken" vermerkt, dass nach seiner Erfahrung „beispielsweise auf der Business-Plattform Xing nur ca. 10 % der potentiellen Kandidaten aktiv und offenkundig kommunizieren, dass sie auf Jobsuche sind. Circa 30 % der Kandidaten kategorisiere ich in ‚latent suchende Kandidaten'. Diese kommunizieren Wechselinteresse entweder verborgen oder sind aktuell nicht auf der Suche, aber durchaus offen für interessante Jobangebote".

Eine allzu aktive und aggressive Akquisepolitik kann im sozialen Sektor möglicherweise schnell die Grenzen der Schicklichkeit überschreiten. Die meisten Träger der Wohlfahrtspflege sind auf gute Beziehungen und direkte fachliche Kooperationen oder Arbeitsgemeinschaften mit anderen Trägern angewiesen. In diesem Feld der „Koopkurrenzen" (Schönig 2015) sind diesbezüglich besondere Sensibilitäten angezeigt, wenn die Basis einer Zusammenarbeit auf lokaler oder regionaler Ebene nicht gefährdet werden soll.

In jedem Fall sind die rechtlichen Grenzen einer Recherche in sozialen Netzwerken über Bewerber und Bewerberinnen sowie Beschäftigte einzuhalten. Ulbricht (2017, S. 341) gibt unter anderem folgende Hinweise zur Berücksichtigung der Vorgaben des Bundesdatenschutzgesetzes (BDSG) sowie der Europäischen Datenschutzgrundverordnung (DSGVO) und rät zu einer Sensibilisierung der Personalabteilungen: „Erforderlich ist dies, da es sich bei einer Recherche zu Bewerbern und Mitarbeitern im Internet um eine Datenerhebung im Sinne von § 3 Abs. 3 BDSG handelt und die Erhebung, da es sich um keine Direkterhebung handelt, nur zulässig ist, soweit eine Rechtsvorschrift sie gestattet. [...] Neben der Recherche ist dann die weitere Frage, welche Informationen gespeichert bzw. anderweitig zu den Personal- oder Bewerberakten genommen werden dürfen bzw. sollen. Auch hierfür sollte eine entsprechende rechtliche Legitimation vorliegen. [...] Wo im Internet recherchiert werden darf, richtet sich danach, was unter ‚allgemein zugänglichen Daten' im Sinne von § 28 BDSG zu verstehen ist. Anerkannt ist, dass davon jedenfalls Informationen, die frei verfügbar über Suchmaschinen sind, erfasst sind". Es ist davon auszugehen, dass die rechtlichen Rahmenbedingungen auch nach Drucklegung dieser Publikation weiter im Fluss sein werden. Anzuraten sind damit genaue Informationen über die jeweils gegebene Rechtsordnung, wenn kein Verstoß gegen das Datenschutzrecht riskiert werden soll. Dies gilt auch für die Nutzungsbedingungen sozialer Netzwerke und anderer Onlinedienste. Auch diese sind häufigen Veränderungen unterworfen, welche nicht selten auf Rechtsprechung und veränderten Richtlinien der Behörden reagieren (müssen).

Für die Gewinnung von Ehrenamtlichen bzw. Freiwilligen gilt, dass zwar die Bedeutung von Vermittlungsplattformen in den vergangenen Jahren gewachsen ist, die persönliche Ansprache potentieller freiwilliger bzw. ehrenamtlicher Mitarbeiterinnen und Mitarbeiter nach wie vor als eine der effektivsten Methoden gilt. Schober et al. (2015, S. 327) verweisen mit Bezug auf empirische Befunde zum noch nicht akquirierten Potenzial sowie zur Bereitschaft von potentiellen Freiwilligen zur Mitarbeit darauf, „dass mit geeigneter Ansprache noch deutlich mehr Freiwillige gewonnen werden könnten. Demnach kann es sinnvoll sein, die Netzwerke der bestehenden Freiwilligen und Mitarbeitenden zu nutzen, umfassend Freiwillige zu finden. [...] Seitens des Freiwilligenmanagements ist es notwendig, den bestehenden freiwilligen und bezahlten Mitarbeitern den Bedarf an weiteren Freiwilligen regelmäßig zu kommunizieren und ihnen unterstützendes Material (Informationsmaterial über die NPO, Tätigkeitsbeschreibung etc.) zukommen zu lassen".

2.1.9 Messen für Nachwuchskräfte

Eine Möglichkeit, Personal gezielt für die eigene Einrichtung bzw. den eigenen Träger zu akquirieren, ist eine ansprechende Präsenz auf Messen für den Sozialbereich. In den vergangenen Jahren haben sich eine Reihe von diesbezüglichen Veranstaltungen auf dem Messemarkt etabliert.

Einige Beispiele sollen im Folgenden typische Messen für den Sozialmarkt illustrieren, welche auch für die Rekrutierung von Nachwuchskräften geeignet sind:

- Die jährlich durchgeführte GEZIAL in Augsburg ist eine Berufsbildungsmesse für den Gesundheits- und Sozialsektor. Mehr als 50 regionale Unternehmen, Berufsfachschulen und Hochschulen präsentieren sich rund 2 500 Besucherinnen und Besuchern. Das Rahmenprogramm enthält Vorträge zu Berufsbildern, Studiengängen und zum erfolgreichen Berufseinstieg.
- Die Messe Lets Care! Hamburg versteht sich als Jobmesse für soziale Berufe. Es zeigen sich rund 70 Aussteller, darunter Krankenhäuser, Pflegeeinrichtungen, Hochschulen, Weiterbildungsanbieter und Personalvermittlungen, angeboten werden offene Ausbildungsplätze, Jobs, Praktika, Umschulungen und Weiterbildungen. Ein Großteil der Aussteller präsentiert sich als potenzieller Arbeitgeber.
- Die Bochumer JOBMEDI ist eine Arbeitsplatzmesse für Medizin, Pflege und Soziales. Über 80 Unternehmen dieser drei Branchen treten mit ihren aktuellen Stellen-, Aus- und Weiterbildungsangeboten auf. Als Anreiz für einen Messebesuch werden kostenlose Bewerbungsmappen-Checks, Bewerbungsfotos, Vorträge und der persönliche Erstkontakt zu vielen Trägern angeboten.
- Die Jobmesse Gesundheit & Pflege in Freiburg ist eine Plattform für Personal Recruiting. Rund 50 Arbeitgeber sowie Aus- und Weiterbildungsinstitutionen informieren u. a. Schülerinnen und Schüler, Berufsanfängerinnen und -anfänger sowie Wiedereinsteigerinnen und Wiedereinsteiger, die sich für eine Ausbildung, ein Studium oder ein Freiwilliges Soziales Jahr oder den Bundesfrei-

willigendienst interessieren, über ihre aktuellen Angebote. Auch diese Messe wirbt mit einem Informationsprogramm rund um Gesundheit und Pflege.
- Die jährlich seit 2009 in Nürnberg durchgeführte ConSozial ist die größte Fachmesse für den Sozialmarkt in Deutschland. Mehr als 230 Aussteller stellen ihre Dienstleistungen und Produkte vor, ein wesentlicher Schwerpunkt der Messe ist dem Management und der Organisation Sozialer Arbeit und Pflege gewidmet. Auf einem „Marktplatz" präsentieren sich Wohlfahrts-, Fach- und Berufsverbände sowie soziale Einrichtungen und Dienste auch dem Nachwuchs.
- Die GoSocial! in Mannheim ist eine Messe für Sozial- und Pflegeberufe. Zahlreiche Unternehmen, soziale Einrichtungen, Berufsschulen, Hochschulen und Institutionen informieren u. a. über Berufe und Studiengänge. Auszubildende berichten zudem von ihren Erfahrungen, Lehr- und Fachkräfte stehen für Fragen zu den jeweiligen Ausbildungsgängen und dem späteren Berufsalltag zur Verfügung. Die Messe bietet damit gute Möglichkeiten, persönliche Kontakte zum Nachwuchs zu knüpfen.
- Die topsozial in Tübingen ist eine Messe für soziale Berufe mit rund 30 regionalen Ausstellern, darunter auch soziale Dienstleister. Das Rahmenprogramm bietet Präsentationen und Vorträge u. a. zur Zukunft der sozialen Berufe.

An vielen Hochschulen finden messeartige Praxistage statt, in welchen soziale Organisationen als Praktikumsstellen die Möglichkeiten der Studierenden für einen beruflichen Einstieg aufzeigen. Für die Personalrekrutierung ist dies eine große Chance, bereits sehr frühzeitig mit dem Nachwuchs in einen Kontakt zu kommen, der auf längere Sicht die später zu akquirierenden Fachkräfte binden kann.

Roedenbeck Schäfer (2014, S. 125 f.) gibt in ihrer Publikation zur Nachwuchsgewinnung in der Pflege Hinweise für positive Bewerbererfahrungen beim Erstkontakt auf Messen. Es geht nach ihrer Einschätzung bei einem zeitgemäßen Messeauftritt „noch viel stärker darum, den Spaß in den Vordergrund zu rücken und den Besuchern schlicht und einfach ein Wohlgefühl unter der Überschrift ‚Pflegeberufe' zu vermitteln. Ihr Messestand sollte sich dabei von anderen abheben". So sei eine gemütliche Atmosphäre mit angenehmen Sitzmöglichkeiten für ein kurzes aber wirkungsvolles Gespräch einzurichten und ein sympathisches Standumfeld zu generieren. Unterschiedliche Ansprachen für unterschiedliche Bildungsgruppen sind jedoch notwendig und sollten sich gegebenenfalls auch im Outfit des jeweiligen Messestands widerspiegeln: So sei „es etwas ganz anderes, ob Sie Neuntklässler in einer der ersten Stunden ihres Berufskundekurses und Jugendliche, die sich auf der Jugendmesse YOU eine spaßige Zeit machen wollen, oder Besucher einer Berufsmesse, die bewusst auf der Jagd nach Karriereinformationen sind, und FSJler, die nach einem halben Jahr Freiwilligendienst schon einige Sozial- und Pflegeberufe in die engere Wahl genommen haben, bespaßen wollen" (a. a. O., S. 126).

Bei aller Bedeutung eines zielgruppengerechten Auftritts im Messekontext ist doch einschränkend darauf hinzuweisen, dass die Informationen über das jeweilige Berufsfeld realistisch ausfallen müssen, auch im Hinblick auf verschiedenste Herausforderungen des Arbeitsalltags im sozialen Sektor.

2.1.10 Events

Unter Events können wir Veranstaltungen verstehen, mit welchen sich eine Organisation in ihrer „Persönlichkeit" gegenüber bestimmten Zielgruppen positiv darstellt. In der Lehre vom Marketing spricht man von einer „erlebnisorientierten Inszenierung von firmen- oder produktbezogenen Ereignissen" (Kuß und Kleinaltenkamp 2016, S. 231). Auch eine soziale Organisation kann über Events gezielt ihr Image pflegen und direkt oder indirekt Personalrekrutierung betreiben. Möglichkeiten zur profilierten Darstellung der eigenen Organisation im „Live-Kontakt" gibt es beim Tag der offenen Tür, bei Ausstellungen und Aufführungen in der eigenen Einrichtung oder gar bei eigenen Nachwuchskräftetagen des Trägers.

Herbst (2007, S. 187) verweist auf drei zentrale Eigenschaften erfolgreicher Events:

- Emotionalität: Events appellieren an Erlebniswerte. Events sollen auch die emotionale Ebene des Wahrnehmens ansprechen. Souvenirs wie mit dem Logo bedruckte Give-Aways oder Gimmicks, Kalender, Anstecknadeln, Leinentaschen, Schreibblöcke und Stifte können verteilt werden.
- Interaktivität: Teilnehmerinnen und Teilnehmer können untereinander sowie mit Repräsentanten der Organisation in einen Austausch kommen, gegebenenfalls sogar aktiv am Event mitwirken.
- Einzigartigkeit: jedes Event ist für sich genommen ein Unikat. Entsprechende Veranstaltungen sollen in Erinnerung bleiben. Die Höhepunkte und schönsten Bilder eines Events eignen sich auch für eine Dokumentation auf der Website und in Sozialen Netzwerken.

In einer Online-Publikation von EVENT PARTNER, einem Fachmagazin für Event-Marketing, werden grundlegende Hinweise für „thematische Aufhänger", also besonders anziehende Eigenschaften, einer solchen Veranstaltung gegeben: „Eine originelle Idee ist die Grundlage jedes Events, denn diese wird zum primären Thema der Veranstaltung. Die wichtigste Frage, die man sich in diesem kreativen Prozess stellen muss, ist, was die Menschen von dem Event mitnehmen sollen.

Denn im Idealfall soll sich die Botschaft des Events einprägen und nachhaltige Erinnerungen bei den Eventbesuchern erzeugen" (event-partner.de 2017). Wie bei jeder erfolgreichen Ansprache von potentiellen Bewerberinnen und Bewerbern gilt auch beim Event die Maßgabe, sich bei der Konzeption einer solchen Veranstaltung in die Wahrnehmung der jeweiligen Zielgruppe hinein zu versetzen. Gundlach (2013, S. 39) hat dies anschaulich in seinem Handbuch zum Eventmarketing unter der Überschrift „Interaktion der Gefühle" folgendermaßen formuliert: „Kennen wir unsere Zielgruppe? Kennen wir sie so gut, dass wir ein präzises, zum Briefing geeignetes Psychogramm dieser Gruppe erstellen könnten? So schwer es vielleicht schon sein mag, die Gefühlswelt des eigenen Unternehmens darzustellen, so unmöglich scheint es in den meisten Fällen, der Gefühlswelt einer externen Zielgruppe auf die Spur zu kommen. Dennoch müssen wir es versuchen". Und er hebt des Weiteren hervor: „Events leben nun mal von Stimmungen. Im Gegensatz zu den ‚one way'-Nachrichten der klassischen Kommunikation, bei der Gefühle auf der bildlichen, textlichen und tonalen Oberfläche lediglich abgebildet werden und die Verfälschung durch den Empfänger im Augenblick der Rezeption kaum nachgeprüft oder kontrolliert werden kann, findet der Livekontakt niemals ohne vom Zuschauer mitbeeinflusste Gefühle statt" (a. a. O., S. 45).

Grundregeln, die von Gundlach (a. a. O., S. 141) für Redebeiträge auf Events vorgestellt werden, können auch für die Kommunikation mit potentiellen Bewerberinnen und Bewerbern während und/oder am Rande von Veranstaltungen gelten:

- Konzentration aufs Wesentliche: was ist das wirkliche Ziel dieser Kommunikation?
- Glaubwürdiger Stil: bei Sprachwahl und Sprechweise stets authentisch bleiben.
- Lieber gut statt lang: es zählt der Eindruck, nicht die Länge von Monologen.
- Unterhaltsam und sympathisch: es ist durchaus statthaft, etwas Unterhaltsames oder Pointiertes einzuflechten.
- Einbezug des Gesprächspartners: Interesse zeigen, auf den Gesprächspartner eingehen etc.

Kanning (2017, S. 82) macht darauf aufmerksam, dass die Bewerber „über die Ansprechpartner des Unternehmens einen subjektiven Eindruck vom Arbeitgeber ausbilden", womit die Effektivität von Rekrutierungsveranstaltungen mit den eingesetzten Personen steht und fällt, welche das Sozialunternehmen in diesem Moment „vertreten". Zu empfehlen sei, „Menschen einzusetzen, die den potentiellen Bewerbern ähnlich sind, authentisch auftreten und über ihr Unternehmen gut informiert sind" (ebd.).

2.1.11 Zusammenarbeit mit Fachschulen und Hochschulen

Die Mehrzahl der Sozialberufe hat als Grundlage eine Ausbildung, die an einer Berufsfachschule oder Fachschule erworben wird. Ein zunehmender Anteil der Fachkräfte absolviert grundständig oder berufsbegleitend ein Studium an einer Hochschule und erwirbt (zusätzlich) Bachelor- und Masterabschlüsse (u. a. in den Fachrichtungen Sozialpädagogik, Heilerziehungspflege, Bildung und Erziehung in der Kindheit, Pflegewissenschaft und Pflegemanagement).

Das Spektrum der Aktivitäten zur Personalgewinnung im Fachschul- und Hochschulbereich darf als vielfältig angesehen werden. Als probate Ansatzpunkte im Personalmarketing an Fach- und Hochschulen gelten:

- Praktika
- Angebote von Abschlussarbeiten
- Lehraufträge
- Durchführung von Seminaren
- Studierendenwettbewerbe/Preise
- Fachvorträge
- Hochschulmessen
- Forschungsprojekte mit Studierenden
- Mitwirkung in Gremien
- Vergabe von Stipendien.

Zunehmend zeigen Träger, Einrichtungen und Dienste eine sichtbarere Präsenz in den Ausbildungsstätten, um Personal direkt und indirekt zu werben. Sie nutzen dabei die Möglichkeit, über Angebote von Abschlussarbeiten, Wettbewerbe/Preise, Fachvorträge etc. in Kontakt mit Auszubildenden bzw. Studierenden zu kommen. Sie knüpfen zudem Verbindungen zu ihren Zielgruppen über die Durchführung von Lehraufträgen bzw. Seminaren, denn einige Lehrveranstaltungen an Fach- und Hochschulen können von Vertreterinnen oder Vertretern aus der Praxis durchgeführt werden. Somit ergibt sich die Chance, im unmittelbaren Kontakt zu den Schülerinnen und Schülern bzw. Studierenden eine soziale Organisation attraktiv darzustellen und Präferenzen bei der späteren Arbeitgeberwahl zu erzeugen. Es sei an dieser Stelle noch einmal daran erinnert, dass die potentiellen Bewerberinnen und Bewerber bei der Wahl eines Arbeitgebers nur zum Teil auf objektive Informationen wie Höhe der Vergütung, Passung von Bedarf und Arbeitszeit oder zusätzliche Leistungen der Organisation zurückgreifen. Die Mehrzahl der Kriterien sind subjektiv, die Arbeitsstelle muss mithin im Entscheidungsprozess als „Vertrauensgut" angesehen werden. Umso wichtiger ist es, im

Kontext der Akquise an Fachschulen und Hochschulen den Faktor „Sympathie" als Werbemittel einzusetzen.

Des Weiteren ist auf den Umstand zu verweisen, dass viele Berufsabschlüsse im Sozialbereich Praxisphasen oder gar Anerkennungsjahre bedingen, zu absolvieren in einer berufstypischen Einrichtung. In diesem Rahmen können in einem besonderen Maße Präferenzen schon weiter im Vorfeld eines Berufs- bzw. Studienabschlusses erzeugt werden. Hierzu ist es unerlässlich, dass die soziale Organisation als Arbeitgeber nicht nur Sorge trägt, dass die Zielgruppen hinreichende Informationen über Möglichkeiten von Praxisphasen oder Anerkennungsjahren haben, sondern auch die Wege zur Inanspruchnahme eines entsprechenden Praktikums oder Anerkennungsjahres möglichst einfach und kurz ausgestalten. Wesentliche distributionspolitische Maßgaben sind hier einzuhalten: Dies betrifft vor allem die intensive Einbeziehung von vermittelnden Personen und Institutionen (beispielsweise Praxisamt an Hochschulen), erstreckt sich jedoch beispielsweise auch auf die Website der Organisation bzw. einer dort gut sichtbaren Darstellung der Angebote an verfügbaren Praxisstellen.

Während eines dualen Studiums (Voraussetzung für ein Studium ist die Fachhochschulreife oder ein höherer Abschluss) werden die in einer Hochschule vermittelten theoretischen Inhalte von Praxisphasen in einer sozialen Einrichtung flankiert. Für öffentliche und freie Träger sind diese Studiengänge eine besonders gute Möglichkeit, Nachwuchs zu akquirieren und zu binden.

Einige Beispiele für entsprechende Initiativen von öffentlichen und freien Trägern sollen dies verdeutlichen:

So wirbt der Landkreis Märkisch-Oderland auf der Website „ausbildung.de" (2017) mit freien Stellen, einem dualen Studium und einer Übernahmequote von 100 Prozent. Schlagworte der Website sind gute Einbindung in die Praxis, bestmögliche Unterstützung, optimale Vermittlung der theoretischen Inhalte, ausgezeichnete Rahmenbedingungen, interessante Angebote und hervorragende Perspektiven. Angeboten werden neben einer Studienvergütung von monatlich ca. 1 200,- € auch eine jährliche Sonderzahlung, vermögenswirksame Leistungen, flexible Arbeitszeiten und 30 Tage Erholungsurlaub. Studiengebühren werden nicht erhoben.

Ein eigenständiges Konzept verfolgt das Christliche Jugenddorfwerk Deutschlands – CJD.

- Unter der Überschrift „Ihr Einstieg ins CJD" werden auf der CJD-Website vielfältige Informationen in den Rubriken „Nach der Schule", „Im Berufsleben", „Im Studium" sowie „Im Ehrenamt" gegeben. Zwei große Siegel werben auf der Homepage mit „TOP 100 unter Deutschlands attraktivsten Arbeitgebern" in „Trendence Young Professionals" und „Trendence Schüler" (Christliches Jugenddorfwerk Deutschlands 2017).

- Die CJD Arnold-Dannenmann-Akademie bietet in Eppingen eine praxisintegrierte Ausbildung zur oder zum staatlich anerkannten Erzieherin oder Erzieher in der Fachrichtung Jugend- und Heimerziehung an. Die Auszubildenden erhalten eine Ausbildungsvergütung entsprechend der CJD Vergütungsordnung. Der Kooperationsstudiengang Soziale Arbeit für Absolventinnen und Absolventen der CJD Arnold-Dannenmann-Akademie ermöglicht, dass Absolventinnen und Absolventen der CJD Jugend- und Heimerzieher-Ausbildung berufsbegleitend einen Bachelorabschluss in Sozialer Arbeit erwerben können. Eine erste Studiengruppe hat im September 2017 das Studium aufgenommen.
- Nach Abschluss der Ausbildung bietet die CJD Fachschule für Sozialwesen in Kooperation mit der Evangelischen Hochschule Dresden ihren Absolventinnen und Absolventen die Möglichkeit, einen Bachelorabschluss in der Sozialen Arbeit zu erwerben. Das berufsbegleitende Studium ist die Grundlage für ein breites Berufsspektrum. Die Studienzeit verkürzt sich durch die Anrechnung von Ausbildungsinhalten.

2.2 Informationsbeschaffung und Analyse

Wie im obenstehenden Abriss zum Marketing im Allgemeinen und zum Personalmarketing im Besonderen deutlich gemacht wurde, benötigen fundierte strategische Entscheidungen wie die Konzeption taktischer und operativer Maßnahmen zur Fachkräftegewinnung eine hinreichende Basis an Information zum aktuellen Stand und zur Entwicklung der Marktsituation. Beschlossen werden soll dieses Kapitel daher mit dem Komplex der Informationsbeschaffung und der Strategieformulierung für die erfolgreiche Akquise von Mitarbeiterinnen und Mitarbeitern.

- Ein Personalmarketing „nach außen", also die Akquise neuer Mitarbeiterinnen und Mitarbeiter, muss auf einer genauen Kenntnis des für eine soziale Organisation relevanten Arbeitsmarkts beruhen. Lediglich eine soziale Organisation, die über die aktuelle Konstitution des Arbeitsmarktes sowie die Prognose zur künftigen Entwicklung informiert ist, kann ihren Handlungsbedarf erkennen. Es muss somit eine Marktanalyse und -prognose für das jeweilige Einzugsgebiet des Arbeitgebers durchgeführt werden.
- Die Strategie der Ansprache von potentiellen Mitarbeitenden muss auf einer genauen Kenntnis der eigenen Position im Wettbewerb um Arbeitskräfte beruhen. Somit ist es angezeigt, im Rahmen einer Analyse der Stärken und Schwächen die Situation der eigenen Organisation als Arbeitgeber im Abgleich mit konkurrierenden personalnachfragenden Institutionen der gleichen Branche zu ermitteln.

- Schließlich sollten in einem dritten Schritt die aus der Marktanalyse und Marktprognose sowie der Stärken-/Schwächen-Analyse herausgearbeiteten strategischen Optionen formuliert werden.

2.2.1 Marktanalyse und -prognose

Im Marketing von Produkten und Dienstleistungen haben die Marktanalyse und die Marktprognose die Aufgabe, die aktuellen wie künftigen Absatzchancen und Wettbewerbsintensitäten eines Anbieters zu ermitteln. Es handelt sich um Standardwerkzeuge der Informationsgewinnung, sie gehören zum obligatorischen Repertoire der Unternehmensführung. Im Personalmarketing werden sie auf die Marktsituation im Wettbewerb um Arbeitskräfte zur Anwendung gebracht. Man analysiert somit den Bewerbermarkt: Mit der Marktanalyse und der Marktprognose soll also die Situation der eigenen Organisation im Arbeitsmarkt und der diesbezügliche Wettbewerb um Arbeitskräfte zum gegenwärtigen Zeitpunkt sowie mit Blick auf die längerfristigen Aussichten geklärt werden. Nicht zuletzt kann aus der Marktanalyse und der Marktprognose ein potenzieller Handlungsbedarf im Hinblick auf die Verstärkung von Aktivitäten zur Personalbeschaffung abgeleitet werden.

Die Marktsituation einer Einrichtung oder eines Dienstes als „Anbieter" von freien Arbeitsplätzen muss über verschiedene Kenngrößen analysiert und prognostiziert werden. Von besonderer Relevanz sind neben dem Arbeitskräftepotenzial und dem faktischen Arbeitskräftevolumen vor allem der Arbeitskräftebedarf einer konkreten sozialen Organisation sowie die gesamte Arbeitskräftenachfrage in einer jeweiligen sozialen Branche bzw. im jeweiligen Einzugsgebiet. Tabelle 2.3 enthält die entsprechenden Kennzahlen und deren Erläuterung.

Die Analyse und Prognose eines Arbeitsmarktes für eine bestimmte Sozialbranche geht mit der Bestimmung von Arbeitskräftepotenzial, Arbeitskräftevolumen und Arbeitskräftebedarf/Arbeitskräftenachfrage mehrstufig vor. Um dies grafisch zu verdeutlichen, werden in der Abbildung 3.2. die drei wesentlichen Schritte und die Parameter der Marktanalyse und der -prognose dargestellt.

1) Im ersten Schritt geht es zunächst um die Beantwortung der Frage, wie viele Fachkräfte im Einzugsgebiet einer sozialen Organisation potenziell als Mitarbeitende der jeweiligen Branche zur Verfügung stehen könnten. Das Arbeitskräftepotenzial ist jedoch auch im sozialen Sektor in der Regel höher als das tatsächliche Arbeitskräftevolumen. Erfahrungsgemäß werden also weniger Menschen bereit oder in der Lage sein, entsprechend ihrer tatsächlich erwor-

Informationsbeschaffung und Analyse

Tabelle 2.3 Kennzahlen zur Marktanalyse und Marktprognose für Arbeitskräfte (eigene Darstellung)

Kennzahlen	Erläuterung
Arbeitskräftepotenzial	Die aktuelle bzw. prognostizierte Gesamtheit von potenziellen Arbeitskräften in einer sozialen Branche
Arbeitskräftevolumen	Das realisierte bzw. prognostizierte effektive Angebot an Arbeitskräften in einer sozialen Branche
Arbeitskräftebedarf	Die Anzahl von benötigten Arbeitskräften der einzelnen sozialen Organisationen
Arbeitskräftenachfrage	Umfang der Nachfrage nach Arbeitskräften in der bestimmten sozialen Branche

Abbildung 2.2 Marktanalyse und -prognose in drei Schritten (eigene Darstellung)

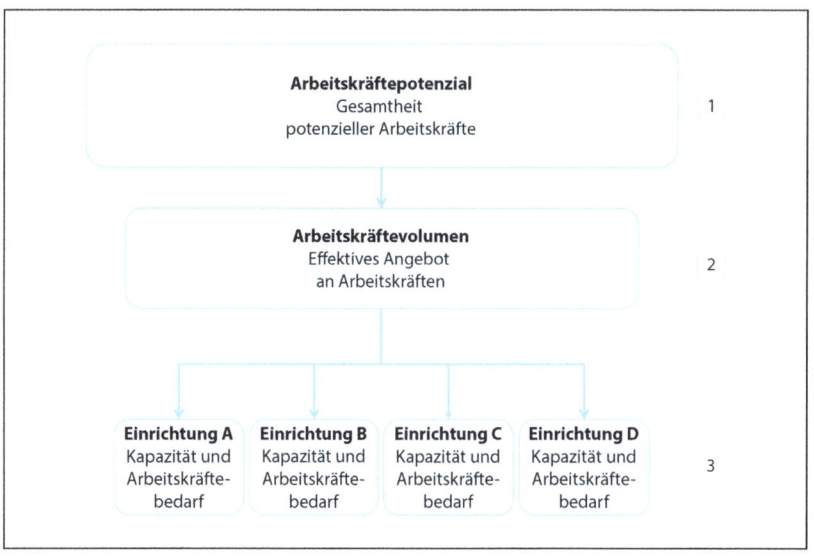

benen Qualifikation bei sozialen Trägern, Einrichtungen und Diensten tätig zu werden. Hierfür gibt es vielfältige Gründe wie zum Beispiel Präferenzen für eine Erwerbstätigkeit in einer anderen Branche oder auch eine Berufsunfähigkeit. Darüber hinaus kann das Potenzial an Arbeitnehmerinnen und Arbeitnehmern in einer bestimmten Branche auch dadurch geschmälert sein, dass nicht alle Studienanfängerinnen und Studienanfänger oder Auszubildende ihr Studium bzw. ihre Ausbildung zu Ende führen.

2) Wir müssen somit davon ausgehen, dass das Markt- bzw. Arbeitskräftevolumen in Gestalt der Zahl der Personen, die als Arbeitskräfte einem bestimmten sozialen Sektor wirklich zur Verfügung stehen, kleiner ist als das eigentliche Marktpotenzial. Dieses Arbeitskräftevolumen gilt es im zweiten Schritt zu ermitteln, da es sich hier um jene Gruppe von Personen handelt, die als Mitarbeitende faktisch gewonnen werden können.

3) Des Weiteren ist die gegenwärtige und prognostizierte Situation des Fachkräftebedarfs im jeweiligen Gebiet zu betrachten. Hierzu sind im dritten Schritt die Einrichtungen und Dienste sowie deren Personalbedarf zu erfassen. Dies ist abzugleichen mit dem eigenen Bedarf an fachlich qualifizierten Personen. Mit dieser Betrachtung kann die Wettbewerbssituation quantitativ eingeschätzt werden.

Marktprognosen zur Fachkräftesituation sollen – ausgehend von der gegenwärtigen Situation – das künftige Verhältnis von Angebot an und Nachfrage nach Fachkräften für eine soziale Organisation abbilden. Aufgezeigt wird neben dem Fachkräftepotenzial die tatsächlich der Branche zur Verfügung stehende Menge an Personen sowie die Kapazität und der Bedarf an Personal von Seiten der in der jeweiligen Sozialbranche tätigen Einrichtungen bzw. Dienste. Meist werden mittelfristige und langfristige Arbeitsmarktprognosen erstellt.

Um zu verdeutlichen, welche gravierende Auswirkungen die Entwicklung des Arbeitskräftepotenzials und des Arbeitskräftevolumens für das Angebot an Arbeitskräften einerseits, die Entwicklung von Einrichtungen und deren Kapazitäten auf die Arbeitskräftenachfrage andererseits haben können, werden im Folgenden drei verschiedene Prognosen bzw. Trends für ein Einzugsgebiet aufgezeigt und kommentiert:

- Variante 1: Fachkräftesituation bei einem abnehmenden Potenzial an Arbeitskräften sowie gleichbleibenden Kapazitäten und Personalbedarfen der vier Einrichtungen einer Sozialbranche im jeweiligen Einzugsgebiet.
- Variante 2: Fachkräftesituation bei steigendem Arbeitskräftepotenzial und Ausweitung der Kapazitäten sowie des Personalbedarfs einer Sozialbranche im jeweiligen Einzugsgebiet.

Informationsbeschaffung und Analyse 67

Tabelle 2.4 Marktanalyse und -prognosen am Beispiel dreier Varianten (eigene Darstellung)

Ausgangslage und Prognosen/ Kennziffern und Arbeitsmarktlage	Ausgangslage: Marktanalyse t 1 (aktueller Markt)	Variante 1: Marktanalyse t 2 (Prognose 1)	Variante 2: Marktanalyse t 2 (Prognose 2)	Variante 3 Marktanalyse t 2 (Prognose 3)
Arbeitskräftepotenzial	100	90	110	90
Arbeitskräftevolumen	80	72	90	72
Einrichtungen/ Arbeitskräftenachfrage	4 Einrichtungen, Fachkräftebedarf 4 × 20 Mitarbeitende = 80	4 Einrichtungen, Fachkräftebedarf 4 × 20 Mitarbeitende = 80	5 Einrichtungen, Fachkräftebedarf 4 × 20 plus 1 × 25 Mitarbeitende = 105	5 Einrichtungen, Fachkräftebedarf 4 × 20 plus 1 × 25 Mitarbeitende = 105
Arbeitsmarkt	ausgeglichen: Saldo 0	unausgeglichen: Saldo −8	unausgeglichen: Saldo −15	unausgeglichen: Saldo −33

- Variante 3: Fachkräftesituation bei einem abnehmenden Potenzial an Arbeitskräften und Ausweitung der Kapazitäten sowie des Personalbedarfs einer Sozialbranche im jeweiligen Einzugsgebiet.

In diesen aus didaktischen Gründen vereinfachten Beispiel sehen wir in der Betrachtung des gegenwärtigen Arbeitsmarktes (Ausgangslage: Marktanalyse t1), dass von 100 Personen, die potentiell dem jeweiligen Sozialmarkt erwerbstätig zur Verfügung stehen könnten, 80 Fachkräfte tatsächlich in der Branche berufstätig sind. Diese Quote von 80 Prozent errechnet sich hier aus dem Verhältnis von Arbeitskräftevolumen und Arbeitskräftepotenzial. Zurzeit herrscht ein insoweit ausgeglichener Arbeitsmarkt, als in den vier Einrichtungen/Diensten jeweils 20 benötigte Fachkräfte arbeiten und damit alle Einrichtungen ihre offenen Stellen besetzen konnten. Der Arbeitsmarkt gilt als „geräumt". Ausfälle durch Langzeiterkrankung, Berufsausstieg oder Arbeitsplatzwechsel von Mitarbeitenden sollte allerdings keine der vier Einrichtungen verzeichnen.

Variante 1: Absinken des Arbeitskräftepotenzials um 10 Prozent auf 90 Personen.

- Bei einer unveränderten Quote im Verhältnis von Arbeitskräftevolumen und Arbeitskräftepotenzial würden dem Arbeitsmarkt dieser Sozialbranche zum Zeitpunkt t 2 nur noch 72 Menschen zur Verfügung stehen.

- Bei unveränderten Kapazitäten der vier Einrichtungen ergäbe sich dann ein Ungleichgewicht auf dem Arbeitsmarkt von −8 Fachkräften und damit ein Angebotsüberhang an Arbeitsplätzen.
- Die eine oder andere Einrichtung hätte also das Problem, nicht hinreichend Personal für ihre Arbeit gewinnen zu können.

Variante 2: Wachsendes Arbeitskräftepotenzial und Ausweitung der Kapazitäten der sozialen Branche.

- Wir registrieren zum einen die gute Nachricht, dass das Arbeitskräftepotenzial zum Zeitpunkt t 2 auf 110 Personen angestiegen ist und sich gleichzeitig die Quote der tatsächlich dem Arbeitsmarkt zur Verfügung stehenden Fachkräfte erhöht hat. Ausgedrückt in absoluten Zahlen stehen in diesem Modell tatsächlich mit 90 Personen künftig mehr Mitarbeitende als zum gegenwärtigen Zeitpunkt t1 zur Verfügung.
- Dieser an sich erfreuliche Umstand wird indes dadurch relativiert, dass wir künftig von einer Einrichtung mehr ausgehen müssen, die in diesem Einzugsgebiet ihre Leistungen anbietet.
- Die Prognose signalisiert somit jeder der im Markt tätigen Einrichtungen einen nicht unerheblichen Handlungsbedarf im Hinblick auf die Gewinnung von Personal. Würde eine oder mehrere der bestehenden Einrichtungen ihre Kapazitäten erhöhen und folglich noch weitere Fachkräfte als zum aktuellen Zeitpunkt t1 benötigen, würde sich die Arbeitsmarktsituation noch weiter verschärfen.

Eine Lehre aus diesem zweiten Beispiel soll sein, dass selbst bei einem steigenden Angebot an Fachkräften die voraussichtliche Entwicklung von Zahl und Kapazität (und damit der Personalbedarf) der anderen Einrichtungen und Dienste in einem Sozialmarkt unbedingt zu berücksichtigen ist, wenn die künftige Situation in der Personalakquise realistisch abgeschätzt werden soll.

Variante 3: Sinkendes Arbeitskräftepotenzial und Ausweitung der Kapazitäten der sozialen Branche

- Realistischer Weise können wir jedoch aufgrund der allgemeinen Arbeitsmarktprognosen nicht davon ausgehen, dass sich in den kommenden Jahren die Zahl der potentiellen und tatsächlich zur Verfügung stehenden Fachkräfte erhöhen wird. Die meisten Bereiche des Sozialen werden mittelfristig auf ein sinkendes Arbeitskräftepotenzial und Arbeitskräftevolumen treffen, gleichzei-

tig werden nicht nur die Pflegebranche und der Gesundheitssektor eine mittelfristig größere Zahl von Einrichtungen und Diensten aufweisen und damit einen verstärkten Wettbewerb um Arbeitskräfte auszutragen haben.
- Die Tragweite einer gleichzeitigen Verringerung von Arbeitskräftepotenzial und Ausweitung von Kapazitäten einer Sozialbranche sollte in dieser dritten Variante deutlich werden. Diese Konstellation hat zum Zeitpunkt t 2 ein unausgeglichenes Saldo von −33 Fachkräften zur Folge, welches sich aufgrund des reduzierten Arbeitskräftepotenzials von ursprünglich 100 auf dann 90, einem von 80 auf 72 reduzierten Arbeitskräftevolumen sowie einem neuen fachkräftenachfragenden Anbieter ergibt.
- In diesem Falle muss jeder der betroffenen Einrichtungen bzw. Dienste von einem sehr harten Wettbewerb um neue Fachkräfte ausgehen.

Bereits aus einer konservativen Analyse der Marktsituation und der Marktprognose kann wie gesehen der eine oder andere Schluss auf die Notwendigkeit und die Art einer intensivierten Akquisestrategie gezogen werden. So kann zum Beispiel aus der Betrachtung der dem Arbeitsmarkt einer Sozialbranche künftig zur Verfügung stehenden Personen gefolgert werden, dass die Zahl des Nachwuchses den Bedarf an neuer einzustellenden Fachkräften nicht decken kann. Es wird für eine soziale Organisation mit vielen neu zu besetzenden Stellen gegebenenfalls notwendig sein, sowohl Abwerbungen bei anderen Anbietern als auch eine Personalwerbung in einem größeren Rahmen als bisher vorzunehmen. Dies könnte beispielsweise bedeuten, nicht nur gezielt auf einen Stellenwechsel bereits berufstätiger Fachkräfte abzuzielen, sondern gleichzeitig den räumlichen Rahmen der Personalgewinnung auszudehnen und sich in benachbarten Gemeinden oder Regionen (ggfls. grenzüberschreitend) um Personal zu bemühen. Der grenzüberschreitende Ansatz wird derzeit vergleichsweise intensiv wahrgenommen. So berichtet die Bundesagentur für Arbeit (2018) anlässlich des Tags der Pflege in ihrer Pressemitteilung vom 09.05.2018: „Um die hohe Arbeitskräftenachfrage zu decken, setzen Pflegebetriebe verstärkt auf Beschäftigte aus anderen Staaten. Vor vier Jahren lag der Anteil ausländischer Altenpflegekräfte bei knapp sieben Prozent. Mittlerweile ist er auf elf Prozent gestiegen. Viele Beschäftigte stammen aus den EU-Ländern Polen, Rumänien und Kroatien".

2.2.2 Stärken-/Schwächen-Analyse

Die Stärken-/Schwächen-Analyse ist ein elementarer Bestandteil unternehmerischen Denkens und Handelns, sie wird in der Praxis in verschiedenen Kontexten zum Einsatz gebracht. Im vorliegenden Zusammenhang konzentriert sich die Analyse der Stärken und Schwächen der eigenen sozialen Organisation auf den Faktor „Personal" bzw. „Arbeitgeberqualität".

Hervorzuheben ist, dass bei der Stärken-/Schwächen-Analyse die Perspektive der jeweiligen Zielgruppe, also der zu gewinnenden Mitarbeiterinnen und Mitarbeiter, einzunehmen ist. Es geht damit vornehmlich um die von den zu akquirierenden Fachkräften wahrgenommenen Vor- und Nachteile einer Arbeitsaufnahme in der jeweiligen sozialen Organisation. Damit soll auch zum Ausdruck gebracht werden, dass eine soziale Organisation durchaus eigene Vorstellungen von ihren Stärken und Schwächen als Arbeitgeber entwickeln kann und muss, dies jedoch bei der Akquise von Personal mit der faktischen Wahrnehmung der Zielgruppe bewusst abzugleichen ist. Es ist zu bedenken, dass die potentiellen Mitarbeiterinnen und Mitarbeiter über die Wahl eines Arbeitgebers ausschließlich aus der eigenen subjektiven Position heraus entscheiden. Somit ist auch eine Erhebung des Rufs einer sozialen Organisation als Arbeitgeber strikt auf die für die jeweilige Zielgruppe maßgeblichen Parameter zu beziehen. Im Vordergrund werden zweifellos die Dimensionen Führung und Organisation stehen müssen, da sie für die Zielgruppe von großer Bedeutung für ihr Arbeitsleben sind. Beschäftigte im Sektor der Wohlfahrtspflege legen hohes Gewicht auf das Führungsverhalten von Vorgesetzten, dass Betriebsklima und den Teamgeist. Gleichzeitig sind jedoch auch Faktoren wie die trägerspezifische Tarifstruktur, die Qualität der sozialen Dienstleistung sowie das Qualitätsstreben eines Trägers, einer Einrichtung oder eines Dienstes für die zu gewinnenden Fachkräfte von Relevanz.

Im Marketing allgemein wie im Personalmarketing im Besonderen ist im Hinblick auf die Identifikation von Stärken und Schwächen also auf Folgendes hinzuweisen:

- Arbeitgeber-Stärken müssen tatsächlich von der Zielgruppe geschätzt, also in der Wahrnehmung der potentiellen Mitarbeiterinnen und Mitarbeiter wirklich relevant sein.
- Diese Stärken müssen sichtbar sein, also von der Zielgruppe als Stärken faktisch erkannt werden (können).

Das in der Literatur am häufigsten angeführte Instrument der Sondierung von Stärken und Schwächen ist die sogenannte „SWOT-Analyse" (bspw. Hungenberg und Wulf 2011 für die Erwerbswirtschaft; Christa 2013 für die Sozialwirtschaft).

Informationsbeschaffung und Analyse 71

Abbildung 2.3   SWOT-Matrix (eigene Darstellung)

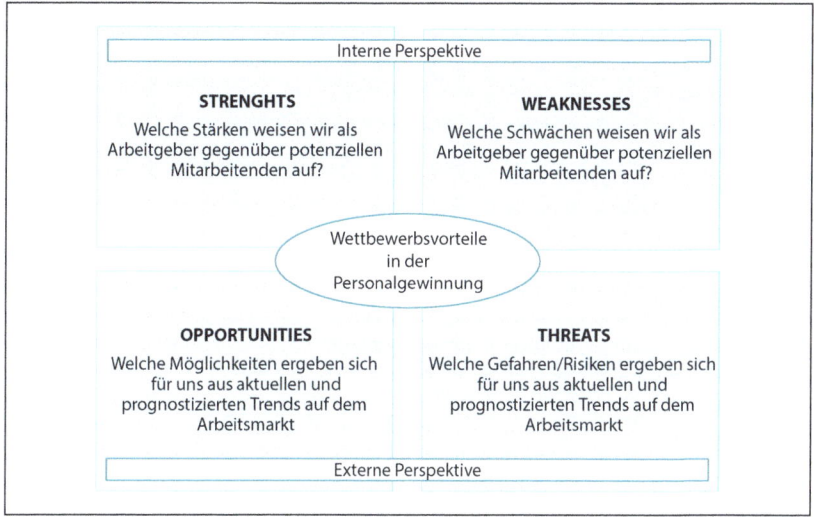

Sie ist auch im Personalmarketing ein unverzichtbares Basisinstrument für eine wirkungsorientierte Strategiegestaltung, weil sie die notwendigen Informationen aufbereitet, auf deren Grundlagen eine mittelfristige Optimierung der Position als Arbeitgeber erarbeitet werden kann.

Die SWOT-Analyse dient der Identifikation von Chancen und Bedrohungen im Abgleich mit Stärken und Schwächen der Sozialunternehmung. Die Kürzel SWOT entstammen der englischen Sprache: „S" steht für „Strenghts" (Stärken), „W" für „Weaknesses" (Schwächen), „O" für „Opportunities" (Chancen beziehungsweise Möglichkeiten) sowie „T" für „Threats" (Gefahren). Der Aufbau einer SWOT-Matrix wird in Abbildung 2.3 aufgezeigt.

Da es im Personalmarketing das Ziel der SWOT-Analyse ist, die Stärken und Schwächen im Abgleich mit Chancen und Herausforderungen des aktuellen und zukünftigen Bewerbermarkts abzuklären, muss der Fokus dabei explizit auf die Bedarfe der Bewerbenden sowie der diesbezügliche Status der sozialen Organisation gerichtet sein.

Folgende Leitfragen sollen helfen, die SWOT-Analyse auf die eigenen Belange hin zu spezifizieren:

Tabelle 2.5 Leitfragen zur SWOT-Analyse (eigene Darstellung)

Stärken/ Strengths	• Auf welche Stärken sind vergangene Erfolge in der Personalakquise zurückzuführen? • Haben wir Stärken, die auch für die aktuelle und künftige Personalakquise relevant sind? • Sind diese Stärken etwas Besonderes, das unsere Organisation auszeichnet?
Schwächen/ Weaknesses	• Welche Schwächen sind uns im Hinblick auf Arbeitnehmerfreundlichkeit bekannt? • Welche Schwachpunkte gilt es künftig zu vermeiden? • Welche dieser Schwächen sind besonders hinderlich bei der Personalgewinnung? • Welche Verbesserungspotentiale erkennen wir?
Chancen/ Opportunities	• Welche unserer Stärken als Arbeitgeber sind im Hinblick auf die Wahrnehmung unserer Zielgruppen besonders wertvoll? • Welche Möglichkeiten haben wir, diese von der Zielgruppe besonders gewürdigten Stärken künftig auszubauen? • Welche Trends bei Arbeitnehmerpräferenzen gilt es besonders zu verfolgen?
Risiken/ Threats	• Welche Herausforderungen hinsichtlich der Entwicklung auf unserem Arbeitsmarkt liegen vor? • Haben wir starke Wettbewerber, die eine besondere Attraktivität bei unseren Zielgruppen aufweisen? • Wo und in welcher Form droht uns Gefahr im Hinblick auf die Personalakquise?

Eine bemerkenswerte Rolle beim Abgleich von besonderen Arbeitgeber-Ressourcen und Arbeitgeber-Schwächen mit Entwicklungen auf dem Bewerbermarkt spielt die Frage, ob und inwieweit die Bedarfe der potentiellen und aktuellen Mitarbeitenden im Einklang mit den Fähigkeiten der sozialen Organisation stehen. Passt also die Situation der eigenen Organisation mit den Anforderungen der Mitarbeiterinnen und Mitarbeiter zusammen?

Einige Beispiele für Stärken, Schwächen, Chancen und Risiken sollen dies illustrieren:

- Stärken: In Bewerbergesprächen haben viele potentielle Mitarbeiterinnen angegeben, von dem guten Betriebsklima in der Einrichtung gehört zu haben. Für die zukünftige Personalakquise ist dies ein gutes Zeichen, legen doch viele Bewerberinnen und Bewerber im sozialen Sektor auf eine angenehme und fachlich produktive Arbeitsumgebung großen Wert.
- Schwächen: Die Einrichtung hat ein im Vergleich zu Konkurrenten weniger attraktives trägerspezifisches Vergütungssystem. Dies kann ein ernsthafter Wettbewerbsnachteil sein, da die Gehälter in den meisten sozialen Sektoren ohnehin unterdurchschnittlich sind.

- Chancen: In der Einrichtung herrscht ein wertschätzendes, faires und vertrauensvolles Führungsverhalten, welches gerade von Beschäftigten im Sozialbereich sehr geschätzt wird. Das Bedürfnis nach Selbstwert und Selbstentfaltung von Beschäftigten im sozialwirtschaftlichen Sektor wird in der Einrichtung besonders berücksichtigt.
- Risiken: Die Einrichtung arbeitet in einem strukturellen Umfeld, in welchem in absehbarer Zeit von vielen anderen Einrichtungen Personal nachgefragt werden wird. Die in jüngster Zeit abnehmende Zahl an Bewerberinnen und Bewerbern signalisiert entsprechende Engpässe auf dem Bewerbermarkt.

Bei der Beantwortung solcher und ähnlicher Fragen sollte berücksichtigt werden, dass vor allem die Herausarbeitung von besonderen individuellen Stärken bedeutsam ist. So erfreulich einzelne Aktionen zur Imagewerbung für soziale Berufe sein können, darf nicht vergessen werden, dass im Wettbewerb um Mitarbeitende ein Personalmarketing durchaus egoistisch aus der Sicht der jeweiligen sozialen Organisation durchgeführt wird. Der Fokus der Analyse sollte also auf die wirklichen positiven Besonderheiten des jeweiligen Trägers, der Einrichtung oder des Dienstes liegen. Solche „Skills" können sich auszeichnen durch eine bestimmte weltanschauliche Ausrichtung ebenso wie eine spezifische Qualität bis hin zu einem besonderen Talent zur Pflege von Mitarbeitenden.

Herausforderungen auf dem künftigen Arbeitsmarkt können für einzelne sozialwirtschaftliche Anbieter durchaus dann als Chancen verstanden werden, wenn sie in der Lage sind, sich als attraktiver Arbeitgeber zu positionieren und damit gegebenenfalls auch absatzwirtschaftliche Vorteile erzielen können, weil sie gegenüber Leistungsträgern und Adressaten stets eine ausreichende Zahl an qualifizierten Mitarbeiterinnen und Mitarbeitern gewährleisten können. Im Zuge eines weiterhin zunehmenden Personalnotstands beispielsweise in Pflegeeinrichtungen und Kitas sind vor allem solche Einrichtungen in einem nicht zu unterschätzenden Vorteil, welche auf einen quantitativ und qualitativ stabilen Bestand an Fachkräften bauen können.

2.2.3 Konkurrenzanalyse

Im Zusammenhang mit der Analyse der Stärken und Schwächen sowie der Herausforderungen und Chancen ist auch die Frage zu beantworten, wie die Ressourcen und Fähigkeiten als Arbeitgeber relativ zu den wichtigsten Wettbewerbern ausgeprägt sind. Eine Konkurrenzanalyse berücksichtigt zudem, welche konkreten Aktivitäten die anderen Anbieter unternehmen, bzw. gleicht sie mit dem eigenen Stand ab.

Drumm (2008, S 294 f.) verweist auf einen wichtigen Aspekt des Personalmarketings, wenn er betont, dass bei der Konzeption einer Akquisestrategie die relative Position eines Arbeitgebers im Wettbewerb mit Konkurrenten zu ermitteln ist. „Gegenstände des Personalmarketings sind die Ermittlung und daran anschließend die kommunikative Vermittlung von Vorteilen, die eine Beschäftigung bei der Personalmarketing betreibenden Unternehmung zu bieten vermag […] Aussagen zu Beschäftigungsvorteilen sind nur möglich, wenn die eigenen Beschäftigungsbedingungen mit einer Referenzgröße verglichen werden können. Solche Referenzgrößen sind zum einen die Bedürfnisse und Werthaltungen potentieller Arbeitnehmer auf dem Arbeitsmarkt, zum anderen die Angebote der Beschäftigungsbedingungen durch die Konkurrenten auf dem Arbeitsmarkt".

Ein Beispiel, in welchem die Kriterien „Werte und Normen", „Aktivitäten zur Personalbindung" sowie „Aktivitäten zur Personalakquise" der Analyse zugrunde gelegt wurden, soll dies in Tabelle 2.6 verdeutlichen.

Im Wettbewerb um Arbeitskräfte sowie der entsprechenden Analyse sind vor allem die sogenannten „Kernkompetenzen" als Stärken zu beachten. Von Kernkompetenzen als attraktiver Arbeitgeber kann insbesondere dann die Rede sein, wenn die Stärken wertvoll im Sinne einer eindeutigen Präferenz der Arbeitnehmer gelten können. Darüber hinaus sollten die Stärken nicht bei den Konkurrenten – oder zumindest nicht bei allen Wettbewerbern gleichermaßen – vorhanden sein. Im Sinne der Nachhaltigkeit wäre es im besten Fall auch gegeben, dass die besonders positive Ausprägungen von anderen Anbietern nicht ohne Weiteres imitier- oder substituierbar sind.

Im Rahmen einer Untersuchung des Wettbewerbs und einer Konkurrenzanalyse können Arbeitsmotive als Grundlage herangezogen werden. Einen guten Überblick über Anforderungen von Beschäftigten an das Arbeitsleben gibt das Inventar zur Erfassung von Arbeitsmotiven (IEA; Kanning 2017, S. 39). Dieses Modell unterscheidet 16 Arbeitsmotive, eine Übersicht wird in Tabelle 2.7 dargelegt.

Das Inventar erlaubt die Erfassung des Bedürfnisbefriedigungspotenzials eines Arbeitsplatzes auch in sozialen Organisationen. Ein Beispiel für eine Tätigkeit im Bereich der Erziehungshilfen ist in Tabelle 2.8 aufgeführt.

Wie dieses Beispiel zeigt, können mit der Bewertung eines Tätigkeitsfeldes in der sozialen Organisation einerseits Zielgruppen, andererseits Argumente für die Akquise im Wettbewerb herausgearbeitet werden. Im vorliegenden Fall wäre hier eine Konzentration auf die Faktoren Autonomie, Abwechslung, Selbstwert sowie Prosozialität, Anschluss, Aktivität und Sicherheit vorzunehmen. Mit diesen Argumenten könnten die Vorteile der beruflichen Tätigkeit herausgestellt, kann der Arbeitsplatz quasi „beworben" werden.

Allerdings kann die Bewertung des Tätigkeitsfeldes im Abgleich mit Wettbewerbern auch Hinweise geben, an welchen Stellen noch Verbesserungen mög-

Tabelle 2.6 Konkurrenzanalyse – Beispiel (eigene Darstellung)

Status und Aktivitäten	Wettbewerber 1	Wettbewerber 2	Eigene Einrichtung
Werte und Normen	Die Einrichtung gilt als basisdemokratisch ausgerichtet. Sehr viele Entscheidungen werden unter Einbezug aller Mitarbeiterinnen und Mitarbeiter getroffen. Der Träger dieser Einrichtung ist sozialpolitisch sehr aktiv.	Die Einrichtung gilt als leistungsorientiert und fördert Karriereentwicklung. Der Träger versteht sich als moderner sozialer Dienstleister. Der Träger ist privat-gewerblich ausgerichtet.	Unser Freier Träger bzw. Verband hat ein traditionell gutes Image als wertegebundener Wohlfahrtsverband, der „Gutes tut". Wir gelten als Einrichtung mit gutem betrieblichen Klima, sind jedoch nur begrenzt an Partizipation der Mitarbeitenden orientiert und können wenig Aufstiegschancen bieten.
Aktivitäten zur Personalbindung	Die Einrichtung bindet ihre Fachkräfte durch eine explizit partizipative Struktur und ein an ihre gesellschaftspolitischen Werte und Normen ausgerichtetes Wir-Gefühl. Einige der Mitarbeitenden sind auch im Freizeitbereich miteinander verbunden.	Die Einrichtung hat eine dezidiert an professionelle Anforderungen ausgerichtete Arbeitsumgebung und eine ansprechende Strategie der Fort- und Weiterbildung. Der Träger dieser Einrichtung hat kürzlich ein leistungsorientiertes Entgelt in seine Vergütungsstruktur aufgenommen.	Wir haben eine wertschätzende und vertrauensvolle Führungskultur und bieten viel Freiraum für die individuelle Entfaltung am Arbeitsplatz. Bis dato haben wir bei der Personalakquise und -auswahl großen Wert auf kirchliche Mitgliedschaft gelegt.
Aktivitäten zur Personalakquise	Die Einrichtung legt Flyer an Hochschulen aus, sie präsentiert sich zudem auf Fachtagen mit eigenem Stand und Beiträgen.	Die Einrichtung bzw. ihr Träger ist regelmäßig präsent auf Messen für den Nachwuchs. Sie hat ihre Website überarbeitet und eine Rubrik „Jobs und Karriere" eingerichtet.	Wir verlassen uns auf unser wertegebundenes Image und unseren Ruf als freundlicher Arbeitgeber mit einem positiven Betriebsklima.

Tabelle 2.7 Inventar zur Erfassung von Arbeitsmotiven (IEA; Kanning 2017, S. 39, eigene Darstellung)

Sekundärmotive	Primärmotive
Individualität Streben, sich als Individuum in eine abwechslungsreiche und subjektiv wertvolle Arbeit eigenverantwortlich einbringen zu können und dabei unterstützt durch Führungskräfte selbst weiter entwickeln zu können.	**Selbstbezug:** Streben, sich mit seiner eigenen Person (Wissen, Fähigkeiten, Erfahrungen, Persönlichkeit, Werten etc.) in seine Arbeit einbringen zu können **Autonomie:** Streben, eigenverantwortlich Entscheidungen treffen und umsetzen zu können. **Entwicklung:** Streben, sich über die Zeit hinweg persönlich und beruflich weiter entwickeln zu können. **Abwechslung:** Streben, im Berufsalltag mit vielfältigen, unterschiedlichen Arbeitsaufgaben betraut zu sein. **Selbstwert:** Streben nach einer beruflichen Aufgabe, deren Erfüllung einen mit Zufriedenheit und stolz auf die eigene Person blicken lässt. **Führung:** Streben nach kompetenten Führungskräften, die sich fair und vertrauensvoll verhalten, partizipativ führen und ihre Mitarbeiterinnen und Mitarbeiter fördern.
Karriere Streben nach beruflichem Aufstieg, verbunden mit der Einnahme von Führungspositionen, materiellem Wohlstand und gesellschaftlichem Ansehen. Hoher Anspruch an die eigene Leistung und die Qualität der Arbeitsumgebung.	**Materielles:** Streben nach materiellem Wohlstand. **Macht:** Streben nach einer Führungsposition. **Ansehen:** Streben nach Anerkennung und Achtung der eigenen Person durch andere Menschen. **Leistung:** Streben, gute Arbeitsleistung zu erbringen und beruflich voranzukommen. **Komfort:** Streben nach einer angenehmen Arbeitsumgebung und zeitgemäßen Arbeitsmaterialien.
Soziales Streben nach Aktivität und Umgang mit anderen Menschen.	**Prosozialität:** Streben, sich durch die berufliche Arbeit für das Wohl anderer Menschen einsetzen zu können. **Anschluss:** Streben danach, über die berufliche Arbeit in Kontakt zu anderen Menschen treten zu können. **Aktivität:** Streben nach physischer Aktivität im beruflichen Kontext.
Privatleben Streben nach einem sicheren Arbeitsplatz, der die wirtschaftliche Basis für das Privatleben bildet, ohne das Leben zu dominieren.	**Sicherheit:** Streben nach einer beruflichen Tätigkeit, die keine gesundheitlichen Risiken birgt und auch langfristig ein Auskommen ermöglicht. **Work-Life-Balance:** Streben nach einem ausgewogenen Verhältnis zwischen Arbeitsleben und Berufsleben.

Tabelle 2.8 Erfassung des Bedürfnisbefriedigungspotenzials eines Arbeitsplatzes (nach Kanning 2017, S. 48, eigene Darstellung)

Im Rahmen der beruflichen Tätigkeit bzw. durch die Tätigkeit am fraglichen Arbeitsplatz kann man ...

	nicht möglich	kaum möglich	gut möglich	sehr gut möglich	extrem gut möglich
Selbstbezug			x		
Autonomie				x	
Entwicklung			x		
Abwechslung				x	
Selbstwert				x	
Führung		x			
Materielles		x			
Macht		x			
Ansehen			x		
Leistung			x		
Komfort			x		
Prosozialität					x
Anschluss					x
Aktivität				x	
Sicherheit					x
Work-Life-Balance			x		

lich (resp. notwendig) sind, um ein attraktives Profil zu schaffen und realistisch kommunizieren zu können.

2.2.4 Erarbeitung einer strategischen Ausrichtung

Handlungsbedarf im Hinblick auf eine Erarbeitung oder Überprüfung und Neuformulierung einer Akquisestrategie kann sich bereits aus dem Umstand ergeben, dass die Analyse des Fachkräftemarktes signifikante Engpässe für die nahe und mittelfristige Zukunft ergeben hat. Handlungsbedarf kann jedoch auch daraus abgeleitet werden, dass aus den oben beschriebenen Sondierungen der SWOT- und Konkurrenzanalyse eine Notwendigkeit der Anpassung an (neue) Anforderungen

Tabelle 2.9 Strategierichtungen als Ableitung aus der SWOT-Analyse (Freiling und Reckenfelderbäumer 2010, S. 332, eigene Darstellung)

Strategierichtung	Erläuterung
SO-Strategien	Dienen der Nutzung der Chancen einer Unternehmung unter Einsatz ihrer Stärken
ST-Strategien	Dienen dazu, durch Einsatz eigener Stärken aus der Umwelt erwachsenen Gefahren entgegenzuwirken
WO-Strategien	Werden verfolgt, wenn durch die Beseitigung eigener Schwächen sich bietenden Chancen genutzt werden sollen
WT-Strategien	Dienen dem Abbau von Schwächen und der Reduktion von Gefahren

von aktuellen und potentiellen Mitarbeitenden sowie dem Verhalten der Wettbewerber hervorgegangen ist.

Für die Erarbeitung einer Strategierichtung können vier Möglichkeiten herangezogen werden, die sich an die bekannten SWOT-Kombinationen orientieren (in Anlehnung an Freiling und Reckenfelderbäumer 2010, S. 332, vgl. Tab. 2.9).

In strategischer Hinsicht kann und muss entschieden werden, inwieweit die soziale Organisation Stärken aufweist, um Chancen zu nutzen bzw. Risiken zu bewältigen. So kann beispielsweise im Hinblick auf die Rekrutierung ein Träger, eine Einrichtung oder ein Dienst zwar durch bereits bestehende gute Kontakte zu Hochschulen frühzeitig Studierende für eine Arbeitsaufnahme in der eigenen Organisation interessieren. Er kann zudem im operativen Bereich eine Kooperation mit Fachhochschulen initiieren, um eigenen Nachwuchs auszubilden. Im Idealfall ist eine Sozialorganisation nicht nur aktiv in der Mitarbeiterakquise und -bindung, sondern auch bei den Fachkräften im jeweiligen Einzugsgebiet bekannt, beliebt und als Arbeitgeber begehrt[5].

Gleichbedeutend mit einer Konzentration auf den Ausbau und den Nutzen von Stärken ist der Abbau von in den Augen der Zielgruppen bedeutsamen Schwächen als Arbeitgeber. Hier ist ein gewisser „Mut zur Wahrheit" zu entwickeln, denn auch die weniger attraktiven Facetten als Arbeitgeber müssen klar herausgearbeitet werden, um die eigene Position langfristig zu verbessern. Um künftige Risiken zu verringern, können beispielsweise Führungsstile verändert oder Prozesse wie Dienstplangestaltung im Sinne von mehr Arbeitnehmerfreundlichkeit angepasst werden. Es müssen strategische Ansätze entwickelt werden, um einen ent-

---

5 Im Kontext der Mitarbeitendengewinnung: Stärken auch im Imagebereich, also in den kognitiven, affektiven und konativen Komponenten, die den Ruf bei den Zielgruppen bestimmen.

sprechenden Wettbewerbsnachteil in der Konkurrenz um Arbeitskräfte auszugleichen bzw. diese Schwächen der Arbeitgebermarke zu verringern.
Wir können Stärken und Schwächen eigentlich ermittelt werden? Für die meisten sozialen Organisationen kommt es nicht infrage, über aufwändige und kostenintensive Marktanalysen die oben genannten Fragen einer Beantwortung zukommen zu lassen. Hier empfiehlt es sich, eher mit einem bescheidenen methodischen Ansatz zu operieren. So können unter anderem über Mitarbeitendenbefragungen die positiven und negativen Aspekte in Bezug auf die Arbeitnehmerinnen- und Arbeitnehmerfreundlichkeit erhoben werden. Es können beispielsweise aber auch Bewerberinnen und Bewerber, welche sich am Ende gegen die eigene Organisation entschieden haben, danach gefragt werden, welche Beweggründe ausschlaggebend waren, eine andere Arbeitsstelle vorzuziehen.

Ein weiteres wichtiges Gebiet der Strategieformulierung ist die Positionierung als Arbeitgeber im Wettbewerb. Hierzu ist zum einen die Frage zu beantworten, welche Zielgruppen zuvörderst in den Fokus der Akquise genommen werden sollen. Zum anderen müssen im Rahmen der Strategieformulierung und Strategieentwicklung die akquisitorischen Ziele bestimmt werden.

- Im Kontext der Zielgruppenbestimmung wird eine Prioritätensetzung empfohlen: „Insbesondere Zielgruppen, die für das Unternehmen von hoher Bedeutung und schwer zu rekrutieren sind, müssen eine hohe Priorität bekommen. Solche Zielgruppen können bei der Entwicklung der Positionierung stärker gewichtet werden als weniger prioritäre Zielgruppen. Darüber hinaus müssen für diese Zielgruppen verstärkte Kommunikationsanstrengungen unternommen werden" (von Walter und Kremmel 2016, S. 115).
- Im Zusammenhang mit den Zielsetzungen wird empfohlen, zwischen Rekrutierungszielen (zum Beispiel Bewerberzahlen) und sogenannten „psychographischen Markenzielen" zu unterscheiden. Von Walter und Kremmel (ebd.) raten zu der Strategie, „zunächst Rekrutierungsziele festzulegen und anschließend psychographische Markenziele abzuleiten, mit deren Hilfe die Rekrutierungsziele erreicht werden können".

Als Tool zur Bestimmung der Relevanz von Zielgruppen kann eine Matrix eingesetzt werden, deren Grundstruktur in Abbildung 2.4 dargestellt ist.

Der Schwerpunkt bei der Prioritätensetzung sollte mithin im rechten unteren Quadranten liegen, Positionierungsbestrebungen sollten daraufhin fokussiert und die entsprechenden kommunikativen Aktivitäten auf diese Zielgruppe hin ausgerichtet werden.

Bei der Festlegung von Zielen für psychographische Markenziele (Attraktivität als Arbeitgeber) kann auf eine bei der Messung von Image geläufige Differenzie-

Abbildung 2.4 Matrix zur Priorisierung von Zielgruppen (von Walter und Kremmel a. a. O., S. 117, eigene Darstellung)

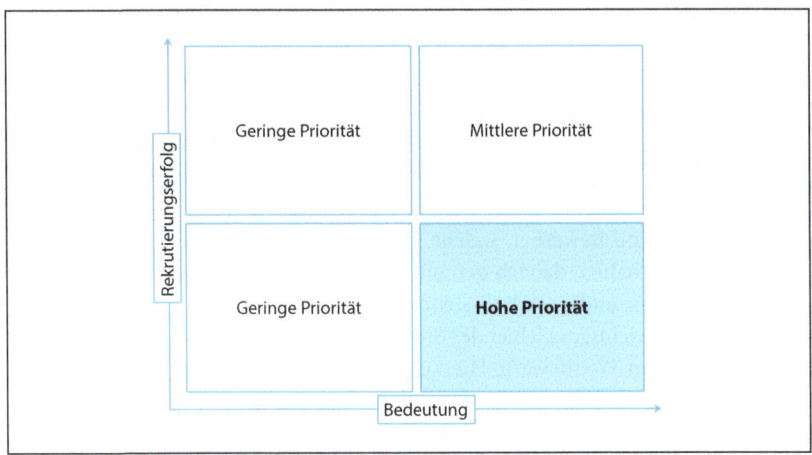

rung in Bekanntheit, Beliebtheit und Tendenz zur Handlung (Inanspruchnahme) zurückgegriffen werden. Bedingung ist allerdings, dass vor der Formulierung von Zielen der Ist-Zustand möglichst sicher bekannt ist.

Literaturempfehlungen zur Vertiefung

Moser und Sende (2014) geben einen kompakten Überblick über die Instrumente der Personalakquise. Eine gute Einführung zur Personalgewinnung mit Sozialen Medien geben Schlüter und Hallbauer (2014). Roedenbeck Schäfer (2014) zeigt unkonventionelle Wege der Personalgewinnung in der Pflege auf.

Empfehlungen für praxisbezogene Vertiefungen

Die Publikation von Kirschten (2017) fokussiert das wichtige Element der Nachhaltigkeit im Personalmanagement und Personalmarketing.

Literaturverzeichnis Kapitel 2

Becker, Th. (2014). *Medienmanagement und öffentliche Kommunikation. Der Einsatz von Medien in Unternehmensführung und Marketing.* Wiesbaden: Springer VS.

Brickwedde, W. (2017). Erschließen Sie mit LinkedIn den deutschen und international orientierten Talentpool. In: R. Dannhäuser (Hrsg.), *Praxishandbuch Social Media Recruiting. Experten Know-How/Praxistipps/Rechtshinweise.* 3. Aufl. (S. 143–185). Wiesbaden: Springer Gabler.

Bundesagentur für Arbeit (2018). Zum Tag der Pflege: Immer mehr ausländische Pflegekräfte. BA-Presseinfo Nr. 15, 09.05.2018. http://www.presseportal.de/pm/6776/3939820. Zugegriffen: 09.05.2018.

Bundesanstalt für Arbeit (2017). Arbeitgeber-Service. http://www.arbeitsagentur.de/unternehmen/arbeitgeber-service. Zugegriffen: 10.05.2017.

Dannhäuser, R. (2017). Trends im Recruiting. In: R. Dannhäuser (Hrsg.), *Praxishandbuch Social Media Recruiting. Experten Know-How/Praxis-Tipps/Rechtshinweise.* 3. Aufl. (S. 1–40). Wiesbaden: Springer Gabler.

Deutscher Bundestag (2015). Vermittlungsquote von 13 Prozent. Parlamentsnachrichten. Arbeit und Soziales/Antwort – 04.03.2015 (hib 113/2015). http://www.bundestag.de/presse/hib/2015_03/-/363660. Zugegriffen: 10.05.2017.

Christa, H. (2013). Strategisches Controlling. In: U. Bettig, H. Christa, W. Faust, A. Goldstein & L. Kolhoff (Hrsg.), *Betriebswirtschaftliche Grundlagen in der Sozialwirtschaft* (S. 231–247). Baden-Baden: UTB.

Christliches Jugenddorfwerk Deutschlands (2017). Ihr Einstieg ins CJD. http://www.cjd.de/arbeiten-im-cjd/ihr-einstieg-ins-cjd. Zugegriffen: 11.11.2017.

Drumm, H.-J. (2008). *Personalwirtschaft.* Berlin und Heidelberg: Springer.

EVENT-PARTNER (2017). In 7 Schritten zu einem erfolgreichen Event. http://www.event-partner.de/business/in-7-schritten-zu-einem-erfolgreichen-event-marketing. Zugegriffen: 08.11.2017.

Facebook (2018). Eine Community von 30 Millionen. https://de.newsroom.fb.com/news/2017/06/eine-community-von-30-millionen-facebook-sagt-danke/. Zugegriffen: 02.02.2018.

Felser, G. (2015). *Werbe- und Konsumentenpsychologie.* 4., erw. u. vollst. überarb. Aufl., Berlin, Heidelberg: Springer.

Freiling, J., & Reckenfelderbäumer, M. (2010). *Markt und Unternehmung.* 3. Aufl., Wiesbaden: Gabler.

Grothe, M. (2017). Wie Sie Facebook richtig verankern. In: R. Dannhäuser (Hrsg.), *Praxishandbuch Social Media Recruiting. Experten Know-How/Praxistipps/Rechtshinweise.* 3. Aufl. (S. 187–244). Wiesbaden: Springer Gabler.

Gundlach, A. (2013). *Wirkungsvolle Live-Kommunikation. Liebe Deine Helden: Dramaturgie und Inszenierung erfolgreicher Events.* Wiesbaden: Springer Gabler.

Heider-Winter, C., & Lange, R. (2014). „MEHR Männer in Kitas". In: Bundesarbeitsgemeinschaft der Freien Wohlfahrtspflege (Hrsg.), *Beschäftigung innovativ gestalten. Wertschöpfung – Wertschätzung – Wettbewerb. Bericht über den 8. Kongress der Sozialwirtschaft vom 13. und 14. Juni 2013 in Magdeburg* (S. 263–267). Baden-Baden: Nomos.

Herbst, D. (2007). *Public Relations. Konzeption und Organisation, Instrumente, Kommunikation mit wichtigen Bezugsgruppen.* 3. völl. überarb. Aufl., Berlin: Wissenschaftsverlag.
Hoffmann, St., & Akbar, P. (2016). *Konsumentenverhalten. Konsumenten verstehen – Marketingmaßnahmen gestalten.* Wiesbaden: Springer Gabler.
Homburg, Chr. (2017). *Marketingmanagement. Strategie – Instrumente – Umsetzung – Unternehmensführung.* 6., überarbeit. u. erw. Aufl., Wiesbaden: Springer Gabler.
Hungenberg, H., & Wulf, Th. (2011). *Grundlagen der Unternehmensführung.* 4. Aufl., Heidelberg, Berlin: Springer.
Kirschten, K. (2017). *Nachhaltiges Personalmanagement. Aktuelle Konzepte, Innovationen und Unternehmensentwicklung.* Konstanz, München: UVK.
Krings, Th. (2017). *Erfolgsfaktoren effektiver Personalauswahl.* Wiesbaden: Springer Gabler.
Kuß, A., & Kleinaltenkamp, M. (2016). *Marketing – Einführung.* 5. Aufl., Wiesbaden: Springer Gabler.
Landkreis MOL (2017). Bachelor of Arts (Soziale Dienste) – Duales Studium. http://www.ausbildung.de/unternehmen/landkreis-maerkisch-oderland/stellen/bachelor-of-arts-soziale-dienste-duales-studium. Zugegriffen: 09.05.2018.
Lorenz, M., & Rohrschneider, U. (2015). *Erfolgreiche Personalauswahl. Sicher, schnell und durchdacht.* 2. Aufl., Wiesbaden: Springer Gabler.
Moser, K., & Sende, C. (2014). Personalmarketing. In: H. Schuler & U. P. Kaning (Hrsg.), *Lehrbuch der Personalpsychologie.* 3. überarb. u. erw. Aufl. (S. 99–148). Göttingen: Hogrefe.
Panczuk, M. (2016). *Corporate Recruiting Best Practice. 16 Handlungsempfehlungen für innovative Personalbeschaffung.* Book on demand.
Roedenbeck Schäfer, M. (2017). *Recruiting to go für Sozial- und Pflegeeinrichtungen.* Regensburg: Walhalla.
Roedenbeck Schäfer, M. (2014). *Personalgewinnung in der Pflege. Innovative Ideen – einfach umgesetzt.* München: Urban & Fischer.
Schlüter, W., & Hallbauer, G. (2014). *Mitarbeiter finden mit Facebook & Co. Soziale Medien für die Personalbeschaffung nutzen.* Hannover: Vincentz Network.
Schober, D., More-Hollerweger, E., & Meyer, M. (2015). Personalmanagement. In: R. Eschenbach, C. Horak, M. Meyer & C. Schober (Hrsg.), *Management der Nonprofit-Organisation. Bewährte Instrumente im praktischen Einsatz.* 3., überarb. u. erw. Aufl. (S. 311–335). Stuttgart: Schäffer-Poeschel Verlag.
Schönig, W. (2015). *Koopkurrenz in der Sozialwirtschaft. Zur sozialpolitischen Nutzung von Kooperation und Konkurrenz.* Weinheim, Basel: Juventa.
Schulz, L. M. (2014). *Das Geheimnis erfolgreicher Personalbeschaffung.* Wiesbaden: Springer Gabler.
Thommen, J.-P., Achleitner, A.-C., Gilbert, D. U., Hachmeister, G., & Kaiser, G. (2017). *Allgemeine Betriebswirtschaftslehre. Umfassende Erörterung aus managementorientierter Sicht.* 8. Aufl., Wiesbaden: Springer Gabler.
Ulbricht, C. (2017). Social Medial Recruiting & Recht. Rechtliche Rahmenbedingungen bei der Recherche und Gewinnung von Mitarbeitern über Xing, Facebook & Co. In: R. Dannhäuser (Hrsg.), *Praxishandbuch Social Media Recruiting.*

Experten Know-How/Praxis-Tipps/Rechtshinweise (S. 333–355). 3. Aufl., Wiesbaden: Springer Gabler.

Von Walter, B., & Kremmel, D. (2016). Employer Branding-Strategie: strategische Ausrichtung der Arbeitgebermarke bestimmen. In: B. von Walter & D. Kremmel (Hrsg.), *Employer Brand Management. Arbeitgebermarken aufbauen und steuern* (S. 113–137). Wiesbaden: Springer Gabler.

Weitzel, T., Laumer, S., & Maier, Chr. (2016). *Themenspecial Best Practices und „Big Failures"*. Bamberg: OPUS.

Zils, E. (2015). Social Media Recruiting Studie 2015. Auswertung Deutschland. http://www.http://www.online-recruiting.net/wp-content/plugins/email-before-download/download.php?dl=4bac315fd6e7ef6d38e936a363b06b3b. Zugegriffen: 26.11.2015.

Mitarbeitendenbindung 3

Zusammenfassung

In diesem Abschnitt werden verschiedene Maßnahmen vorgestellt, die zur Mitarbeitendenbindung beitragen. Neben dem Führungsverhalten erfolgt eine Konzentration auf relevante Aspekte der Vergütung, der Entwicklung von Mitarbeitenden, der Ausgestaltung der Organisation sowie der Personalbildung und Personalförderung. Darüber hinaus sollen Instrumente der Informationsgewinnung zur Arbeitszufriedenheit und zur Bindung der Fachkräfte an die soziale Organisation erörtert werden.

Studienziel

Es soll nachvollzogen werden, dass im Personalmarketing die erfolgreiche Akquise von Mitarbeitenden lediglich eine Seite der Medaille ist. Eine weitere Herausforderung besteht darin, Fachkräfte nach ihrem Eintritt in der Sozialunternehmung nachhaltig zu halten. Dies verhindert nicht nur unnötige Kosten für eine erneute Personalbeschaffung, sondern bedeutet im Zeitalter der Fachkräfteknappheit auch eine Reduzierung von Unsicherheit, ob überhaupt eine entsprechende Person mit der notwendigen Qualifikation auf dem Arbeitsmarkt gefunden werden kann. Die Leserinnen und Leser sollen mit den Möglichkeiten der Personalbindung durch Führungsverhalten, bedarfsgerechter Vergütung, der Schaffung von Entwicklungsmöglichkeiten, angemessener Organisation sowie Personalbildung und Personalförderung vertraut gemacht werden und die Ansätze zur Informationsgewinnung bezüglich des gegenwärtigen Stands der Mitarbeitendenbindung in ihrer Organisation kennen lernen.

3.1 Führungsverhalten

Führung im betrieblichen und unternehmerischen Kontext wird in der Managementlehre als gezielte Förderung von Effizienz und Effektivität verstanden, spielt jedoch auch im Kontext erfolgreicher Bindung von Mitarbeitenden eine besondere Rolle. Große Bedeutung haben neben dem Führungsstil vor allem das Delegationsverhalten und die Wertschätzung sowie das konstruktive Konfliktmanagement im Sozialbetrieb bzw. der Sozialunternehmung.

3.1.1 Führungsstil

Nach Staehle (1999, S. 334) verstehen wir unter Führungsstil ein „langfristig relativ stabiles, situationsinvariantes Verhaltensmuster" der bzw. des Führenden, wobei dieses Muster „als Konkretisierung einer verhaltensorganisierenden Einstellung oder Grundhaltung aufzufassen ist". Prägend ist dabei – so Staehle (ebd.) weiter – eine „Grundeinstellung (Philosophie, Ideologie) gegenüber den Mitarbeitern". Inwieweit der Führungsstil – und wenn ja: welcher Führungsstil – die Effektivität und Effizienz des betrieblichen Geschehens tatsächlich befördert, ist empirisch nicht einfach zu erheben und in der Summe der Studien umstritten. In unserem Kontext der erfolgreichen Bindung von Mitarbeiterinnen und Mitarbeitern an eine Sozialorganisation ist allerdings der Befund von Nieder (1997, S. 54) bedeutsam, wonach der Führungsstil des Vorgesetzten insoweit erfolgsrelevant ist, „als er das Verhalten (bzw. die Einstellung) der Geführten berührt".

- Im Bericht zu den Ergebnissen der neuesten Studie des Gallup Instituts (2017, S. 2) zu Führung und Mitarbeitendenbindung stellen die Autoren diesbezüglich fest: „In punkto Führungsqualität klaffen die Wünsche der Mitarbeitenden und die Wirklichkeit in deutschen Unternehmen besonders weit auseinander. Insgesamt sagt gerade einmal jeder fünfte Arbeitnehmer (21 %) „die Führung, die ich bei der Arbeit erlebe, motiviert mich, hervorragende Arbeit zu leisten". Bei den hoch gebundenen sind es 66 Prozent, bei den Arbeitnehmern mit geringer oder ganz ohne Bindung nur 15 bzw. drei Prozent. Fast jede/r fünfte Mitarbeitende (18 %) hat in den vergangenen zwölf Monaten wegen seines direkten Vorgesetzten daran gedacht zu kündigen – in der Gruppe der „Inneren Kündiger" sogar fast jeder Zweite (45 %). Zwei von drei Arbeitnehmern (69 %) hatten im Lauf ihres Arbeitslebens mindestens einmal einen schlechten Vorgesetzten. Doch die Chefs selbst sind sich ihrer Defizite nicht bewusst – 97 Prozent halten sich selbst für eine gute Führungskraft."

- Rowold und Heinitz (2008) untersuchten Zusammenhänge unterschiedlicher Führungsstile mit diversen Stressindikatoren und kamen zu dem Ergebnis, dass Mitarbeitendenorientierung durchgängig negative Zusammenhänge zu Stressindikatoren zeigte. Dies bedeutet, dass im Sinne der Mitarbeitendenbindung bei aller Relevanz der Aufgabenorientierung von den Führungskräften in ihrem Verhalten auch der zwischenmenschlichen Komponente eine hinreichende Bedeutung beigemessen werden muss.

Die Managementtheorie hat in ihrer Geschichte eine ganze Reihe von Führungsstilen idealtypisch herausgearbeitet (bspw. Bertel und Becker 2017). Ein klassischer Ansatz ist neben der Klassifikation von Max Weber (patriarchalisch, autokratisch, charismatisch, bürokratisch) die Strukturierung von Kurt Levin (autoritär, kooperativ/demokratisch, laissez faire) sowie das sogenannte „Verhaltensgitter" von Blake und Mouton (Bedeutung des Menschen versus Bedeutung der Aufgabe). Im Hinblick auf den auszuübenden Führungsstil dominieren mittlerweile die sogenannten „situativen Ansätze", welche keinem Stil einen unbedingten Vorrang einräumen, sondern eine Vorgehensweise je nach Bedarf des/der Mitarbeitenden propagieren. So ist das von Hersey und Blanchard konzipierte „Reifegradmodell" nach dem Prinzip strukturiert, dass jeder Mitarbeiter bzw. jede Mitarbeiterin eine Führung gemäß ihres „Reifegrads" erfahren sollte (Hersey et al. 2015).

Nach Einschätzung des Autors sind in sozialen Organisationen in der Mehrzahl Fachkräfte mit einem hohen Reifegrad[1] tätig, so dass tendenziell die folgenden Strategien infrage kommen:

- Beteiligung: Es dominiert die gemeinsame Entscheidung über Arbeit bzw. Arbeitsprozesse, in einem geringeren Maße werden Anweisungen gegeben, sondern überwiegend Lösungen und Verfahren im diskursiven Wege erarbeitet.
- Delegation: Für eine möglichst große Zahl an Verantwortungsbereichen werden Befugnisse an Mitarbeitende übertragen.

Sowohl Beteiligung als auch Delegation als Teil des partizipationsorientierten Ansatzes können positive Beiträge zum sogenannten „affektiven Commitment" leisten, also auf der Gefühlsebene die Bindung von Fachkräften an die Sozialunternehmung verstärken (zu verschiedenen empirischen Studien in der Erwerbswirtschaft Kanning 2017, S. 215 f.).

Die Beteiligung (syn. Partizipation) von Mitarbeitenden an betrieblichen und unternehmerischen Entscheidungen gilt in der Managementlehre als eine wich-

---

1   i. S. v. fähig und willig, fachlich qualifiziert und urteilsfähig, engagiert auch für den Erhalt und die Entwicklung der eigenen Sozialorganisation, hierzu auch Ciesinger et al. (2011).

tige Voraussetzung für deren Akzeptanz und letztendlich für deren erfolgreiche Umsetzung. Beteiligungsorientiertes Management (Management by Participation) soll über die Schaffung von Grundbedingungen einer erfolgreichen Implementation von Managemententscheidungen hinaus jedoch auch die Zufriedenheit, Identifikation und Bindung der Fachkräfte befördern (bspw. Steinmann et al. 2013, S. 599 ff.).

Eine Umsetzung in der Praxis kann in einer großen Breite von der Mitbestimmung am Arbeitsplatz bis hin zu teilautonomen Arbeitsgruppen erfolgen, ist jedoch auch über neue Formen der Arbeitsorganisation sowie die Beteiligung bei Zielfindung resp. Zielvereinbarung realisierbar. Ein typisches Beispiel für Partizipation von Mitarbeitenden im Zusammenhang mit einer Verbesserung von Organisationsstruktur und von Prozessen ist die Mitwirkung von Mitarbeitenden unterschiedlicher Fachrichtungen in Qualitätszirkeln.

Idealerweise erfolgt die Partizipation einerseits über eine gesetzlich vorgeschriebene formale Beteiligung wie Mitbestimmung durch Arbeitnehmervertreterinnen und -vertreter, andererseits über die Einbeziehung des gesamten Wissens und Könnens einer Fachkraft im jeweiligen individuellen Arbeitskontext. Herausfordernd für die Führungs- und Leitungskräfte auch sozialer Organisationen ist die Frage, inwieweit eine Partizipation an grundlegenden unternehmerischen und betrieblichen Entscheidungen möglich und notwendig ist. Das entsprechende Kontinuum kann von geringstmöglicher Partizipation bis zu nahezu basisdemokratisch-gleichberechtigter Mitsprache aller Organisationsmitglieder reichen. Zweifellos werden sowohl die Werte und Normen als auch die rechtliche Verfasstheit einer sozialen Organisation die Möglichkeiten und Grenzen von Partizipation mitbestimmen.

Aspekte, welche diesbezüglich von hoher Relevanz sind, werden von Staehle (1999, S. 536) wie folgt benannt:

- die Mitarbeiterinnen und Mitarbeiter verfügen über eigene Urteilsfähigkeit und ein hohes Bedürfnis an Beteiligung und Selbstbestimmung,
- die Akzeptanz der Entscheidung durch die Mitarbeiterinnen und Mitarbeiter ist wichtig,
- die Entscheidung berührt die Interessen der Mitarbeiterinnen und Mitarbeiter nachhaltig.

Steinmann et al. (2013, S. 603) verweisen darüber hinaus auf die Ergebnisse einschlägiger Studien zur Wirkung von Partizipationsmodellen, welche hervorheben, dass die Beteiligung dann innovationsfreundliche Einstellungen und Zufriedenheit der Mitarbeiterinnen und Mitarbeiter unterstützen kann, wenn sie als legitim im Rahmen der Werte und Normen der Fachkräfte erachtet wird und wenn keine

Ressentiments der Mitarbeitenden gegen die „Technik der Mitentscheidung" (im Sinne eines Eindrucks von Manipulation) geschaffen werden.

In der vorstehenden Beschreibung von bindungsorientierten Führungsstilen wurde bereits die Delegation als Element eines Führungsverhaltens gegenüber Fachkräften mit hohem Reifegrad angesprochen. Da der Delegation eine eigenständige Bedeutung für das Commitment im Sozialbetrieb bzw. in der Sozialunternehmung zukommt, soll sie hier noch etwas ausführlicher behandelt werden.

Der Delegation kommt ein Potenzial für Arbeitszufriedenheit und Motivation bei den von der Delegation betroffenen Fachkräften zu. Vor allem jüngere Kolleginnen und Kollegen wissen eine Verantwortungsübernahme bereits in frühen Stadien ihres Arbeitslebens nachweislich sehr zu schätzen (bspw. Christa 2017). In einer Reihe von Konzepten zur Beurteilung einer bzw. eines guten Vorgesetzten ist auch die Fähigkeit zur Delegation enthalten (Steinmann et al. 2013, S. 817 ff.).

Deutlich gemacht werden muss, dass Delegation nicht mit der schlichten Übertragung von einzelnen kleinen Aufgaben verwechselt werden darf. Delegation ist vielmehr „als dauerhafte Übertragung von Aufgaben, Kompetenzen und Verantwortung an nachgeordnete Stellen" zu verstehen (Boneberg 2013, S. 161). Delegation bezeichnet, hierarchisch-strukturell betrachtet, „den Grad, zu dem Entscheidungsbefugnisse auf untere Hierarchieebenen verlagert sind, z. B. Anzahl und Bedeutsamkeit von Entscheidungen auf unteren Ebenen" (Staehle 1999, S. 455). In sozialen Organisationen bieten sich nicht nur Routine-, sondern auch spezialisierte, detailbezogene und/oder vorbereitende Tätigkeiten hierfür an. Um mittel- und langfristig Aufgaben verantwortungsvoll delegieren zu können, sind von der Führung- bzw. Leitungskraft solche Aufgaben zu identifizieren, die Mitarbeitende kompetent übernehmen könnten. Dies, so bemerkt Fuß (2017, S. 326) beispielsweise für den Kita-Bereich, „schafft nicht nur Entlastung auf Seiten der Leitung, sondern signalisiert den Mitarbeitern/-innen, dass Kompetenzen erkannt werden und die Leitung ihnen Verantwortung zutraut". Als Nebeneffekt kann sich im Übrigen noch die positive Folge ergeben, dass die Führung- bzw. Leitungskraft gleichzeitig für Wichtigeres freigestellt werden kann.

Als das Kernstück des Delegationsprozesses, so betont Horcher (2013, S. 283), ist die Festlegung des Verantwortungsgrades anzusehen: „Das größte Problem, Delegation wirkungsvoll wahrzunehmen, ist die genaue Einschätzung und Kenntnis der Fähigkeiten der MitarbeiterInnen. Werden z. B. die Fähigkeiten eines Mitarbeiters überschätzt und zu viel Verantwortung übertragen, ist der Misserfolg wahrscheinlich vorprogrammiert. Umgekehrt kann ein Vorgesetzter zu wenig delegieren und damit das Leistungspotenzial nicht optimal abrufen. Effektive Delegation bedeutet genau zu erkennen, inwieweit MitarbeiterInnen in der Lage sind Verantwortung für die Erledigung einer Aufgabe zu tragen".

Eine Delegation mit Bindungswirkung sollte darüber hinaus berücksichtigen, dass die mit einer Übertragung von Aufgaben und Befugnissen verbundene informelle Dezentralisierung einer sozialen Organisation stets mit der Gefahr von Kompetenzstreitigkeiten verbunden ist. Ein Delegationskonzept sollte folglich klare Zuständigkeiten, Aufgaben, Zielstellungen, Ressourcen und Befugnisse regeln sowie personelle und sachbezogene Überschneidungen im Träger, in der Einrichtung oder im Dienst möglichst vollständig ausschließen. Die mit einer effektiven Delegation einhergehenden strukturellen und prozessualen Rahmenbedingungen sind mithin zu schaffen (siehe weiter unten auch die Ausführungen zu „Organisation").

3.1.2 Wertschätzung

Das Verlangen nach Akzeptanz, Zugehörigkeit, Wirksamkeit und Wertschätzung zählt zu den gehobeneren Bedürfnissen des Menschen. Wie im familiären und sonstigen privaten Kreis sind solche Erfahrung auch im beruflichen Zusammenhang „Futter für die Seele und Treibstoff für Erfolg" (Weidner und Weidner 2016, Untertitel ihrer Publikation zu Anerkennung und Wertschätzung). Eine wertschätzende Haltung kann nachweislich die Motivation erhöhen, Stress verringern und die Bildung von Mitarbeiterinnen und Mitarbeitern an die eigene Organisation aufbauen und verstetigen.

Matyssek (2011, S. 90 f.) gibt unter anderem folgende Hinweise zur Gestaltung eines wertschätzenden Umgangs im Betrieb und Unternehmen:

- „Geben Sie großzügig und lächelnd, aber ohne emotionalen Überschwang, Bestätigung und positives Feedback!
- Sprechen Sie ausschließlich so über abwesende Dritte, dass diese auch dabei sein könnten.
- Sprechen Sie nach Möglichkeit überhaupt nur positiv über Ihre Führungskraft, Ihr Team, Ihre Kollegen, Ihren Betrieb (idealerweise sogar über Ihre Kantine...).
- Beziehen Sie Position gegen Lästerei! Verhindern Sie Ausgrenzungen und ergreifen Sie im Zweifelsfall Partei für die Schwachen! Vermeiden Sie Informationsgefälle innerhalb des Teams.
- Verhindern Sie Grüppchenbildung, indem Sie abwechselnd zu allen Kontakt halten, beispielsweise in den Pausen. Gehen Sie mit jeder Gruppe mal zum Mittagessen.

- Machen Sie aus Ihrem Herzen keine Mördergrube! Seien Sie offen (geben Sie dabei einen Vertrauensvorschuss!) und berichten Sie den anderen, wie es Ihnen gerade geht.
- Trauen Sie den Kollegen etwas zu! Glauben Sie aneinander und gewähren Sie dabei auch einen Vertrauensvorschuss!"

Zu einer wertschätzen Haltung gehören darüber hinaus Faktoren wie hinreichend Zeit für die Anliegen der Mitarbeitenden einräumen, Höflichkeit und Pünktlichkeit, Ereignisse, die Mitarbeiterinnen und Mitarbeitern wichtig sind, nicht zu vergessen und gebührend zu würdigen, das Angebot von sozialer Unterstützung, auch auf Kritik und Beschwerden positiv zu reagieren sowie in Konflikten nicht einseitig Partei zu ergreifen.

Eine starke Bindung von Mitarbeiterinnen und Mitarbeitern an ihre Organisation entsteht unter anderem über den „organisationsbezogenen Selbstwert". Kanning (2017, S. 206) gibt ein Beispiel für die Erhebung dieses Faktors anhand einiger Komponenten einer Skala zur Erhebung des Ist-Zustands:

- „Man nimmt mich ernst".
- „Man vertraut mir".
- „Ich bin wichtig".
- „Ich kann etwas bewirken".
- „Ich bin wertvoll".

Eine wertschätzende Haltung gegenüber Mitarbeiterinnen und Mitarbeitern muss nicht notwendigerweise eine Hinwendung zu einem unbedingten Egalitarismus bedeuten. Leistung resp. besonderes Engagement einzelner Mitarbeitender muss als Wertschätzung auch Belohnung immaterieller oder materieller Art nach sich ziehen. Unbedingt zu beachten ist jedoch die Gefahr, durch materielle Belohnung eine vorhandene starke intrinsische Motivation der Mitarbeitenden zu relativieren.

Die vorstehenden Hinweise sollten auch vor dem Hintergrund gelesen werden, dass soziale Dienstleistungsberufe in der Gesellschaft nicht durchgehend ein positives Image aufweisen, die Wertschätzung von Seiten der Öffentlichkeit also ohnehin nicht besonders hoch ist. Der Mangel an Anerkennung vieler Dienstleistungsberufe hat sogar das Bundesministerium für Bildung und Forschung veranlasst, ein Verbundprojekt „Berufe im Schatten" zu fördern. Dessen Forschungsbericht lässt keinen Zweifel daran, dass gerade solche Tätigkeitsbereiche ein sehr hohes Maß an interner Wertschätzung erfahren müssen, um Gesundheit, Motivation und Bindung zu schaffen. Soziale Wertschätzung ist darüber hinaus gemäß den Ergebnissen dieses Verbundprojekts als „Treiber" für Qualität und Innovationskraft zu sehen (Ciesinger et al. 2011, S. 10 ff.).

3.1.3 Konstruktive Konfliktbearbeitung und Mediation

Antagonismen, Spannungen, Reibungen, Widerstände sind ein quasi natürlicher Bestandteil sozialer Systeme. Die Gründe können vielfältig sein und von persönlichen Animositäten bis hin zu einem Kampf um knappe unternehmensinterne Ressourcen reichen. Dabei ist zu beachten, dass nicht jede Situation, in welcher sich unterschiedliche Vorstellungen, Ideen, Werte, Ziele und Interessen zeigen, bereits als Konflikt angesehen werden können. Es kommt darauf an, wie die Unterschiede zum Ausdruck gebracht werden (Glasl 2017, S. 52 ff.). Ein konstruktiver Diskurs zur strategischen Ausrichtung eines Trägers der Behindertenhilfe oder der Austausch von Argumenten bei der Wahl eines neuen Verfahrens der Dienstplangestaltung in einer sozialpädagogischen Wohnstätte für Jugendliche ist noch kein Konflikt. Konflikten ist insbesondere zu eigen, dass sie – offen oder verdeckt ausgetragen – einen destruktiven Charakter aufweisen, mit Macht und Herrschaft bzw. Hierarchie- und Rangdisparitäten korrespondieren. Konflikte beinhalten unter anderem, dass sie zur Eskalation neigen, dass ein Versuch unternommen wird, der Gegenseite zu schaden, dass eine Polarisierung und Feindbildung entsteht, dass Meinungen oder Standpunkte verhärtet sind bzw. ein Objektivitätsverlust entsteht (bspw. Schawel und Billing 2012, S. 144 ff.).

Mit (a) Konfliktmanagement und (b) Mediation sind nach Schwarz (2014) zwei Zugangsweisen zu Konflikten und deren Auswirkungen zu unterscheiden. Die Herangehensweise soll im Folgenden umrissen werden.

(a) Konfliktmanagement ist zu verstehen als „eine auf einem Lernprozess der Beteiligten beruhende Steuerungsleistung, die zu einer gemeinsamen Sicht des Problems und anschließenden Lösung führt" (a. a. O., S. 333).

Diesbezüglich wird folgendes Ablaufschema vorgeschlagen:

- Überprüfen der Konfliktökonomie (welche Aussicht auf Lösung gibt es und was kann sie mir bringen?),
- Konfliktakzeptanz (Konfliktbearbeitung lohnt sich – ich habe Aussicht auf eine Besserung der Situation beziehungsweise auf eine Lösung des Problems),
- Ansprechen des Konflikts – Beginn der Bearbeitung, eventuell Hinzuziehen eines Beraters. Der Konfliktpartner sollte spätestens jetzt „im Boot sein" und ebenfalls an einer Lösung interessiert sein.
- Konfliktanalyse: Im Idealfall stimmen die Konfliktparteien nach gemeinsamer Analyse in ihrer Konfliktdiagnose überein.
- Es wird nach einer Konfliktlösung gesucht.
- Es wird eine Probezeit für die gefundene Lösung vereinbart, um diese gegebenenfalls

- beizubehalten, zu modifizieren oder zu verwerfen und eine neue Lösung zu suchen.

(b) Mediation wird dagegen als Ansatz in bereits verhärteten Konfliktsituationen vorgeschlagen, in welchen die Potenziale für die Konfliktlösung gering sind. Schwarz (a. a. O., S. 335 ff.) schlägt in Bezug auf Mediation folgende Vorgehensweise vor:

- Auftragsklärung,
- Liste der Themen in Bezug auf die Sachlage und eventuell auf die Rechtslage erstellen,
- Positionen und Interessen erkunden,
- Erfindung der Konfliktlösung live („Heureka"-Phase),
- verbindliche Abschlussvereinbarung.

Konfliktprävention und konstruktive Konfliktbearbeitung benötigen spezifische *Kompetenzen* von Führungskräften gerade im Bereich des sozialen Sektors. Nach Glasl (2017, S. 87 ff.) zählen auch im Kontext von Konfliktverhalten hierzu insbesondere

- Geschärfte Wahrnehmungsfähigkeit
- Umgang mit eigenen/fremden Emotionen
- elementare Methoden anwenden
- Haltung, Ethik
- Kennen/Verstehen der Konfliktdynamiken
- Verstehen eigener/fremder Bedürfnisse
- mögliche Folgen einschätzen.

Konfliktprävention und Konfliktschlichtung müssen, hierauf sei abschließend ausdrücklich hingewiesen, von Führungskräften unter verschiedenen und gegebenenfalls zusammenhängenden organisationalem und personalen Gesichtspunkten betrachtet und gestaltet werden: „Stets muss sich eine Führungskraft darüber im Klaren sein, dass sie und ihr eigenes Verhalten, systemisch gesehen, eine Vielzahl von Konflikten auslösen kann, wenn Aufgaben und Funktionen nicht klar sind, wenn Kommunikation intransparent ist, wenn eigenes Verhalten zögerlich oder ungerecht ist, wenn die Aufmerksamkeit und die Ressourcen nicht gerecht oder zumindest begründet verteilt sind, wenn die Auffassung über die eigene Rolle unklar oder unsicher ist oder wenn das eigene Verhalten launisch oder unberechenbar ist" (Braun und Löhe 2017, S. 284).

3.2 Vergütung

Die für eine soziale Organisation ausgeübte hauptberufliche Tätigkeit erfolgt in einem professionellen Arbeitsverhältnis, sie wird somit vergütet. Insoweit darf die Vergütung als Faktor der Mitarbeitendenbindung zumindest potenziell nicht außer Acht gelassen werden.

Im Folgenden sollen mit dem Arbeitslohn, der leistungsorientierten Vergütung sowie zusätzlichen Arbeitgeberleistungen drei Handlungsfelder der Personalbindung im sozialen Sektor skizziert werden. Dieser Abschnitt enthält zudem einen Exkurs zu „Bindungstypen" und Bindungsstrategien im Sozialsektor.

3.2.1 Arbeitslohn

Die Entlohnung einer beruflichen Tätigkeit und deren Höhe zählen zu den sogenannten „extrinsischen Attraktivitätsfaktoren" der Arbeitswelt. Eine Vielzahl an Studien hat in den vergangenen fünfzig Jahren zwar gezeigt, dass der Faktor „Vergütung" in einem lediglich begrenzten Rahmen für ein Mehr an Motivation und Bindung einer Fachkraft sorgen kann. Nichtsdestoweniger müssen wir an dieser Stelle festhalten, dass die monetäre Komponente einer beruflichen Tätigkeit auch im Bereich der Sozialwirtschaft nicht gänzlich zu vernachlässigen ist. Sie mag bei der großen Mehrzahl der Fachkräfte bei der Wahl des Arbeitsfeldes und des Arbeitgebers eine lediglich untergeordnete Rolle im Vergleich zur Sinnhaftigkeit der beruflichen Tätigkeit, zum betrieblichen Klima, zu Führungsqualitäten, zur Arbeitsplatzsicherheit etc. gespielt haben, die monetäre Komponente einer Berufstätigkeit bedeutet jedoch für die hauptamtlichen Mitarbeiterinnen und Mitarbeiter immer noch die Finanzierung und Gewährleistung einer auskömmlichen Lebenshaltung, bei mit der Dauer des Arbeitslebens möglicherweise auch steigenden Ansprüchen an die Finanzierung von Lebensqualität.

In verschiedenen Untersuchungen zur Attraktivität des Altenpflegeberufs und der Wettbewerbsfähigkeit von Arbeitgebern wurde das Gehalt als direkter finanzieller Anreiz als zwar eher niedrig, jedoch nicht gänzlich zu vernachlässigen bewertet. Von den befragten Nachwuchskräften wurde im Kanon der extrinsischen und intrinsischen Anreize durchaus häufiger auch eine „gute (angemessene) Bezahlung (gerade in strukturschwachen Regionen mit niedrigen Lebenshaltungskosten/Grundstückspreisen etc.)" genannt (Klie et al. 2013, S. 212). Die Anwerbung von ausländischen Pflegerinnen und Pflegern scheitert in Deutschland seit Jahren an dem Umstand, dass Länder wie Schweden, die Schweiz oder England bessere Arbeitsbedingungen bei höherer Bezahlung bieten können.

Somit mag der Vergütungshöhe im Sozialbereich zwar eine eher periphere Bedeutung zugeschrieben werden, als Aspekt im Wettbewerb um Fachkräfte und deren Bindung könnte sie der kleine, aber entscheidende Vorteil sein, wenn alle anderen Maßnahmen quasi „ausgereizt" sind. So werden in Stellenanzeigen oder auf der Website von Trägern der sozialen Arbeit sowie der Pflege- und der Gesundheitswirtschaft zur Beschreibung des Gehalts immer häufiger Adjektive wie „leistungsgerecht", „tariflich" (gelegentlich auch „überdurchschnittlich") genannt. Ein generelles Hindernis im Einsatz von Vergütung als Wettbewerbsinstrument muss für den sozialen Sektor indes die überwiegende Refinanzierung durch die öffentliche Hand betrachtet werden, welche Leistungserbringern in Feldern wie Kindertagesstätten, Jugendhilfeeinrichtungen oder Sozialberatung in einem lediglich begrenztem Maße Gestaltungsspielraum in den Entlohnungsstrukturen lässt. Marktbedingungen, die bei steigender Nachfrage und/oder einem sinkenden Angebot zu höheren Preisen für den Produktionsfaktor Arbeit führen, sind in weiten Teilen des sozialen Sektors trotz verschiedentlicher Bestrebungen, die Vergütung beispielsweise von Pflegekräften oder Erzieherinnen deutlich zu erhöhen, nicht in Sicht.

3.2.2 Leistungsorientierte Vergütung

Im öffentlichen Dienst und bei den Trägern, Einrichtungen und Diensten der Sozial- und Gesundheitswirtschaft sind mit der Ablösung von BAT durch TV-L und TVöD leistungsbezogene Vergütungsformen in das Tarifrecht aufgenommen worden. Dies eröffnete auch der Sozialwirtschaft die Möglichkeit, eine variable Entlohnung zu praktizieren, in welcher auf der Basis eines festen Grundentgelts Leistungszulagen, Prämien etc. gewährt werden können (bspw. Steiner und Landes 2017). In der Praxis werden Zielvereinbarungen und systematische Leistungsbeurteilungen als Instrumente der Bestimmung bzw. Bewertung von Arbeitsleistung zum Einsatz gebracht (bspw. Dilcher und Emminghaus 2010).

Die leistungsorientierte Vergütung ist umstritten:

- Als Argumente für eine variable Entlohnung und den Einsatz entsprechender Instrumente werden ins Feld gebracht, dass Mitarbeitende ihre Aufgabenstellungen präziser kennen lernen und ihnen bekannt ist, welche genauen Anforderungen an sie und ihre Position im betrieblichen Gefüge gestellt werden, dass die Verantwortlichkeit der Mitarbeiterinnen und Mitarbeiter gestärkt wird, sie zu eigenen Ideen angeregt werden können und ihr Motivations- und Handlungsspielraum gegebenenfalls erweitert wird. Zudem können mit einer

solchen Strategie Qualifizierungs- und weitere Entwicklungsanreize gesetzt bzw. entsprechende Initiativen von Seiten der Mitarbeiterinnen und Mitarbeiter belohnt werden.
- Als Nachteile einer über Zielvereinbarungen und Leistungsbeurteilungen realisierten leistungsbezogenen Vergütung werden der nicht geringe Aufwand, die zum Teil erheblichen methodischen Schwierigkeiten sowie die damit verbundene Gefahr von Ungerechtigkeiten und Unzufriedenheiten genannt, es wird zudem auf die Gefahr sogenannter „Crowding-Out-Effekte" im Sinne einer Verdrängung ehemals intrinsischer Motive zugunsten monetärer Präferenzen verwiesen.

In Gesamtwürdigung der Argumente sowie der bisherigen Erfahrungen kann die Empfehlung gegeben werden, eine leistungsorientierte Vergütung im sozialen Sektor lediglich mit größter Vorsicht und einer sorgfältigen Vorbereitung einzuführen. Jegliche Form der leistungsorientierten Vergütung benötigt eine breite Akzeptanz durch die Mitarbeitenden. Die genannten Hinweise auf zumindest potentielle Gefahren sind vom Management mit Blick auf dysfunktionale Folgen für die Unternehmenskultur sowie die Mitarbeitendenbindung sehr ernst zu nehmen.

3.2.3 Zusätzliche Arbeitgeberleistungen

Zumindest im Pflegesektor sind in zunehmendem Maße Anreize in Form direkt gehaltswirksamer Zuschläge sowie zusätzlicher Leistungen wahrzunehmen. Weihnachtsgeld, Geburtsbeihilfe, Jubiläumszuschlag sowie Prämien für einen Unternehmenseintritt oder die Akquise von neuen Mitarbeitenden oder Kunden sind häufig zu finden.

Ebenfalls angeboten werden von einigen Trägern folgende Incentives:

- Tank-Gutscheine
- Hotelrabatte
- Restaurant-Schecks
- Übernahme der Kosten für Rücken-, Raucherentwöhnungs- oder Anti-Stress-Kurse
- günstigere Konditionen bspw. bei Versicherungen oder Autohäusern
- Personalrabatte für Produkte oder Dienstleistungen des Arbeitgebers
- kostenlose Arbeitskleidung und deren Reinigung
- Fahrtkostenzuschüsse
- vergünstigtes Mitarbeitenden-Essen
- Zuschuss für den Besuch von Fitnessstudios

- Firmenhandy oder Firmenlaptop
- Jobtickets
- Nutzung von mit Unternehmenswerbung beschrifteten Klein-PKWs oder E-Bikes.

Auch wird die betriebliche Altersvorsorge von den Sozialunternehmen als Attraktivitätsfaktor gerne herausgehoben, in Einzelfällen wird zudem auf besondere Maßnahmen wie Team-Events hingewiesen (Christa 2016a).

Zu beachten ist in steuerlicher Hinsicht, dass solche Anreize so anzulegen sind, dass sie nicht zu einer abgabenbezogenen Mehrbelastung für die Mitarbeitenden führen. So darf bspw. der Wert einzelner Gutscheine einen bestimmten monatlichen Betrag nicht übersteigen, sonst wird diese Maßnahme zu einem zu versteuernden Einkommen für die Betroffenen. Auch bei Geschenken zum Geburtstag oder zum Jubiläum sind Steuer-Freigrenzen einzuhalten. Ebenfalls zu beachten sind die arbeitsrechtlichen Grenzen einer willkürlichen Vergabe von Incentives und Belohnungen an einzelne Mitarbeiterinnen und Mitarbeiter.

In jüngster Zeit haben einzelne Arbeitgeber neue Modelle kreiert, welche verschiedene monetäre und nicht monetäre Entlohnungskomponenten als Wahloption zur Verfügung stellen, um attraktivere Arbeits- und Vergütungsbedingungen zu schaffen. So können beispielsweise im ursprünglich für Managergehälter konzipierten „Cafeteria-System" Bestandteile der Geld- und sonstigen Komponenten von den Arbeitnehmern und Arbeitnehmerinnen in Abhängigkeit ihrer Bedürfnisse und Bedarfe der Familien- bzw. Lebensabschnittsphase präferiert werden: „Dieses Cafeteria-System erlaubt jedem Mitarbeiter, innerhalb eines vorgegebenen Budgets zwischen verschiedenen Entgeltbestandteilen, wie bei der Menüwahl in einer Cafeteria auszuwählen. Ziel des Cafeteria-Ansatzes ist es zum einen, ein auf die individuellen Bedürfnisse des Mitarbeiters zugeschnittenes Entgeltsystem bereitzustellen. Zum anderen soll es angesichts abnehmender Spielräume bei Entgelterhöhungen zu einer optimalen Aufteilung kommen. Ein Cafeteria-Plan ist allerdings für den einzelnen Mitarbeiter nur dann attraktiv, wenn entweder sein bisheriges Nettoeinkommen steigt oder sich der bisher wahrgenommene Nutzen erhöht" (Scholz 2014, S. 256).

Für die Grenzen und Gefahren zusätzlicher Arbeitgeberleistungen gilt das im Rahmen der (leistungsorientierten) Vergütung bereits Erwähnte. Zudem muss berücksichtigt werden, dass die Gesamthöhe der Entlohnung bei einem Träger der sozialen Arbeit von restriktiven Finanzierungsbedingungen limitiert wird. Ertragslagen, welche zusätzliche Arbeitgeberleistungen erlauben, sind in Bereichen der personenbezogenen sozialen Dienstleistungen wie beispielsweise der Kinder- und Jugendhilfe eher selten anzutreffen.

3.2.4 Exkurs: Bindungstypen

Dass die Motivation von Mitarbeitenden und Leitungskräften im Hinblick auf die Gründe für eine tiefe Verwurzelung im Sozialunternehmen (und damit verbunden eine hohe Resistenz gegenüber Angeboten anderer Arbeitgeber) sehr differenziert betrachtet werden muss, zeigt eine Studie von Polenske (2017), in welcher untersucht wurde, was Leitungen von diakonischen Einrichtungen der stationären Seniorenpflege an ihren Arbeitsplatz bindet.

Im Ergebnis wurden fünf „Bindungstypen" wie folgt herausgearbeitet:

- Der diakonische Typ: Bindungsfokus ist die diakonische Einrichtung und ihre christliche Unternehmenskultur. Dieser Typus ist stolz darauf, in seinem diakonischen Unternehmen tätig sein zu dürfen. Es besteht eine hohe Kongruenz von persönlicher Werteorientierung und der Kultur der Einrichtung.
- Der einrichtungsbezogene Chef-Typ: bindungsleitend ist hier die eigene Einrichtung, die von der jeweiligen Leitungsperson geprägt bzw. mitgeprägt wurde. Der Fokus liegt hier also auf einer erfolgreichen Organisation, wobei der Erfolg auf das Wirken des Leiters zurückzuführen ist. Wertgeschätzt wird auch ein vergleichsweise großer Handlungsspielraum im Führen und Leiten.
- Der vorgesetztenbezogene Typ: Grund einer starken Bindung an die Organisation ist hier die unmittelbar vorgesetzte Führungskraft der Person. Besonders relevant ist die Interaktion mit dem/der jeweiligen Vorgesetzten sowie sein/ihr Führungsverhalten. Als Kriterien werden partnerschaftliche Zusammenarbeit, Kongruenz von Werten sowie Fach-, Führungs- und Methodenkompetenz des/der Vorgesetzten angeführt.
- Der tätigkeitsbezogene Typ: hier dominiert die Aufgabenbindung mit Ansprüchen an fachliche Haltung bzw. Professionalität, wobei die wertebezogene Ausrichtung des Sozialunternehmens nur eine geringere Rolle spielt.
- Der Entwicklungstyp: im Mittelpunkt steht hier die herausfordernde interessante Aufgabe. Bindung entsteht durch die Möglichkeit von personellem Lernen und Entwickeln inklusive Karrierepotenzialen in einer Einrichtung bzw. einer Trägerschaft.

Die Ursachen für eine tiefe und feste Einbettung von Fach- und Führungskräften in eine soziale Organisation können damit vielfältiger Natur sein und von monetären bis hin zu diversen psychologischen bzw. emotionalen und aufgabenbezogenen Faktoren reichen. Der Grund bzw. der Anreiz, in einem Träger, einer Einrichtung oder einem Dienst zu verbleiben, kann mithin sowohl in der Belegschaft wie im Management von Person zu Person sehr unterschiedlich sein und auch darüber bestimmt werden, inwieweit der bzw. die Betreffende eine Passung zur Organisation verspürt.

Dieser Exkurs soll damit auch verdeutlichen, dass das Management der Mitarbeitendenbindung kaum eindimensional bzw. für alle Mitarbeiterinnen und Mitarbeiter inhaltlich gleich ausgerichtet erfolgen kann, sondern die jeweiligen motivationalen Dispositionen der Einzelnen zu berücksichtigen sind. Diese Ausführungen müssen auch im Zusammenhang mit den oben abgehandelten Führungsstilen gelesen werden, in welchen auf die „situativen Ansätze" verwiesen wurde, der jeweilige individuelle Bedarf der/des Mitarbeitenden also für die Herangehensweise der Führungskraft ausschlaggebend sein sollte.

3.3 Entwicklungsmöglichkeiten

Die Eröffnung von Entwicklungsmöglichkeiten darf mittlerweile zu einem der zentralen Instrumente der Personalbindung in sozialen Organisationen gezählt werden. In personenbezogenen sozialen Dienstleistungssektoren ist zum einen davon auszugehen, dass die große Mehrzahl der Beschäftigten aus intrinsischen Motiven den Beruf gewählt hat und somit ein eigenständiges Interesse an Qualifikation und Entwicklung aufweist. Zum anderen muss berücksichtigt werden, dass viele Fachkräfte auch die Chancen einer Karriereentwicklung respektive die Möglichkeiten eines beruflichen Fortkommens zu schätzen wissen.

3.3.1 Fort- und Weiterbildung

Die Qualifikation von Mitarbeitenden hat zum Ziel, die Qualität einer sozialwirtschaftlichen Organisation zu entwickeln, aufrecht zu erhalten oder zu erhöhen. Darüber hinaus ist Fort- und Weiterbildung jedoch auch ein wichtiger Bestandteil der Mitarbeitendenbindung durch gezielte Entwicklung. Personalqualifikation und Personalentwicklung (einschließlich deren Kraft zur Bindung an den Arbeitgeber) kann synonym gesetzt werden. Insbesondere die jüngeren Arbeitnehmerinnen und Arbeitnehmer schätzen die Möglichkeit zum „lebenslangen Lernen", fordern dies nachgerade von ihren Arbeitgebern ein. Neben anderen Bedürfnissen ist das Leistungsstreben im Sinne von Zielsetzungen, Zielerreichung und Befriedigung durch Erfolgserlebnis auch im Bereich der Sozialwirtschaft durchaus ein Faktor für die Motivation von Beschäftigten. Fort- und Weiterbildung in der sozialen Unternehmung darf also als berufserweiternde Bildung verstanden werden, um die Fachkräfte erfolgreich binden zu können.

Drei Formen der Fort- und Weiterbildung können unterschieden werden:

- Im Rahmen der sogenannten „Anpassungsfortbildung" erhalten die Mitarbeitenden die Möglichkeit, ihr bereits im Rahmen von Studium und Ausbildung angeeignetes Wissen bzw. ihre Kompetenzen zu aktualisieren. Dies kann auch dadurch begründet sein, dass sich in der sozialen Organisation ein Anpassungsbedarf ergeben hat oder abzusehen ist.
- Im Kontext der sogenannten „Aufstiegsfortbildung" erfolgt eine Weiterqualifikation mit dem Ziel, der Mitarbeiterin bzw. dem Mitarbeiter neue (und im Zweifel gehobenere) Aufgabenfelder zu erschließen.
- Die „Ergänzungsfortbildung" schließlich ermöglicht zusätzliches Wissen bzw. weitere Kompetenzen, die zwar nicht im direkten Bezug zu den aktuellen Anforderungen der Fachkraft stehen, jedoch für sie eine besondere Interessenslage tangieren.

Personalentwicklung durch Fort- und Weiterbildung kann sowohl die fachliche, als auch die soziale und die methodische Kompetenz der Mitarbeiterinnen und Mitarbeiter betreffen. Man spricht in diesem Zusammenhang von den Trias „Wissen, Können und Verhalten". Um weitere Qualifizierungen und Kompetenzentwicklungen für die Fachkräfte attraktiv zu halten, sollten Maßnahmen in allen drei Bereichen angeboten werden.

Zu unterscheiden sind überdies folgende strategische Varianten von Personalentwicklung durch Qualifikation (Scholz 2014, S. 279 ff.):

- „into the job": Hinführung zu neuen Tätigkeiten bzw. Aufgaben und Positionen, beispielsweise durch Hospitation und Einarbeitung;
- „along the job": Karriereplanung und Laufbahnplanung, beispielsweise durch gezielte Vorbereitung auf eine Fachberatungsstelle;
- „out of the job": einerseits zur Vorbereitung auf ein Ausscheiden aus dem Betrieb bzw. dem Unternehmen, andererseits auch zur Sicherstellung von Beschäftigungsfähigkeit, beispielsweise durch die Gewährung eines berufsbegleitenden Studiums der Sozialpädagogik, um eine vorgeschriebene Mindestqualifikation einzuhalten;
- „on the job": direkte Maßnahmen am Arbeitsplatz, beispielsweise durch Software-Schulung;
- „near the job": Durchführung von arbeitsplatznahem Training, beispielsweise durch EDV-Qualifikation im Rahmen einer externen Fortbildungsreihe;
- „off the job": Personalentwicklung außerhalb der Arbeitszeit, beispielsweise eine mehrjährige Qualifikation in einer Coaching-Seminarreihe eines Hochschulinstituts.

3.3.2 Karriereoptionen

Die Nachfrage nach Fachkräften ist im Sozialsektor in den vergangenen Jahren stark gestiegen. Ein besonderer Anreiz für die Gewinnung und Bindung von Fachkräften mit großem Potenzial besteht darin, die Möglichkeit eines Aufstiegs in einer sozialen Organisation anzubieten. Die Karriereplanung enthält eine strategische Komponente, da sie bewusst lang- oder zumindest längerfristig die Entwicklung eines Mitarbeiters oder einer Mitarbeiterin innerhalb der Hierarchie einer Organisation betrifft. Eine Perspektive der betroffenen Fachkraft kann dadurch entstehen, dass die Planung verschiedene Stufen der Karriereleiter innerhalb mehr oder weniger fixierter Zeiträume beinhaltet.

In größeren Trägern des Sozialwesens kann dabei durchaus eine „Führungslaufbahn" entstehen. So können Fachkräfte bspw. folgende Stufen der Entwicklung im Sinne einer trägerinternen Karriere langfristig anstreben:

- Fachkraft,
- Teamleitung,
- stellvertretende Einrichtungsleitung,
- Einrichtungsleitung,
- Fachberatung,
- Fachkoordination,
- Leitung Qualitätsmanagement,
- stellvertretende Bereichsleitung,
- Bereichsleitung,
- Abteilungsleitung,
- pädagogische Geschäftsführung,
- Gesamtgeschäftsführung/Direktion.

Im sozialen Sektor werden Karrieren nicht selten über die Berufung einer bzw. eines Mitarbeitenden in einen Stellvertreterposten mit der realistischen Option einer späteren Übernahme der jeweiligen Leitungsposition eingeleitet. Dieses Feld wird auch „Nachfolgeplanung" genannt.

Bei der Karriereplanung steht die Entwicklung einer konkreten Person im Mittelpunkt der Überlegungen. Im öffentlichen Dienst wird häufiger eine Karriereplanung als „Fachlaufbahn" vorgehalten, in welcher nicht eine konkrete Person, sondern eine Stelle bzw. eine Stellenabfolge vorgesehen ist.

3.4 Organisation

Ein wesentliches Kennzeichen des modernen Wirtschafts- und Berufslebens ist die Arbeit in einer Organisation. Dies betrifft auch den Bereich der Wohlfahrtspflege, lediglich ein niedriger einstelliger Prozentsatz der in der Sozialwirtschaft Tätigen sind unabhängig bei einem Träger, in einer Einrichtung oder einem Dienst beschäftigt. In diesem Abschnitt sollen die Potenziale für Mitarbeitendenbindung mit Bezug auf die Ausgestaltung der Aufbau- und Ablauforganisation, des Betriebsklimas, der Aufgabengestaltung sowie der Arbeitsbedingungen skizziert werden.

3.4.1 Aufbauorganisation

Träger, Einrichtungen und Dienste des Sozialwesens sind wie erwerbswirtschaftliche Organisationen arbeitsteilige Gebilde, die einerseits einer Strukturierung und Koordinierung bedürfen, deren Strukturierung und Koordinierung sich andererseits aber auch auf die Zufriedenheit der Mitarbeitenden auswirken. Eine Basis hierfür ist die Aufbauorganisation, welche formale und dauerhafte Vorgaben für den hierarchischen Aufbau liefern, jedoch auch Konsequenzen für Arbeitsvollzüge aufweist.

Eine für den Aufbau einer Organisation zentrale Grundlage ist das Verständnis bzw. die Philosophie, welche für das Gebilde vorherrschend ist. In der klassischen Lehre unterscheidet man zwei Idealtypen (Piller et al. 2008, S. 318):

- In der klassischen „mechanistischen" Organisation ist der Aufbau streng hierarchisch, die Arbeitsteilung ist sehr detailliert vorgegeben, strukturiert und beschrieben. Es erfolgt eine starre und strikte Planung, Hierarchie dominiert, Partizipation ist unterentwickelt bis unerwünscht.
- Das moderne „organische" Organisationsmodell wird geprägt von einer flachen Hierarchie und der Tendenz zur Teamarbeit, einer intensiven Partizipation, einer großen Eigenverantwortlichkeit bei der Aufgabenbewältigung und einem höheren Maß an Kooperation der Beschäftigten.

Neben anderen Kriterien für die Wahl einer Organisationsform bzw. deren Veränderung (wie z. B. die Effizienz der Produktion und die strategische Anpassung an sich wandelnde Umweltanforderungen) wird in der BWL die Motivation der Organisationsmitglieder als ein weiterer wichtiger Faktor angesehen: „Die große Bedeutung der Erwartungen von Organisationsmitgliedern für die Organisationsaufgabe blieb lange Zeit unerkannt. Man war vollständig an der Grundidee des Organisierens orientiert, organisatorische Strukturen zu schaffen, die menschliches Verhalten kanalisieren unerwünschte Handlungsalternativen ausschließen können. Was nicht bedacht wurde, sind die Wirkungen organisatorischer Strukturformen auf die Motivation und vor allem die negativen Konsequenzen, die aus demotivierenden Organisationsformen resultieren" (a. a. O., S. 321).

Um negative Effekte einer dysfunktionalen Organisationsstruktur auf die Bindung der Mitarbeitenden zu vermeiden, sind folgende Prämissen zu beachten:

- Im Hinblick auf hierarchische Elemente ist zu beachten, dass die Struktur sowie die Abstufung von leitenden und ausführenden Stellen bei aller Bedeutung von Eindeutigkeiten der Über- und Unterordnung auch hinreichend Möglichkeiten der Beteiligung von Mitarbeiterinnen und Mitarbeitern eröffnet. Gleichzeitig ist allerdings zu berücksichtigen ist, dass diffuse sowie zu lange Entscheidungswege in einer Organisation Unzufriedenheit bei den Fachkräften hervorrufen können.
- Bei der Stellenbildung ist eine Kongruenz von Aufgabe, Kompetenz und Verantwortung einzuhalten. Für die erfolgreiche Durchführung einer Aufgabe bzw. die in der Stellenbeschreibung dargelegte Zielerreichung ist es notwendig, dass die Stelleninhaberin bzw. der Stelleninhaber in einem Rahmen tätig sein kann, welcher die Aufgabenerfüllung bzw. Zielerreichung auch erlaubt. Umgekehrt müssen Erfolge der Stelle bzw. ihrer Inhaberin/ihrem Inhaber auch zugeschrieben werden können – ein Umstand, der nicht nur in Einrichtungen und Trägern mit leistungsorientierter Vergütung von Bedeutung ist. Stellenzuschnitte wie Stellenstrukturen sollten in regelmäßigen Abständen von den Verantwortlichen und mit Einbindung der Mitarbeitenden daraufhin überprüft werden, ob sie tatsächlich dem Ziel bzw. der optimalen Zielerreichung der Organisation (noch) entsprechen bzw. ob Modifikationen angezeigt sind.

Um zu verdeutlichen, welche Möglichkeiten zur transparenten Beteiligung von Mitarbeitenden auch im Rahmen eines an sich hierarchischen Systems einer sozialen Organisation zur Verfügung stehen, soll das „Linking-Pin-Prinzip" der vernetzten Organisationsgestaltung vorgestellt werden, welches auch in Einrichtungen und Diensten der Sozialwirtschaft praktiziert werden kann bzw. angewendet wird (bspw. Drumm 2002, S. 191 ff.).

In Abbildung 3.1 ist auf der linken Seite das klassische Ein-Linien-System abgebildet und im Kontrast zum Linking-Pin-Prinzip dargestellt. Das Ein-Linien-System sieht einen einheitlichen und vor allem strikten Entscheidungsweg vor. Die Organisation weist eine klare Linie von Weisungsbefugnis (und Verantwortung) auf. Die Struktur der Über- und Unterstellung ist eindeutig im Sinne eines Instanzenzugs. Mitwirkung an Entscheidungen ist in diesem Modell (zumindest formal) nicht vorgesehen.

Abbildung 3.1 Ein Linien-System vs. Linking-Pin-Prinzip (eigene Darstellung)

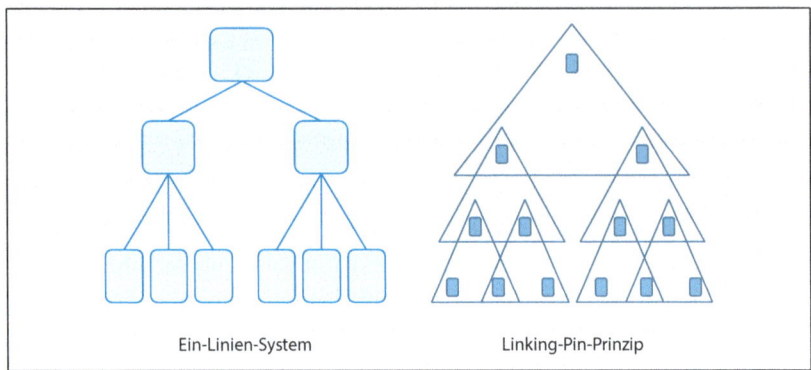

Wie in der Abbildung 3.1 zu erkennen ist, verknüpft das „Linking-Pin-Prinzip" die jeweiligen hierarchischen Ebenen einer Sozialorganisation über Verbindungspunkte, die eine Partizipation an übergeordneten Entscheidungen ermöglichen. Eine strukturelle Kopplung diverser Ebenen vom Team bis zur Abteilungsleitung und Geschäftsführung ist damit prinzipiell möglich. Es entsteht damit eine Vernetzung innerhalb der Organisation, die eine strukturierte Mitwirkung an Entscheidungen sowie eine Einbettung in Informationsprozesse über hierarchische Ebenen hinaus ermöglicht.

3.4.2 Ablauforganisation

Unter Ablauforganisation verstehen wir die Organisation der Prozesse in einem Betrieb oder einer Unternehmung. Ihre Bedeutung für die Qualität und die Außenwirkung bzw. das Image einer sozialen Organisation ist unbestritten. Sie dient der Fehlerverhütung und gewährleistet Service- bzw. Ergebnisqualität gegenüber den Kunden. An dieser Stelle soll jedoch auch auf die Relevanz einer guten Ablauforganisation für die Zufriedenheit der Mitarbeiterinnen und Mitarbeiter hingewiesen werden. Prozessvorgaben erleichtern und beschleunigen darüber hinaus die Einarbeitung neuer Fachkräfte.

Die Sicherstellung einer guten Ablauforganisation beinhaltet verschiedene Maßnahmen wie folgt:

- Definition von Kernprozessen (synonym als „Geschäfts-", „Primär-" oder „Schlüsselprozesse")

- Prozessanalyse
- Prozessoptimierung
- Prozesssicherung.

Nachdem Kernprozesse als „Bündel funktionsübergreifender Tätigkeiten, das darauf ausgerichtet ist, einen Kundenwert zu schaffen" (Thommen und Achtleitner 2012, S. 926), herausgearbeitet und in ihrem Ablauf dargelegt wurden, sollte unter größtmöglicher Beteiligung der Mitarbeitenden eine Analyse ihrer Funktionalität erfolgen. Dies schließt auch ein, wie zufrieden die Mitarbeiterinnen und Mitarbeiter mit diesen Abläufen bislang sind, welche Verbesserungsmöglichkeiten und -notwendigkeiten sie sehen etc. Im Zuge der Prozessoptimierung werden die an die Bedarfe von Kunden und Mitarbeitenden angepassten Abläufe dann erprobt und – so sie sich bewährt haben – dadurch gesichert, dass sie verbindlich in der sozialen Organisation implementiert werden.

Prozessorientierung schafft nicht nur Transparenz nach innen, sondern überwindet auch das funktionale Abteilungsdenken, denn Prozesse sind das entscheidende Bindeglied zwischen angemessener Struktur und angestrebten Ergebnissen. Ein gutes Prozessmanagement schafft auch im Binnenverhältnis Sicherheit, sind doch gerade Kernprozesse längere Abläufe mit einer zum Teil großen Zahl an Schnittstellen zwischen einzelnen Mitarbeitenden, Abteilungen usw. Als besonders neuralgisch gelten jene Vorgänge, welche im Sinne von Abfolgen einzelner Prozessschritte „interne Zulieferungen" benötigen. Es ist dabei von einem „internen Kunden-Lieferanten-Prinzip" auszugehen.

Prozessoptimierung und Prozesssicherung müssen zum Ziel haben, dass Reibungen und Reibungsverluste in der Zusammenarbeit von Mitarbeitenden bzw. Arbeitsstellen minimiert und damit Stress und Unzufriedenheiten reduziert werden. Zu den typischen Maßnahmen gehören:

- die Auflösung kritischer Muster wie die Verkürzung zu langer Prozesslaufzeiten,
- die Eliminierung von Kontrollschleifen in der Hierarchie, die zu Scheinkontrollen geworden sind,
- die Streichung von Prozessschritten ohne Wertschöpfung,
- die Schaffung partnerschaftlicher „interner Kundenbeziehungen",
- aber auch die Zusammenlegung von Aufgaben, wenn zu viele Schnittstellen zu Staus führen und/oder ein Prozess zu vielen Rückkoppelungen führt oder zirkuläre Prozesse entstanden sind (bspw. Weiss 2003).

Eine genauere Betrachtung von Leistungsbeziehungen (und damit auch Abhängigkeitsverhältnissen) bei wichtigen Abläufen innerhalb der sozialen Organisation wird empfohlen, weil unerwünschte Effekte innerhalb von Kernprozessen häufiger aufgrund von problematischen sekundären und tertiären Zulieferungen auftreten können. Dabei sind die Mitarbeiterinnen und Mitarbeiter intensiv einzubeziehen. Die aus dem japanischen Qualitätsmanagement übernommene Strategie des „Kaizen" versteht sich als Verfahren der „ständigen Qualitätsverbesserung" bzw. des „kontinuierlichen Verbesserungsprozess" auf allen Ebenen und bei allen Mitarbeiterinnen sowie Mitarbeitern und Dimensionen der Arbeit. Kaizen benötigt allerdings neben einem funktionierenden Vorschlagswesen vor allem eine motivierende Belohnungs- bzw. Anerkennungsstruktur, entsprechend motivierte Führungskräfte sowie die sichtbare Implementation und die Umsetzung von Vorschlägen (bspw. Brunner 2014).

3.4.3 Betriebsklima

Unter Betriebsklima „wird gewöhnlich die Stimmung oder die Atmosphäre verstanden, die für einen ganzen Betrieb oder seine Teileinheiten typisch ist und von den Mitarbeitern bewertet wird" (Nerdinger 2014a, S. 144). Erste Impulse zur Berücksichtigung der sozialen bzw. atmosphärischen Komponente von Produktivität und Zufriedenheit im Betrieb wurden bereits in den 1930er Jahren durch die mittlerweile klassischen „Hawthorne-Studien" gegeben, im Nachgang entstand die in der Managementlehre mittlerweile fest verankerte „Human-Relations-Bewegung", welche die sozialen und Gruppenbeziehungen in den Mittelpunkt ihrer Überlegungen stellt. In Abgrenzung zum weiterreichenden Organisationsklima fokussiert das Betriebsklima im Wesentlichen auf die „soziale Qualität" einer Organisation.

Die Relevanz des betrieblichen Klimas auf Motivation bzw. Demotivation ist hoch. Im Rahmen einer repräsentativen Studie in Deutschland, Österreich und der Schweiz wurden das Verhältnis zum direkten Vorgesetzten sowie das Verhältnis zu Teamkollegen von jeweils rund 20 Prozent der Befragten als potentielle Motivationsbarriere genannt. Das „Verhältnis" zu anderen Personen steht damit im Ranking der Problemfaktoren nach den Arbeitsinhalten und der Arbeitsweise bereits an dritter Stelle der Rangfolge (Franken 2010, S. 116). In einer Studie zu Bedürfnissen von Berufstätigen in den alten und neuen Bundesländern gaben 51 Prozent im Westen sowie 47 Prozent im Osten die Kollegen als besonders wichtig an (a. a. O., S. 107). Eine Befragung von Pflegenden in Krankenhäusern von Huggenberger (2014, S. 83 ff.) ergab gar, dass bei den Präferenzen zu den Aspekten des Arbeitsumfeldes das Betriebsklima für die Befragten am wichtigsten gewesen ist.

Wir möchten das Betriebsklima im Folgenden insbesondere im Zusammenhang mit der Mitarbeitendenbindung thematisieren. Im Zentrum stehen dabei

Elemente des sozialen Klimas respektive des Umgangs von Mitarbeitenden und Führungskräften unter- wie miteinander, jedoch immer verbunden mit der jeweils subjektiven Wahrnehmung der Betroffenen und nicht gänzlich losgelöst von anderen organisationalen Bedingungen. Eng verbunden mit dem Betriebsklima wird in der Literatur häufiger auch das Konzept der „Organisationskultur" thematisiert, wobei vor allem die im Binnenverhältnis gelebten Werte von Bedeutung sind. An sich sollten gerade soziale Organisationen gegenüber ihren Mitarbeitenden eine hohe Bindungskraft ausstrahlen können, sind sie doch in einem zumindest potenziell hohen Maß in der Lage, eine Konvergenz zwischen den persönlichen Sinn- und Motivstrukturen der Fachkräfte und der Zweckstruktur des Betriebs zu gewährleisten.

Eine Reihe von Einflussfaktoren prägen das betriebliche Klima (Haberkorn 2002, S. 249 f.):

- Führungsstil und Führungsverhalten,
- Arbeitsplatzgestaltung und Arbeitsplatzumgebung,
- Informationswesen,
- Arbeitszeit,
- Zusammensetzung von Teams,
- Sozialleistungen,
- Kommunikationsstrukturen,
- Personalpolitik,
- organisationale Kompetenzen.

Negative Auswirkungen auf das betriebliche Klima haben folglich eine Reihe von Ursachen. Üblicherweise wird in der Literatur das Führungsverhalten häufig thematisiert, wobei im Zusammenhang mit dem Interaktionsverhalten von Vorgesetzten insbesondere autoritäre Führungsstile im Zentrum der Kritik stehen. Es ist jedoch zu beachten, dass auch andere Faktoren wie Kompetenzüberschneidungen, nicht nachvollziehbare Personalpolitik oder Ungerechtigkeiten bei der Dienstplangestaltung zu Konflikten, Frustrationen etc. und damit zu einem angespannten Betriebsklima führen können.

Es ist an dieser Stelle auch darauf hinzuweisen, dass zu starre Organisationskulturen einem guten betrieblichen Klima nicht unbedingt förderlich sein müssen. So betonen beispielsweise Schreyögg und Geiger (2015, S. 387 ff.), dass negative Effekte dahingehend entstehen können, dass eine Tendenz zur Abschließung gegenüber neuen bzw. alternativen Sichtweisen auf die Organisation und ihre Umwelt vorliegt, neue Orientierungen mithin abgewertet werden und Wandelbarrieren entstehen können. Darüber hinaus könne ein zwanghaftes „Kulturdenken" entstehen: „Starke Kulturen neigen dazu, Konformität in gewissem Umfang zu ‚erzwingen". Konträre Meinungen, Bedenken usw. werden zurückgestellt zu Gunsten der kulturellen Werte. Die Motivation, den kulturellen Rahmen zu erhalten, übertrifft tendenziell die Bereitschaft, Widerspruch zu artikulieren. Kritik wird auf subtile Weise für illegitim erklärt" (a. a. O., S. 388). Eine solche Problematik kann durchaus zu einem Hauptgrund für ein problematisches Betriebsklima in einer wertegebundenen sozialen Organisation werden.

Wie die Mitarbeiterinnen und Mitarbeiter das betriebliche Klima wahrnehmen, wird gewöhnlich durch eine Mitarbeitendenbefragung erhoben. Üblicherweise werden unter anderem folgende Kontexte in eine solche Untersuchung einbezogen (Staehle 1999, S. 489, eigene Ergänzungen des Autors):

- Wie vertrauensvoll ist die Zusammenarbeit in der Organisation?
- Wie frei empfinden die Mitarbeitenden, mit Vorgesetzten über Probleme am Arbeitsplatz zu diskutieren?
- Wie involviert fühlen sich die Mitarbeitenden im Hinblick auf gemeinsame Entscheidungen, einbringen von Ideen etc.?
- Welche Anreize werden von den Mitarbeitenden in der Organisation wahrgenommen: Angst, Drohung, Bestrafung, Entlohnung, Engagement?
- Empfinden die Mitarbeiterinnen und Mitarbeiter Verantwortung für das Erreichen der Organisationsziele?
- Wie wird die Kooperation in Gruppen wahrgenommen?
- Wie wird die Kommunikation von übergeordneten Stellen wahrgenommen?
- Wie konfliktintensiv wird das Verhältnis zu Führungskräften empfunden?
- Wie konfliktintensiv wird das Verhältnis zu gleichrangigen Mitarbeiterinnen und Mitarbeitern empfunden?
- Wie werden Machtverhältnisse in der Organisation wahrgenommen, empfunden und bewertet?

Ergänzend zu diesen Erhebungskomplexen können weitere Facetten des betrieblichen Klimas erhoben werden, zu nennen sind beispielsweise Wahrnehmungen im Hinblick auf Sicherheit, Planungsverhalten in der Organisation oder auch Fragen des beruflichen Aufstiegs.

3.4.4 Aufgabengestaltung

In einer bereits oben erwähnten repräsentativen Drei-Länder Studie im deutschsprachigen Raum wurden die Arbeitsinhalte als wichtigste potentielle Motivationsbarriere ermittelt, fast 43 Prozent der Befragten nannten diesen Faktor (Franken 2010, S. 116). In einer weiteren Studie in Deutschland wurden das selbstständige

Arbeiten von 49 Prozent sowie der abwechslungsreiche Arbeitsplatz von 41 Prozent der Mitarbeiterinnen und Mitarbeiter als für das Berufsleben wichtige Bedürfnisse (alte Bundesländer) angegeben (a. a. O., S. 107).

In einem für die Arbeitswissenschaft nach wie vor maßgeblichen Modell von Hackman und Oldham (1976) werden fünf Dimensionen der Gestaltung von Arbeitsaufgaben verwendet, die einen bedeutsamen Einfluss auf die Arbeitszufriedenheit haben:

1) Anforderungsvielfalt: Dies betrifft die Redundanz bzw. die Varianz von inhaltlichen Tätigkeiten, also die Frage, inwieweit Arbeitsvollzüge abwechslungsreich oder täglich monoton zu verrichten sind.
2) Ganzheitlichkeit von Aufgaben: Hier ist angesprochen, inwieweit Aufgaben im Hinblick auf das „Produkt" zerstückelt oder im Hinblick auf die verschiedenen Bestandteile ganzheitlich ausgestaltet sind. In manchen Tätigkeitsfeldern haben die Fachkräfte nur wenig oder gar keinen Bezug mehr zum Ergebnis, sodass sie sich als „Rädchen im Getriebe" fühlen.
3) Bedeutsamkeit: Hier steht die Sinnhaftigkeit von Aufgaben und Tätigkeiten im Vordergrund. Es stellt sich somit die Frage, welchen Wert Tätigkeiten in der Wahrnehmung von Mitarbeitenden aufweisen.
4) Autonomie: Angesprochen sind hier die Freiräume bei der Erfüllung von Aufgaben, mithin die Möglichkeiten für die Mitarbeiterinnen und Mitarbeiter, selbstbestimmt Lösungswege für die Zielerreichung ihrer Tätigkeiten zu finden bzw. wahrzunehmen.
5) Rückkopplung: In dieser Dimension stellt sich die Frage, welche Feedbacks die Mitarbeitenden im Hinblick auf die Qualität ihrer Tätigkeit eigenständig oder auf anderen Wegen erhalten können.

Hier ist jedoch anzufügen, dass nicht jede Form der Aufgabengestaltung auf jeden Mitarbeitenden-Typus anwendbar ist. Wie empirische Studien gezeigt haben, sind die genannten Dimensionen mit dem jeweiligen Bedarf einer Fachkraft bzw. ihrer individuellen Disposition abzugleichen (Kanning 2017, S. 195 ff.). Mit anderen Worten, es wünscht sich nicht jeder Mensch in seinem Arbeitsgebiet eine maximale Selbst- und Fremdverantwortung, eine große Aufgabenvielfalt oder einen sehr großen Freiraum bei der Ausgestaltung der Aufgabe. Vielmehr ist für die Zufriedenheit mit der jeweiligen Tätigkeit in einem besonderen Maße eine Passung von Bedürfnis nach Selbstentfaltung und Arbeitsbedingungen entscheidend (Abb. 3.2).

Folglich kann eine Mitarbeiterin durchaus auch den Arbeitgeber wechseln, weil ihr in der bisherigen Aufgabengestaltung zu viel an Freiraum und Verantwortung übertragen worden ist. Umgekehrt ist zu berücksichtigen, dass gerade jün-

Abbildung 3.2 Passung von Bedürfnis und Arbeitsbedingungen (eigene Darstellung)

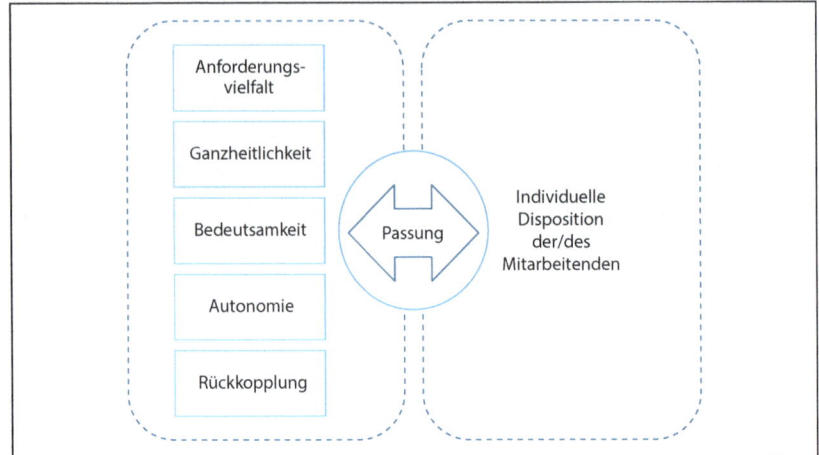

gere Arbeitnehmende auch im sozialen Sektor eine relativ große Bereitschaft aufweisen, frühzeitig in leitende bzw. verantwortungsreiche Positionen zu gelangen (Stichwort „Generation Y", Christa 2016a).

In der Konsequenz bedeutet dies für Träger, Einrichtungen und Dienste der Sozialwirtschaft,

- die Arbeitszufriedenheit ihrer Mitarbeitenden regelmäßig zu untersuchen sowie
- dabei auch die Bedeutung der genannten Dimensionen für ihre Mitarbeiterinnen und Mitarbeiter zu analysieren.

Lediglich über eine solche duale Vorgehensweise kann sichergestellt werden, dass die Passung von Arbeitsbedingungen und Erwartungen im jeweiligen sozialen Betrieb stimmig ist. Bei größeren Diskrepanzen müssten – soweit möglich – Anpassungen der Aufgabengestaltung vorgenommen werden.

3.4.5 Arbeitsbedingungen

Nicht nur Pflegekräfte, Erzieherinnen und Erzieher sowie Mitarbeitende in Jugendclubs/Jugendtreffs sind von physischen und psychischen Belastungen betroffen. Im Hinblick auf die Arbeitsbedingungen, welche durchaus einen Einfluss auf einen Verbleib in oder ein Ausscheiden aus der Organisation haben können, ist zunächst zu vermerken, dass die Gesamtbelastung sich aus der Intensität und der Dauer der Belastungsfaktoren und -größen ergibt. Diese wird im Sinne von Beanspruchung zweifellos subjektiv und von Person zu Person unterschiedlich wahrgenommen, kann jedoch als Belastung objektiv bestimmt werden.

Somit müssen wir unterscheiden zwischen der objektiven messbaren Größe von Lärm-, Staub- und sonstiger Belastung im Kontext von physischer Arbeit einerseits sowie der von Mitarbeiterinnen und Mitarbeitern empfundenen Beanspruchung andererseits. Belastungsgrößen können unter anderem über ein von der REFA entwickeltes Schema bestimmt werden. Verschiedene DIN-Normen geben zudem Vorgaben für Ergonomie und die bestmögliche Einrichtung von Arbeitsplätzen an die Hand, so zum Beispiel für Einstellungen von Bürostühlen gemäß DIN 4549, 4551 oder 4556 (bspw. Scholz 2014, S. 224 ff.).

Wir möchten uns im vorliegenden Kontext der Mitarbeitendenbindung bzw. des Personalmarketings auf die subjektiven Komponenten konzentrieren. Einige von der Arbeitspsychologie und -medizin als besonders relevanten Elemente subjektiv belasteter Arbeitsumgebungen sollen im Folgenden aufgezählt werden:

- Lärm,
- Temperatur,
- Beleuchtung,
- Wartezeiten,
- Schichtarbeit,
- arbeitsspezifische Verrichtungen,
- Störungen,
- strikt vorgegebenes Arbeitstempo,
- Zersplitterung der Aufgabenvollzüge,
- Belästigungen, Bedrohungen, Angriffe,
- Luftverschmutzung,
- unzureichende technische Ausstattung,
- arbeitsspezifische Haltungen,
- Zeitdruck,
- Unangemessen hohe Fehlerintoleranz,
- strikte Redundanz der Arbeitsvollzüge,
- Überkomplexität der Aufgabenstellung,
- Notwendigkeit zur Kommunikation in emotional belasteten Situationen,
- Pflicht zu Entscheidungen mit sehr hoher Tragweite.

Ein weit verbreiteter Fragebogen zur persönlichen Situation im Beruf und im Betrieb wurde von Rimann und Udris (1997) am Institut für Arbeitspsychologie der

Eidgenössischen Technischen Hochschule Zürich entwickelt. Objektivität, Reliabilität und Validität der Skalen sind bestätigt. Dieses Instrument ist branchenübergreifend und für alle Tätigkeitsbereiche einsetzbar und enthält neben Items zur persönlich wahrgenommenen Belastung in der beruflichen Tätigkeit solche zu Schutzfaktoren der Arbeit („salutogenetische Ressourcen"). Damit kann auch ermittelt werden, welche Stärken im organisationalen Kontext vorliegen und welche Unterstützung die Beschäftigten im Rahmen ihrer Arbeitstätigkeit von Vorgesetzten, Kolleginnen und Kollegen sowie in ihrem privaten Umfeld erhalten (Richter und Schütte 2014; salsabefragung.com).

Weitere Instrumente zur Fragebogen-Erfassung der psychischen Belastungen bzw. der Gefährdungsbeurteilung liegen unter anderem vor mit dem IAG-Standard für Berufsgenossenschaften und Unfallkassen sowie deren Mitgliedsbetriebe, dem Fragebogen BGW miab und BGW ISAK für Gesundheitsbetriebe (ambulante und stationäre Altenpflege sowie Ärzte, ab 50 Mitarbeitende) sowie dem COPSOQ – Copenhagen Psychosocial Questionnaire (kuvb.de).

3.5 Personalbildung und Personalförderung

Ein weiteres wichtiges Feld der erfolgreichen Mitarbeitendenbindung in sozialen Organisationen betrifft die Bildung und die Förderung der Fachkräfte. In diesem Abschnitt sollen besonders die Potenziale der Einarbeitung und der Integration, der Patenschaften und des Mentoring, der Human-Resources-Maßnahmen sowie des Diversity Managements und der Betrieblichen Gesundheitsförderung behandelt werden.

3.5.1 Einarbeitung und Integration

Die Einarbeitung neuer Mitarbeiterinnen und Mitarbeiter enthält neben der organisatorischen auch eine weitere Funktion als Maßnahme des Einstiegs in die „organisationale Sozialisation" von Fachkräften. Die Einarbeitung entscheidet folglich mit, welche Bindung die neuen Mitarbeitenden bereits in den ersten Tagen und Wochen ihrer Tätigkeit in einem Träger, einer Einrichtung oder einem Dienst entwickeln können.

Viele Träger der Sozialwirtschaft haben mittlerweile feste Regeln und Strukturen für die Einführung und Einarbeitung neuer Fachkräfte entwickelt. Zentrale Eckpunkte eines Procedere zum Einstieg, zum Kennenlernen sowie zur Vorbereitung der eigentlichen organisationalen und inhaltlichen Einarbeitung können folgendermaßen aussehen:

- In größeren Organisationen finden für neue Fachkräfte einführende Veranstaltungen mit Informationen über Strukturen, Produkte und Dienstleistungen des Betriebs bzw. der Unternehmung statt.
- Bei Bedarf werden Schulungen zur formalen Einarbeitung durchgeführt.
- Im Rahmen der Aufnahme einer Tätigkeit erfolgt eine Begrüßung durch die unmittelbar Vorgesetzten.
- Die unmittelbar Vorgesetzten stellen sicher, dass die Neuen mit den Mitarbeiterinnen und Mitarbeitern der Organisation bekannt gemacht werden.
- Neue Mitarbeiterinnen bzw. Mitarbeiter erhalten die Gelegenheit, die für ihren Tätigkeitsbereich wichtigen komplementären Abteilungen kennen zu lernen.

Die Arbeits- und Organisationspsychologie unterscheidet drei Bindungsformen, die über die Einarbeitung bereits entfaltet werden können (Nerdinger 2014a, S. 79 f.):

- Kalkulatorische Bindung: Die Kosten für ein Verlassen der Organisation werden von der Arbeitnehmerin bzw. dem Arbeitnehmer höher eingeschätzt als beim Verbleib.
- Affektive Bindung: Die Person fühlt sich emotional mit der Organisation verbunden.
- Normative Bindung: Die Arbeitnehmerin bzw. der Arbeitnehmer findet ein Gefühl der Verpflichtung, der Organisation erhalten zu bleiben.

Von besonderem Wert wird im Allgemeinen die affektive Bindung angesehen, da ein gewisses Maß an Identifikation mit der Organisation besteht, womit gemäß empirischer Studien auch eine höhere Leistungsbereitschaft und ein stärkeres innovatives Verhalten der solchermaßen emotional gebundenen Fachkräfte korreliert. Ein besonderes Merkmal von affektiver Bindung einzelner Mitarbeiterinnen und Mitarbeiter besteht in der Kongruenz von Disposition der betroffenen Personen und den gelebten/geliebten Werten und Normen der jeweiligen Organisation.

Nerdinger (a. a. O., S. 76 ff.) hebt folgende Faktoren heraus, die bei der gelungenen organisationalen Sozialisation von besonderem Gewicht sind und auch in sozialen Organisationen entscheidend für die weitere Bindung an den Träger, die Einrichtung oder den Dienst sein können:

- Berufliche Fähigkeiten: Die Neuen müssen innerhalb eines angemessenen Zeitraums den Anforderungen subjektiv und objektiv genügen können, die an die jeweilige Aufgabe gestellt werden.

- Personen: Neue Mitarbeiterinnen und Mitarbeiter müssen innerhalb eines angemessenen Zeitraums gute Beziehungen zu den anderen Mitgliedern der Organisation entwickeln können und von der bisherigen Belegschaft akzeptiert werden.
- Politik: Die neuen Fachkräfte müssen rasch über die formellen und informellen Strukturen, Arbeitsbeziehungen etc. aufgeklärt werden.
- Sprache: Neben der fachlichen Komponente ist auch im sozialen Sektor der „informelle Jargon" einer Organisation zu berücksichtigen, dieser ist zu vermitteln, um zu gewährleisten, dass die betreffende Person rasch Teil der jeweiligen Organisationskultur werden kann.
- Ziele und Werte: Um in einem möglichst kurzen Zeitraum ein kompetentes Mitglied der organisationalen Kultur zu werden, ist die Kenntnis sowie die Übernahme von spezifischen Zielen und grundlegenden Werten sehr bedeutsam.
- Geschichte: Gegebene formelle und informelle Strukturen einer Organisation sind gerade im sozialen Sektor „historisch gewachsen". Im Zuge der organisationalen Sozialisation sind diese Hintergründe zu vermitteln, ohne deren Kenntnis spezifische und tragende Traditionen, Mythen, Rituale etc. für neue Mitarbeitende häufig nicht nachzuvollziehen bzw. in ihrem Wert einzuschätzen sind.

Von der Arbeitspsychologie wird häufiger darauf hingewiesen, dass eine erfolgreiche Einbindung neuer Mitarbeiterinnen und Mitarbeiter stark davon abhängt, inwieweit eine realistische Vorschau auf die Tätigkeiten und Anforderungen erfolgt. Diese Maßgabe gilt nicht nur, jedoch insbesondere, für berufsunerfahrene Einsteigerinnen und Einsteiger. Im Sinne einer gelungenen Integration sollte ein solches „job preview" bereits im Rahmen des Einstellungsgesprächs die Grundlagen für eine gelungene Einarbeitung schaffen.

3.5.2 Patenschaften und Mentoring

Um eine angemessene persönliche Begleitung im Zuge des Einstiegs und der Einarbeitung neuer Fachkräfte sicherzustellen, haben einige soziale Betriebe und Unternehmen das System der Patenschaft aus der Erwerbswirtschaft übernommen. Der Kern der Patenschaft ist, dass neuen Mitarbeiterinnen und Mitarbeitern erfahrene Fachkräfte in der Phase des Einstiegs und der Einarbeitung zur Seite gestellt werden.

Die Patenschaft bzw. das Mentoring kann folgende Aufgaben übernehmen (Nerdinger 2014a, S. 78):

- mit der Arbeitsumgebung vertraut machen,
- Unterstützung bei der Kontaktaufnahme mit den neuen Kolleginnen und Kollegen bieten,
- Beratung bei persönlichen Problemen im Zuge des Einstiegs in die neue Organisation,
- konstruktiver Beistand bei Missverständnissen und Fehlern,
- Betreuungsgespräche durchführen und/oder initiieren.

Die Funktion der Patenschaft sollte nicht verwechselt werden mit dem „Mentoring". Letzteres ist ein System, in welchem eine erfahrene Führungskraft durch Beratung einer neuen Führungskraft (dem „Mentee") wichtige Hilfestellungen zur längerfristigen Karriereentwicklung gibt. Nach Scholz (2014, S. 199) hält „der Mentor eine anhaltende Beziehung über einen längeren Zeitraum aufrecht, organisiert informelle Treffen, die entsprechend dem persönlichen Bedarf des Mentees stattfinden, ermöglicht, längerfristig ein vielschichtiges Bild des Mentees darzustellen, ist gewöhnlich erfahrener und kompetenter als der Mentee und oft ein älterer Mitarbeiter, der Wissen und Erfahrung weitergeben und Türen zu sonst verschlossenen Möglichkeiten öffnen kann". Darüber hinaus unterstützt ein Mentor dabei, den Fokus sowohl auf die berufliche Laufbahn als auch auf die persönliche Entwicklung des Mentees aufrecht zu erhalten und ist Beistand bei konkreten längerfristigen Planungen zur Karriereentwicklung.

3.5.3 Enlargement, Enrichment, Rotation: Human-Resources-Maßnahmen

Maßnahmen zur Mitarbeitendenbindung korrelieren häufig mit Personalbildung im Sinne von „Human Resources Management". Es haben sich verschiedene Formen einer „neuen Arbeitsorganisation" herausgebildet, welche die Arbeitsstrukturierung ebenso betreffen wie demotivierende Faktoren der Monotonie oder einer besonderen physischen und psychischen Belastung.

Kolb (2010, S. 327 ff.) referiert in diesem Zusammenhang die „Job Design-Theorie", welche von verschiedenen Tätigkeitsmerkmalen, einer individuellen Reaktion der Mitarbeiterin bzw. des Mitarbeiter sowie die Konsequenzen für Individuum und Organisation ausgeht (Abb. 3.3).

Zu berücksichtigen ist, dass vor dem Hintergrund veränderter individueller Dispositionen der Mitarbeiterinnen und Mitarbeiter auch im sozialen Sektor die Möglichkeiten zu Lerneffekten, zum Ergreifen von Entwicklungschancen und ganz allgemein persönlichem Wachstum ins Zentrum der organisationalen Aufmerksamkeit gerückt werden müssen. In der Literatur wird diesbezüglich häufiger

Abbildung 3.3 Die „Job Design-Theorie" (Kolb 2010, S. 327, eigene Darstellung)

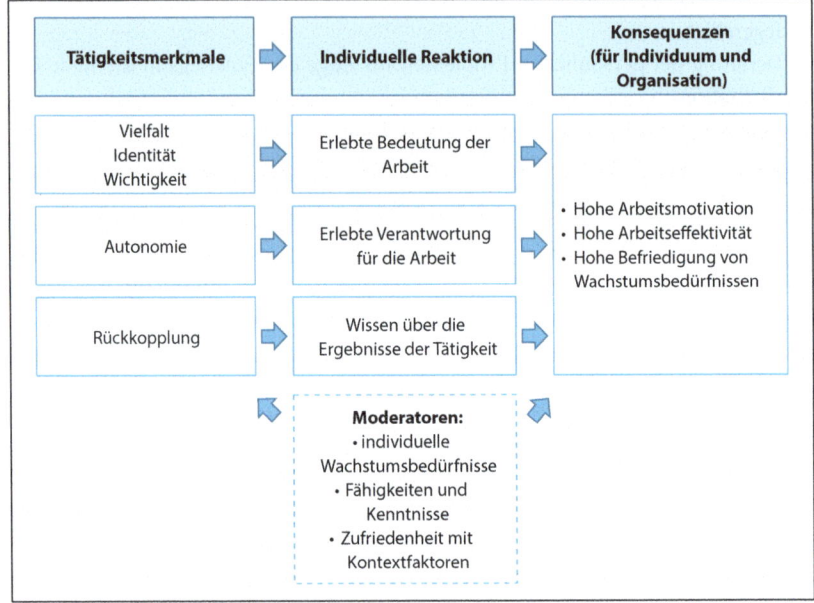

die „persönlichkeitsfördernde" bzw. „dynamische Arbeitsgestaltung" thematisiert (bspw. a. a. O., S. 328 ff.).

Folgende Maßnahmenbündel haben sich im Kanon der entsprechenden Strukturveränderungen des Arbeitslebens etabliert und bieten auch Chancen für soziale Organisationen, ihren Fachkräften Lern- und Entwicklungsmöglichkeiten zu ermöglichen (bspw. Müller-Vorbrüggen 2013, S. 110 ff.; Steinmann et al. 2013, S. 575):

- Job Enlargement: Diese Form der Aufgabenerweiterung beinhaltet weitere, allerdings qualitativ nicht anforderungsreichere Elemente. Letztendlich handelt es sich hier lediglich um eine Erweiterung des Tätigkeitumfangs.
- Job Enrichment: Zum einen handelt es sich hierbei um die Bildung „natürlicher Arbeitseinheiten", um einen ganzheitlicheren Charakter im Aufgabenvollzug zu erhalten (Prinzip der anreicherungsorientierten Arbeitsgestaltung). Durch Aufgabenerweiterung können des Weiteren Anforderungsniveaus mit einer Erweiterung des Verantwortungs- und Kontrollbezugs erhöht sein, weil neuartige Elemente in das bisherige Tätigkeitsspektrum eingebracht werden.

Es gilt die Prämisse zu beachten, dass die von einem Job Enrichment betroffene Fachkraft den qualifikatorischen Anforderungen genügt bzw. die Möglichkeit erhält, sich diese anzueignen.

- Job Rotation: Über einen systematischen Wechsel von Aufgabensegmenten und Arbeitsplätzen innerhalb eines betrieblichen oder unternehmerischen Gefüges lernen die Mitarbeitenden verschiedene (mehr oder weniger benachbarte) Tätigkeitsfelder kennen. In der Regel handelt es sich nicht um eine hierarchieübergreifende, sondern lediglich um eine horizontale Rotation.
- Job Families (Kompetenzfamilie): Mitarbeitende aus verschiedenen Bereichen einer Organisation arbeiten im Rahmen einer fachübergreifenden Kompetenzgemeinschaft an gemeinsamen Aufgaben, Anliegen und Zielen. Eine besondere Ausprägung erhält die Kompetenzfamilie vor allem dann, wenn Fachkräfte zusammengebracht werden, die üblicherweise keinen Kontakt miteinander haben bzw. keine Kooperationen pflegen, obgleich sie thematisch mindestens komplementär qualifiziert und/oder tätig sind.

Ergänzend soll noch auf Maßnahmen im Rahmen des „Job Sharing" hingewiesen werden, die zum einen die Möglichkeit umfassen, durch Arbeitsplatzteilung flexible Beschäftigungszeiten für Fachkräfte bedarfsgerecht zu generieren: „Dabei teilen sich – in Ausnahmefällen auch mehrere – Mitarbeiter einen Arbeitsplatz und regeln untereinander, wer zu welchem Zeitpunkt die Arbeitsleistung erbringt. Möglich sind Halbtagestätigkeiten oder Vereinbarungen über bestimmte Arbeitstage und -wochen" (Fehlau 2013, S. 508). Darüber hinaus wird Job Sharing auch als organisatorische Veränderung dahingehend angewandt, dass an „Stelle hierarchischer Führungsstrukturen und bürokratischen Verwaltungshandelns flexible und mitarbeiterorientierte Beteiligungsmöglichkeiten [treten]. Nur dort, wo bei wichtigen Unternehmensentscheidungen eine Mitbestimmung möglich ist, lassen sich Motivationsprobleme, wie etwa ‚Dienst nach Vorschrift' oder ‚innere Kündigung' verhindern" (ebd.).

3.5.4 Diversity Management

Eine vergleichsweise neue Teildisziplin des Managements befasst sich mit dem sozialverträglichen Umgang mit Vielfalt im Betrieb und Unternehmen, wobei es nicht nur um Fragen der allgemeinen Gleichstellung bzw. Verhinderung von Benachteiligung aufgrund von Geschlecht und Alter, Behinderung oder Ethnizität geht, sondern auch um die Akzeptanz und Nutzung von Verschiedenheiten im Hinblick auf Einstellungen, Kompetenzen und Handlungsweisen.

Hansen (2013, S. 148) verweist auf neuere Konzepte, Diversity vom individuellen Bezug zu lösen und in einem dreidimensionalen Konstrukt grundlegende Ansatzpunkte für Diversity-Management zu suchen:

- Separation im Sinne von „horizontaler Entfernung zwischen Positionen oder Meinungen, Haltungen und Werten".
- Variety im Sinne eines Abbaus von Unterschieden hinsichtlich „Art und Zugang zu Informationen, Wissen, Erfahrungen".
- Disparity als „radikale Entfernung zwischen dem Besitz und Zugangsmöglichkeiten zu gesellschaftlich geschätzten Ressourcen und Assets".

Die Potenziale eines solcherart systemischen Managements von Diversität werden darin gesehen, dass entsprechende Maßnahmen auf dem Arbeitsmarkt zu einer Imageverbesserung der Unternehmung führen. Diversitätsmanagement könne „zur Senkung von Fluktuation und zur Reduzierung von Rekrutierungskosten führen" (a. a. O., S. 149).

Zu den verbreiteten Maßnahmen des Diversity Managements zählen unter anderem:

- faire und objektive Leistungsmessung,
- transparente Einstellungsverfahren,
- Minderheitenquoten in Führungs- und Entscheidungspositionen,
- Mentoring-Programme für zu fördernde Gruppen
- familienfreundliche Personalpolitik,
- Förderung von Rückkehrerinnen,
- Vorbildfunktion von Führungskräften.

Keine der genannten Maßnahmen sollte im Hinblick auf eine nachhaltige Fachkräftebindung in sozialen Organisationen unterschätzt werden. So weist Kanning (2017, S. 96 ff.) beispielsweise darauf hin, dass das subjektive Erleben eines fundierten und fairen Einstellungs- bzw. Auswahlverfahrens in verschiedenen Studien als durchaus förderlich für den Ruf eines Unternehmens sowie die Bereitschaft zur Bewerbung und zum Eintritt in einer Organisation ist. Der Arbeitgeber wurde in Nachbefragungen nicht nur umso positiver bewertet, je angemessener und ausgewogener das Verfahren wahrgenommen wurde, die Bewerber haben darüber hinaus einen Arbeitgeber mit höherer Wahrscheinlichkeit weiterempfohlen, wenn Sie einen positiven Eindruck vom Auswahlverfahren gewinnen konnten. Umgekehrt zieht ein Bewerber bzw. eine Bewerberin bei einem als unfair erachteten Auswahlverfahren seine bzw. ihre Bewerbung mit höherer Wahrscheinlichkeit wieder zurück. Darüber hinaus konnte ein Zusammenhang mit der

Verbundenheit mit dem Arbeitgeber nachgewiesen werden, wenn ein guter Eindruck vom praktizierten Auswahlmodus entstanden ist.

Ein weiterer wesentlicher Bestandteil des Diversity Managements ist die Gestaltung familienfreundlicher Arbeitsbedingungen. Im Kontext der Vereinbarkeit von Familie und Beruf ergreifen auch Unternehmen und Betriebe der Sozialwirtschaft Maßnahmen wie Kooperation mit Kindertagesstätten (eigener oder fremder Trägerschaften), Vermittlung von Notfallbetreuungen für Kinder, explizit geregelte Arbeitszeiten sowie Rücksichtnahme bei der Dienst- und Urlaubsplanung. Mehr und mehr kommen in diesem Zusammenhang auch die Notwendigkeiten einer Gewährleistung von Betreuungsangeboten für pflegebedürftige Angehörige bzw. Angebote zu einer sozialverträglichen Freistellung für persönliche Pflege in den Fokus der Träger, Einrichtungen und Dienste.

In jüngster Zeit werden auch Konzepte zum Diversity Management propagiert, welche das Alter der Beschäftigten ins Zentrum der Bemühungen rücken. Dabei spielen neben ausgeglichenen Belastungen vor allem die Bedarfe unterschiedlicher Altersgruppen im Betrieb eine Rolle. Nerdinger (2014b, S. 113) weist darauf hin, dass „künftig verstärkt Spannungen zwischen ‚Jungen' und ‚Alten' bzw. Angehörigen verschiedener Kulturen in den Organisationen der Wirtschaft zu erwarten" sind. Alters- bzw. altersgruppenbezogenes Diversity Management kann oder muss sich beispielsweise auch auf Teamzusammensetzungen (Homogenität versus Heterogenität, Gruppenbruchlinien) und ähnliche Faktoren der Kooperation und Kommunikation in der sozialen Organisation erstrecken.

3.5.5 Betriebliche Gesundheitsförderung

Bereits vom Gesetz her sind Arbeitgeber in Deutschland verpflichtet, Gesundheitsförderung zu betreiben. Hierbei stehen die normativen Maßgaben des Arbeitsschutzgesetzes inklusive der Sicherheit und Gesundheit der Beschäftigten außer Frage. Hinzu kommt die Verpflichtung, Arbeitnehmern und Arbeitnehmerinnen nach einer innerhalb der vergangenen zwölf Monate länger als 30 Tage dauernden Erkrankung ein Betriebliches Eingliederungsmanagement anzubieten. Strukturierte Verfahren zum sogenannten „Betrieblichen Eingliederungsmanagement" (BEM) liegen unter anderem mit dem sogenannten „Hamburger Modell" vor (bspw. Huber 2014 und Voß et al. 2018).

Wenn Arbeitgeber in der Vergangenheit über das gesetzlich vorgeschriebene Maß hinaus Initiativen zur Gesundung und Gesunderhaltung ihrer Mitarbeitenden unternommen haben, geschah dies oftmals in der Absicht, die Krankentage zu senken und damit die Produktivität zu erhöhen. Im Zuge des wachsenden Wettbewerbs um Fachkräfte kommt der Gesundheitsförderung im erwerbswirtschaftlichen wie im sozialen Sektor jedoch auch im Kontext erfolgreicher Mitarbeitendenbindung eine wachsende Bedeutung zu. Mehr und mehr entscheidet der Umfang, in welchem eine Organisation sich um die Gesunderhaltung oder Gesundung ihrer Mitarbeitenden kümmert, über ihre Wettbewerbsfähigkeit auf dem Arbeitsmarkt und berührt nicht unerheblich die Neigung der Beschäftigten, im Betrieb bzw. Unternehmen zu verbleiben. Gesundheitsmanagement kann somit einerseits als Instrument betrieblicher und unternehmerischer Effizienz angesehen werden, andererseits als Ansatz des Personalmarketings. In letzterer Hinsicht geht es um die Attraktivität der Organisation als Arbeitgeber sowie um einen Baustein zur Förderung des Commitments von Fachkräften.

Folgende Maßnahmen des Gesundheitsmanagements finden sich in der Literatur häufiger wieder (bspw. Hahnzog 2014; Uhle und Treier 2015):

- Informationskurse zum Selbstmanagement (Gesundheitsmanagement allgemein, Zeitmanagement und Stressmanagement),
- Initiierung und Förderung von freien Sportgruppen,
- regelmäßige Überprüfung der Arbeitsplatzbelastung (Gefährdungsbeurteilung inklusive neuer Ausstattungen bei physischen Problemlagen),
- Ernährungskurse, Kochkurse,
- Entspannungstraining (Autogenes Training, Progressive Muskelentspannung etc.),
- gemeinsame Outdoor-Events,
- Zuschüsse bei der Anschaffung von Wearables (Fitnessuhren etc.),
- Förderung der Mitgliedschaft in einem Sportclub,
- Sportkurse (traditionelle und moderne Sportarten bis hin zu Yoga und Zumba),
- Förderung der Work-Life-Balance (Einführung gesundheitsförderlicher Arbeitszeitmodelle, E-Fasten etc.),
- regelmäßige Gesundheits-Check-Ups,
- Tanzkurse,
- Kreativitätstrainings,
- Beratungen zur Suchtprophylaxe und bei Suchtproblemen,
- Förderung der Mitgliedschaft in einem Fitnesscenter.

Bei der Konzeption der betrieblichen Gesundheitsförderung wird in wachsendem Maße das Salutogenese-Konzept von Antonovsky (1997) herangezogen, in welchem das Verständnis von Gesundheit über die Verfügbarkeit von generalisierten Widerstandsressourcen charakterisiert ist. Antonovsky hat diesbezüglich das Konstrukt des „Sense of Coherence" (zu Deutsch „Kohärenzgefühl") entwickelt. Das Kohärenzgefühl ist als eine „generelle Lebenseinstellung" zu verstehen. Es besteht aus einer „Grundorientierung, die das Ausmaß eines umfassenden, dauerhaften und gleichzeitig dynamischen Gefühls des Vertrauens darin ausdrückt, dass

1) die Stimuli aus der äußeren und inneren Umgebung des Lebens strukturiert, vorhersehbar und erklärbar sind,
2) die Ressourcen verfügbar sind, um den durch die Stimuli gestellten Anforderungen gerecht zu werden,
3) diese Anforderungen Herausforderungen sind, die ein inneres und äußeres Engagement lohnen" (Lorenz 2016, S. 37).

Das Konzept der Salutogenese steht in einem sehr engen Zusammenhang mit Fragen der Stressbewältigung bzw. Entstehung oder Vermeidung von „Spannung": Ein starkes, also förderliches, Kohärenzgefühl führt gemäß dieser Theorie dazu, dass eine primäre Bewertung eines Ereignisses erst gar nicht zu einer Spannung bzw. zu einem Stress führt. Bei Bedarf können dann auch in anspruchsvollen Situationen hinreichend Ressourcen aktiviert werden, um den Anforderungen zu entsprechen (a. a. O., S. 133 ff.).

Als Beispiel für die Implementierung eines auch vom Gedanken der Salutogenese inspirierten Gesundheitsmanagements kann das ESF-geförderte Programm „Betriebliches Gesundheitsmanagement und gelebte Gesundheitsförderung" in den gemeinnützigen Gesellschaften des AWO Bezirksverbandes Hannover e. V. genannt werden. Im Projekt „gesund arbeiten" wurde gezielt den Fragen nach Ressourcen und Kraftquellen sowie den Faktoren, welche bei der Arbeit und dem Alltag gesund erhalten, nachgegangen. Neben einem Präventionsseminar wurden im Kontext von „gesund führen" zudem Entwicklungsprogramme für Leitungskräfte realisiert (Held et al. 2014, S. 253 ff.).

3.6 Die Mitarbeitendenbefragung als Instrument der Mitarbeitendenbindung

Die Mitarbeitendenbefragung ist das Pendant zur im Marketing obligatorischen regelmäßigen Kundenbefragung, die die Zufriedenheit sowie Möglichkeiten bzw. Notwendigkeiten zur Verbesserung der Produkt-/Leistungsqualität ermitteln soll. Welche Bedeutung dieses Instrument des Personalmarketings aufweist, wurde bereits im klassischen Studien zur Mitarbeitendenbindung herausgearbeitet und wird auch in der modernen Personalwirtschaftslehre betont: „Je mehr Möglichkeiten es zur Artikulation von Unzufriedenheit gibt, umso eher bleiben die Akteure im Unternehmen" (Scholz 2014, S. 378).

3.6.1 Das Mannheimer Organisationsdiagnose-Instrumentarium

Ein Modell für die Konzeption einer umfassenden Befragung von Mitarbeiterinnen und Mitarbeiter als Kunden des Personalmarketings ist das Mannheimer Organisationsdiagnose-Instrumentarium (MODI), welches unter anderem zentrale Dimensionen der Erfassung von Zufriedenheit mit Arbeitsumfeld, Commitment und Motivation, Strategie und Schwerpunkte enthält (Müller et al. 2007, S. 27 ff.). Das Modell hat folgende Struktur:

Arbeitsumfeld	
• Tätigkeit	• Innovation
• Weiterbildung	• Arbeitszeit
• Informationsfluss	• Zusammenarbeit mit Kollegen
• Vorstand/Geschäftsleitung	• direkter Vorgesetzter
• Arbeitsbedingungen	• Gehalt
• berufliche Entwicklung	• Umweltschutz, Gesundheit

Commitment und Motivation	
• Commitment zur Arbeit	• Commitment zum Unternehmen

Strategie und Schwerpunkte	
• Kundenorientierung	• Work-Life-Balance
• Umstrukturierung	• Unternehmensleitbild/Strategie
• Wirtschaftlichkeit	• unternehmensspezifisches Thema

Das Modell enthält darüber hinaus die Dimension „Verbesserungsbedarf", um Ansätze zur Veränderung bzw. Optimierung in verschiedenen Bereichen der Mitarbeitendenzufriedenheit herausarbeiten zu können.

3.6.2 Modell zur Erfassung der Arbeitsbedingungen und der Zufriedenheit von Mitarbeitenden von Rimann und Udris

Ein empfehlenswertes Instrument zur Erfassung der Arbeitsbedingungen und der Zufriedenheit von Mitarbeitenden ist der von Rimann und Udris (1997) konzipierte Fragebogen zur persönlichen Situationen im Betrieb. Dieses am Institut für Arbeitspsychologie der ETH Zürich erstellte und wissenschaftlich geprüfte Instrument geht insbesondere auf Dimensionen wie Ganzheitlichkeit, Einbringung von Fähigkeiten und Fertigkeiten, Überforderung und Unterforderung, Entwicklungsmöglichkeiten und Eigenständigkeit ein, enthält jedoch auch Fragen zur Arbeitsbelastung, zum Vorgesetztenverhalten, zum sozialen Klima und zu Möglichkeiten der Partizipation.

Ein besonderes Merkmal dieses Fragebogens ist, dass er die gesundheitliche Situation der Mitarbeiterinnen und Mitarbeiter in den Fokus stellt. Eine Erhebung im Rahmen einer Studie in Pflegeeinrichtungen, an welcher der Autor mitgewirkt hat, konnte unter anderem Zusammenhänge zwischen der Anzahl der Krankentage und der sozialen Unterstützung durch den Vorgesetzten aufzeigen (Haubold et al. 2016).

3.6.3 Die Mitarbeitendenbefragung im Kontext der Verbesserung der Fachkräftebindung

Angezeigt ist eine möglichst differenzierte Erhebung der Meinungen, Wahrnehmungen und Einstellungen der Mitarbeiterinnen und Mitarbeiter, eine Gesamtzufriedenheit ist mithin nicht hinreichend aussagefähig, um die verschiedenen Faktoren von Zufriedenheit, Bindung an Träger, Einrichtungen oder Dienst, Verbesserungsmöglichkeiten etc. erfassen zu können. Letztendlich kann es auch sinnvoll sein, die Zusammenhänge verschiedener Faktoren und Dimensionen einer Mitarbeiterbefragung zu untersuchen oder besondere Zielgruppen wie Fachkräfte in einzelnen Einrichtungen oder Verwaltungspersonal einer spezifischen Auswertung zu unterziehen. Häufig ist dies notwendig, um spezifische notwendige Maßnahmen (unter hoher Beteiligung der Mitarbeitenden, bspw. im Rahmen von Change-Workshops) zeitnah identifizieren und einleiten zu können.

Die Schrittfolge von der Befragung zur Veränderung kann wie in einem betriebswirtschaftlichen Controlling-Regelkreis folgendermaßen skizziert werden:

1) Befragung und Ergebnis
2) Analyse und Zielbildung
3) Einleitung und Umsetzung von Maßnahmen
4) Erfolgskontrolle durch Soll-Ist-Vergleich
5) Rückkoppelung auf Ziele und Maßnahmen.

Eine Mitarbeitendenbefragung sollte in jedem Falle im Sinne eines „Follow-Up-Prozesses" die Information der Belegschaft über die Ergebnisse sowie fundierte Reflexions- und Kommunikationsprozesse in der sozialen Organisation nach sich ziehen. In den für das Commitment der Mitarbeitenden neuralgischen Schwerpunkten sind solche Veränderungen auszulösen, welche von den Mitarbeitenden tatsächlich wahrgenommen werden können, um Frustration bzw. Demotivation zu vermeiden (Bungard et al. 2007, S. 109 ff.).

Die Ergebnisse einer Mitarbeiterinnen- und Mitarbeiterbefragung können schließlich durchaus auch als Frühwarnsystem für die rechtzeitige Identifikation negativer Entwicklungen in den Einrichtungen und Diensten verstanden werden. Auf diesem Wege kann in Unternehmen der Sozialwirtschaft erkannt werden, inwieweit kurz-, mittel- und langfristige Maßnahmen zur Verbesserung der Mitarbeitendenbindung eingeleitet werden können bzw. müssen.

Jedoch muss mit dem Einsatz einer Personalbefragung auch das Empfinden der Mitarbeiterinnen und Mitarbeiter einhergehen, dass die Äußerung von Kritik und Unzufriedenheit von den Führungskräften wahrgenommen wird und entsprechende Konsequenzen damit einhergehen. Die Artikulation muss folglich eine „Problemlösungsqualität" aufweisen: „Das Anliegen muss also sowohl ernst genommen werden, als auch eine Aktion zur Folge haben" (Scholz 2014, S. 378).

3.7 Die Heranziehung von Unternehmensdaten zur Identifikation von Schwachstellen bei der Mitarbeitendenbindung

Über eine regelmäßige Erhebung der Zufriedenheit hinaus können zur Analyse des aktuellen Stands der Mitarbeitendenbindung auch Informationen aus dem in der Regel jeder Sozialunternehmung zur Verfügung stehenden betrieblichen Daten (überwiegend dem Personalcontrolling) herangezogen werden. Einige durchaus aussagekräftigen Parameter sind neben der Fluktuationsrate der Krankenstand, die Anzahl an Überlastungsanzeigen sowie die Zahl der Ermahnungen und Abmahnungen.

3.7.1 Fluktuationsrate

Die Personalbewegung in einem Unternehmen ist im Hinblick auf die sogenannte „unternehmensfremde Fluktuation" ein durchaus relevanter Indikator für den Stand der Mitarbeitendenbindung. Mit diesem Parameter ist die Anzahl der Kündigungen seitens der Mitarbeitenden bestimmt, welche einen Arbeitsplatzwechsel vom eigenen in einen fremden Sozialbetrieb vollziehen.

Sollte die Fluktuationsrate über einen längeren Zeitraum hinweg ansteigen, ist Handlungsbedarf im Feld der Personalbindung angezeigt. Bei jeder unternehmensfremden Fluktuation sind vom Management die Gründe für das Ausscheiden aus dem eigenen Träger, der eigenen Einrichtung oder des eigenen Dienstes zu ermitteln. Die Fluktuationsrate sollte auch im Zusammenhang mit der Betriebszugehörigkeit der ausscheidenden Fachkräfte analysiert werden: „Besonders kritisch ist es zu bewerten, wenn die Fluktuationsrate in einem engen Zeitraum (z. B. 6–8 Monate) plötzlich bei mittlerer Betriebszugehörigkeit (4–10 Jahre) erheblich ansteigt. Dieser Sprung deutet regelmäßig auf ein elementares Problem (z. B. Führungsdefizite) der Organisation hin" (Halfar et al. 2014, S. 242). Ursachen für Fluktuation oder zumindest Fluktuationsbereitschaft können beispielsweise sein:

- affektive Grunde wie beispielsweise Konflikte mit anderen Mitarbeiterinnen oder Mitarbeitern,
- zu hohe Arbeitsbelastung in der bisherigen Stelle ohne Aussicht auf Entlastung,
- Karrierepotenziale sind bei einem anderen Sozialunternehmen höher,
- ein anderes Sozialunternehmen bietet bessere Bezahlung an,
- Unzufriedenheit mit dem/der unmittelbar Vorgesetzten.

3.7.2 Krankenstand

Selbstverständlich ist nicht jede Krankmeldung ein Indikator für Unzufriedenheit einer Mitarbeiterin bzw. eines Mitarbeiters mit ihren/seinen Arbeitsbedingungen. Eine ungewöhnlich hohe oder signifikant ansteigende Rate an Krankmeldungen jenseits von externen Effekten wie Grippewellen etc. können allerdings durchaus ein Indikator für eine hohe Unzufriedenheit und mangelndes Commitment der Mitarbeitenden sein.

Darüber hinaus ist zu berücksichtigen, dass ein hoher bzw. gestiegener Krankenstand auch auf die Beziehungen der Mitarbeitenden untereinander sowie zu den Vorgesetzten zurückzuführen ist: „Untersuchungen des Robert-Koch-Instituts zeigen, dass eine Beeinträchtigung des sozialen Klimas am Arbeitsplatz als die Belastung wahrgenommen wird, die am stärksten gesundheitsschädlich wirkt" (Adams et al. 2017, S. 18). Empirisch nachgewiesen konnten negative Auswirkungen von betriebsbedingten Kündigungen sowie Lohnsenkungen auf Arbeitsmotivation, Fluktuation und Krankenstand: „Entlassungen und/oder Lohnsenkungen dienen der kurzfristigen Reduzierung von Kosten und damit der Erhöhung der Konkurrenzfähigkeit von Unternehmen. Allerdings zeigen Untersuchungen, auf mittelfristige Dauer bleiben die gewünschten Kosteneffekte vielfach aus. Als verantwortlich dafür gelten Negativreaktionen jener Beschäftigten, die ihren Arbeitsplatz behalten haben bzw. mit geringeren Löhnen auskommen müssen" (Struck 2006, S. 102).

Zum Krankenstand liegen vielfältige statistische Informationen vor, Einrichtungen und Dienste der Sozialwirtschaft können ihren Stand relativ leicht mit Branchendurchschnitten vergleichen. Sinnvoll ist es auch, den die krankheitsbedingte Fehlzeitenquote mit der Fluktuationsrate abzugleichen, um problematische Trends zu identifizieren.

3.7.3 Überlastungsanzeigen

Überlastungsanzeigen sind ein arbeitsrechtlicher Vorgang, ein Instrument der innerbetrieblichen Qualitätskontrolle, aber auch ein Indikator für gesundheitlich gefährdete Mitarbeiterinnen und Mitarbeiter sowie die Gefahr steigender Fluktuations- bzw. Ausstiegsbereitschaft unter den Fachkräften.

Nach § 16 Abs. 1 ArbSchG haben die Beschäftigten die Pflicht, dem Arbeitgeber oder dem zuständigen Vorgesetzten „jede von ihnen festgestellte unmittelbare erhebliche Gefahr für die Sicherheit und Gesundheit sowie jeden an den Schutzsystemen festgestellten Defekt unverzüglich" zu melden[2]. Reagiert der Arbeitgeber nicht, vernachlässigt er die Fürsorgepflicht nach BGB § 618. Nach § 16 Abs. 2 ArbSchG haben die Beschäftigten „gemeinsam mit dem Betriebsarzt und der Fachkraft für Arbeitssicherheit den Arbeitgeber darin zu unterstützen, die Sicherheit und den Gesundheitsschutz der Beschäftigten bei der Arbeit zu gewährleisten und seine Pflichten entsprechend den behördlichen Auflagen zu erfüllen. Unbeschadet ihrer Pflicht nach Absatz 1 sollen die Beschäftigten von ihnen festgestellte Gefahren für Sicherheit und Gesundheit und Mängel an den Schutzsystemen auch der Fachkraft für Arbeitssicherheit, dem Betriebsarzt oder dem Sicherheitsbeauftragten nach § 22 des Siebten Buches Sozialgesetzbuch mitteilen".

Überlastungsanzeigen im sozialen Bereich sind nicht notwendigerweise auf stationäre Pflegeeinrichtungen und Pflegedienste beschränkt. Notwendige Aufgaben oder die Versorgung von Klientinnen und Klienten, Bewohnerinnen und Bewohnern oder Nutzerinnen und Nutzern können bei Unterausstattung durchaus auch in anderen Sektoren nicht mehr bewältigt werden (bspw. Kindertagesstätten, stationäre Wohnformen für Jugendliche oder Menschen mit Behinderung).

In Einrichtungen und Diensten mit Überlastungsanzeigen (syn. auch Entlastungsanzeige, Gefahrenanzeige) ist eine Gefährdungsbeurteilung durchzuführen bzw. zu aktualisieren. Auch ein Gesundheitszirkel kann hilfreich sein, ein ganz besonderes Augenmerk sollte der Dienstplangestaltung gelten (bspw. Kelm 2018).

3.7.4 Abmahnungen

Obgleich die Abmahnung keine explizite arbeitsrechtliche Grundlage aufweist, ist sie ein nicht selten ausgeübtes Mittel der Disziplinierung im Berufsleben. Sie bezieht sich auf den Umstand eines Verstoßes gegen die Pflichten aus dem Arbeitsverhältnis und steht vor der Kündigung aufgrund einer Störung im Leis-

---

[2] „Unverzüglich" bedeutet im herrschenden Rechtsverständnis ohne schuldhafte Verzögerung nach Feststellen der Gefahr.

tungsbereich: „Der Arbeitgeber wird zu einem rechtzeitigen Hinweis an den Arbeitnehmer verpflichtet, damit dieser sich später nicht darauf berufen kann, er habe einem bestimmten Verhalten keine kündigungsrelevante Bedeutung beigemessen" (Beckerle 2015).

Als Indikator für eine abnehmende Bindung der Fachkräfte an die Organisation muss die Anzahl bzw. die Entwicklung von Abmahnungen unter anderem im Hinblick auf folgende verhaltensbezogene Abmahnungstatbestände ernst genommen werden:

- Verhalten bei Arbeitsunfähigkeit aufgrund von Erkrankung,
- Arbeitsverweigerung,
- Beleidigung,
- schlechtes Benehmen,
- private Internetnutzung,
- unerlaubte Nebentätigkeit,
- Verletzung der Treuepflicht,
- Unpünktlichkeit,
- unentschuldigtes Fernbleiben.

Korrespondierend zur Entwicklung von Abmahnungen gilt auch eine steigende Zahl an verhaltensbedingten und personenbedingten Kündigungen als ein Indikator für eine abnehmende Bindung der Mitarbeiterinnen und Mitarbeiter an ihren Arbeitgeber.

Literaturempfehlungen zur Vertiefung

Nach wie vor in hohem Maße empfehlenswert zur Vertiefung ist das klassische Lehrbuch zu den verhaltenswissenschaftlichen Perspektiven des Managements von Staehle (1999), insbesondere der Abschnitte zum „Management des Humanpotenzials".

Empfehlungen für praxisbezogene Vertiefungen

Praxisbezogene Vertiefungen können erworben werden über die Lektüre von Glasl (2017) zum Konfliktmanagement sowie von Haberkorn (2002) zur Praxis der Mitarbeitendenführung. Impulse für die Praxis der betrieblichen Gesundheitsförderung sind im Sammelband von Hahnzog (2014) zu finden.

Literaturverzeichnis Kapitel 3

Adams, J., Claus, A., Claus, M., Schöne, K., Rose, D. M., & Sammito, St. (2018). Soziale Unterstützung und Arbeitszufriedenheit. Unterschiede zwischen verschiedenen Tätigkeitsbereichen. *Prävention und Gesundheitsförderung* 1, 18–23.

Antonovsky, A. (1997). *Salutogenese. Zur Entmystifizierung der Gesundheit.* Erweiterte deutsche Ausgabe von A. Franke. Tübingen: Dgvt-Verlag.

Beckerle, K. (2015). *Die Abmahnung. Wirksam und korrekt umsetzen.* 12. Aufl., Freiburg, München: Haufe-Lexware.

Bertel, J., & Becker, F. G. (2017). *Personal-Management: Grundzüge für Konzeptionen betrieblicher Personalarbeit.* Stuttgart: Schäffer-Poeschel Verlag.

Boneberg, I. (2013). Delegation. In: T. Steiger & E. Lippmann (Hrsg.), *Handbuch angewandte Psychologie für Führungskräfte,* Bd. II, 4. Aufl. (S. 160–171). Berlin, Heidelberg: Springer.

Braun, D., & Löhe, J. (2017). Konfliktmanagement als Leitungsaufgabe – Was tun wenn's kracht? In: S. Skalla (Hrsg.), *Handbuch für die Kita-Leitung.* 2., überarbeitete u. erw. Aufl. (S. 269–288). Köln: Carl Verlag.

Brunner, F. J. (2014). *Japanische Erfolgskonzepte.* 3. Aufl., München: Carl Hanser Verlag.

Bungard, W., Müller, K., & Niethammer, C. (2007). *Mitarbeiterbefragung – was dann...? MAB und Folgeprozesse erfolgreich gestalten.* Heidelberg: Springer.

Christa, H. (2017). Weiche Faktoren im harten Wettbewerb. *SOZIALwirtschaft* 6, 38–39.

Christa, H. (2016b). Personalgewinnung. Defizite bei sozialen Medien. *SOZIALwirtschaft aktuell* 10, 1–4.

Ciesinger, K. G., Fischbach, A., Klatt, R., & Neuendorff, H. (Hrsg.) (2011). *Berufe im Schatten: Wertschätzung von Dienstleistungsberufen.* Berlin: LIT Verlag.

Dilcher, B., & Emminghaus, Chr. (Hrsg.) (2010). *Leistungsorientierte Vergütung: Herausforderung für die Organisations- und Personalentwicklung. Umsetzung und Wirkung von Leistungsentgeltsystemen in der betrieblichen Praxis.* Wiesbaden: Gabler.

Drumm, H. J. (2002). Organisation für Gründer. In: M. Dowling & H. J. Drumm (Hrsg.), *Gründungsmanagement: Vom erfolgreichen Unternehmensstart zu dauerhaftem Wachstum* (S. 185–202). Berlin, Heidelberg: Gabler.

Fehlau, E. G. (2013). Job Sharing. In: K. Grunwald, G. Horcher & B. Maelicke (Hrsg.), *Lexikon der Sozialwirtschaft,* 2. akt. u. vollst. überarb. Aufl. (S. 508). Baden-Baden: Nomos.

Franken, S. (2010). *Verhaltensorientierte Führung. Handeln, Lernen und Diversity in Unternehmen.* 3., überarb. u. erw. Aufl. Heidelberg: Gabler.

Fuß, A. (2017). Selbst- und Zeitmanagement für Leitungen. In: S. Skalla (Hrsg.), *Handbuch für die Kita-Leitung* (S. 325–335). Köln: Carl Verlag.

Gallup Inc. (2017). *Pressemitteilung – Gallup Engagement Index 2016: Schlechte Chefs kosten deutsche Volkswirtschaft bis zu 105 Milliarden Euro jährlich.* Berlin.

Glasl, F. (2017). *Konfliktmanagement: Ein Handbuch für Führungskräfte, Beraterinnen und Berater.* Bern: Haupt.

Haberkorn, K. (2002). *Praxis der Mitarbeiterführung. Ein Grundriss.* 10., erw. Aufl., Renningen-Malmsheim: Expert Verlag.

Hackman, J. R., & Odlham, G. R. (1976). Motivation through the design of work. *Organisational Behavior and Human Performance* 16, 250–279.

Hahnzog, S. (Hrsg.) (2014). *Betriebliche Gesundheitsförderung. Das Praxishandbuch für den Mittelstand.* Wiesbaden: Springer Gabler.

Halfar, B., Moos, G., & Schellberg, K. (2014). *Controlling in der Sozialwirtschaft. Handbuch.* Baden-Baden: Nomos.

Haubold, A.-K., Christa, H., Kuntzsch, M., Beckmann, W., Ishig, A., Kuntzsch, D. & von der Weth, R. (2016). Healthy Ageing in the Geriatric Nursing Profession. A Salutogenetic Intervention Program. In Wiencke, M., Cacace, M. & Fischer, S. (Hrsg.), *Healthy at Work. Interdisciplinary Perspectives* (S. 299–310). Cham: Springer International Publishing Switzerland.

Held, U., Hoffmann, A., & Kaßbaum, B. (2014). Gesund arbeiten. Das Projekt gesa. In: Bundesarbeitsgemeinschaft der Freien Wohlfahrtspflege (Hrsg.), *Beschäftigung innovativ gestalten. Wertschöpfung – Wertschätzung – Wettbewerb. Bericht über den 8. Kongress der Sozialwirtschaft vom 13. und 14. Juni 2013 in Magdeburg* (S. 253–261). Baden-Baden: Nomos.

Hersey, P., Blanchard, K., & Johnson, D. E. (2015). *Management Of Organizational Behavior.* 10. Aufl., Chennai: Pearson.

Hey, P. (2014). Betriebliche Gesundheitsförderung führt zu erfolgreichem Personalmarketing. In: W. Hahnzog (Hrsg.), *Betriebliche Gesundheitsförderung. Das Praxishandbuch für den Mittelstand* (S. 299–310). Wiesbaden: Springer Gabler.

Horcher, G. (2013). Delegation. In: K. Grunwald, G. Horcher & B. Maelicke (Hrsg.), *Lexikon der Sozialwirtschaft,* 2. akt. u. vollst. überarb. Aufl. (S. 237–238). Baden-Baden: Nomos.

Huber, A. (2014). Das Betriebliche Eingliederungsmanagement. In: W. Hahnzog (Hrsg.), *Betriebliche Gesundheitsförderung. Das Praxishandbuch für den Mittelstand* (S. 59–73). Wiesbaden: Springer Gabler.

Huggenberger, M. (2014). *Optimierungspotenziale der Personalbindung von Fachkräften in Krankenhäusern. Analyse und Evaluation von Personalbindungsstrategien anhand exemplarischer Berufsgruppen.* Heidelberg: medhochzwei-Verlag.

Kanning, U. P. (2017). *Personalmarketing, Employer Branding und Mitarbeiterbindung. Forschungsbefunde und Praxistipps aus der Personalpsychologie.* Berlin, Heidelberg: Springer.

Kelm, R. (2018). *Arbeitszeit- und Dienstplangestaltung in der Pflege.* 5., überarb. Aufl., Stuttgart: Kohlhammer.

Klie, Th., Heislbetz, C., & Behrend, M. (2013). Herausforderung Pflege – Modelle und Strategien zur Stärkung des Berufsfeldes Altenpflege. http://agp-freiburg.de/downloads/Abschlussbericht_Herausforderung_Pflege_2013.pdf. Zugegriffen: 12.11.2017.

Kolb, M. (2010). *Personalmanagement. Grundlagen und Praxis des Human Resources Management.* 2. Aufl., Wiesbaden: Gabler.

Lorenz, R. (2016). *Salutogenese. Grundwissen für Psychologen, Mediziner, Gesundheits- und Pflegewissenschaftler.* 3. Aufl., München: Reinhardt.

Matyssek, A. K. (2011). *Wertschätzung im Betrieb. Impulse für eine gesündere Unternehmenskultur.* Norderstedt: Books on Demand.

Müller, K., Liebig, Chr., Jöns, I., & Bungard, W. (2007). Durchführung der Befragung. In: W. Bungard, K. Müller & C. Niethammer, *Mitarbeiterbefragung – was dann...? MAB und Folgeprozesse erfolgreich gestalten* (S. 103–124). Heidelberg: Springer.

Müller-Vorbrüggen, M. (2013). Personalentwicklung. In: R. Brökelmann & W. Pepels (Hrsg.), *Das neue Personalmarketing. Employee Relationship Management als moderner Erfolgstreiber* (S. 105–128). 2. Aufl., Berlin: Wissenschaftsverlag.

Nerdinger, F. W. (2014a). Gravitation und organisationale Sozialisation. In: F. W. Nerdinger, G. Blickle & N. Schaper (Hrsg.), *Arbeits- und Organisationspsychologie,* 3., vollst. überarb. Aufl. (S. 71–82). Berlin, Heidelberg: Springer.

Nerdinger, F. W. (2014b). Teamarbeit. In: F. W. Nerdinger, G. Blickle & N. Schaper (Hrsg.), *Arbeits- und Organisationspsychologie,* 3., vollst. überarbeitete Aufl. (S. 103–118). Berlin, Heidelberg: Springer.

Nieder, P. (1997). *Erfolg durch Vertrauen. Abschied vom Management des Misstrauens.* München: Gabler.

Piller, F., Hutzenreuther, Th., & Koch, J. et al. (2008). *Einführung in die Betriebswirtschaftslehre.* Wiesbaden: Gabler.

Richter, G., & Schütte, M. (2014). Salutogenetische Subjektive Arbeitsanalyse – SALSA. In: Bundesanstalt für Arbeitsschutz und Arbeitsmedizin (Hrsg.), *Gefährdungsbeurteilung psychischer Belastung. Erfahrung und Empfehlungen* (S. 240–244). Berlin: Erich-Schmidt-Verlag.

Rimann, M., & Udris, I. (1997). Subjektive Arbeitsanalyse. Der Fragebogen SALSA. In: O. Strohm & E. Ulich (Hrsg.), *Unternehmen arbeitspsychologisch bewerten. Ein Mehr-Ebenen-Ansatz unter besonderer Berücksichtigung von Mensch, Technik und Organisation* (S. 281–298). Zürich: vdf Hochschulverlag.

Rowold, J., & Heinitz, K. (2008). Führungsstile als Stressbarrieren. Zum Zusammenhang zwischen transformationaler, transaktionaler, mitarbeiter- und aufgabenorientierter Führung und Indikatoren von Stress bei Mitarbeitern. *Zeitschrift für Personalpsychologie* 7, 129–140.

Schawel, C., & Billing, F. (2012). *Top 100 Management Tools.* Wiesbaden: Gabler.

Schreyögg, G., & Geiger, D. (2015). *Organisation. Grundlagen moderner Organisationsgestaltung.* 6. Aufl., Wiesbaden: Springer Gabler.

Schwarz, G. (2014). *Konfliktmanagement. Konflikte erkennen, analysieren, lösen.* 9. Aufl., Wiesbaden: Springer Gabler.

Staehle, W. H. (1999). *Management.* 8. Aufl., München: Vahlen.

Steiner, E., & Landes, M. (2017). *Leistungsorientierte Vergütung. Anreizsysteme wirkungsvoll gestalten.* Freiburg, München, Stuttgart: Haufe.

Steinmann, H., Schreyögg, G., & Koch, J. (2013). *Management. Grundlagen der Unternehmensführung.* 7. Aufl., Wiesbaden: Springer Gabler.

Stöpel, F., Lange, A., & Voß, J. (Hrsg.) (2018). *Betriebliches Eingliederungsmanagement in der Praxis. Arbeitsfähigkeit sichern, rechtssicher agieren, Potenziale nutzen.* Freiburg: Haufe.

Struck, O. (2006). Arbeitsmotivation, Fluktuation, Krankenstand – wie wirken sich Entlassungen und Lohnsenkungen aus? In: O. Struck, G. Stephan, C. Köhler, A. Krause, C. Pfeifer & T. Sohr (Hrsg.), *Arbeit und Gerechtigkeit. Entlassungen und Lohnkürzungen im Urteil der Bevölkerung* (S. 87–104). Wiesbaden: VS Verlag für Sozialwissenschaften.

Thommen, J. P., & Achleitner, A. K. (2012). *Allgemeine Betriebswirtschaftslehre: Umfassende Einführung aus managementorientierter Sicht.* 7. Aufl., Wiesbaden: Springer Gabler.

Uhle, Th., & Treier, M. (2015). *Betriebliches Gesundheitsmanagement. Gesundheitsförderung in der Arbeitswelt – Mitarbeiter einbinden, Prozesse gestalten, Erfolge messen.* 3., überarbeit. u. erw. Aufl., Berlin, Heidelberg: Springer.

Weidner, H., & Weidner, F. (2016). *Anerkennung und Wertschätzung. Futter für die Seele und Treibstoff für Erfolg.* Offenbach: GABAL.

Weiss, M. (2003). *Marktwirksame Prozessorganisation. Organisationen marktwirksam gestalten. An der Begegnungsqualität mit dem Umfeld arbeiten. Leistungsprozesse managen.* Frankfurt a. M.: Peter Lang.

Employer Branding 4

Zusammenfassung

Das Employer Branding umfasst ein Maßnahmenbündel zur Konzeption, Kreation und Entwicklung einer erfolgreichen Arbeitgebermarke. Employer Branding basiert auf dem Gedankengut der Markenpolitik und erfuhr eine Übertragung in den Sektor des Personalmarketings. Wesentliche inhaltliche Aufgaben bestehen in der Entwicklung eines Positionierungsprofils, der Kommunikation einer Arbeitgebermarke sowie der Informationsbeschaffung. Employer Branding tangiert auch im Sozialbereich die Kultur einer Organisation und stellt gerade an sozialwirtschaftliche Träger, Dienste und Einrichtungen besondere Ansprüche und Herausforderungen.

Studienziel

Die Leserinnen und Leser sollen Begriff und Bedeutung des Employer Brandings kennen lernen, die Markenpolitik als Basis des Employer Brandings nachvollziehen können sowie einen Überblick über die wesentlichen Arbeitsschritte und die Entwicklung eines Profils einer Arbeitgebermarke im Sozialbereich bekommen. Darüber hinaus sollen sie erkennen, dass das Employer Branding im Sektor der personenbezogenen sozialen Dienstleistungen besondere Anforderungen an die Organisation und ihre Kultur stellt.

4.1 Grundlagen des Employer Brandings

Einführend sollen der Begriff und die Bedeutung von Employer Branding für Organisationen der Erwerbs- und Sozialwirtschaft sowie die Markenpolitik als Referenzrahmen für die Bildung einer Arbeitgebermarke umrissen werden.

4.1.1 Begriff und Bedeutung

Im Employer Branding werden die Elemente einer Markenbildung herangezogen und zur Profilierung der Organisation auf dem Arbeitsmarkt mit der Absicht genutzt, Präferenzen bei den jeweiligen Zielgruppen zu erzeugen oder zu stabilisieren. „Aus Sicht des Employer Brandings wird ein Arbeitgeber (Employer) als eine Marke (Brand) betrachtet, die auf dem Markt der Arbeitnehmer möglichst vorteilhaft zu platzieren ist" (Kanning 2017, S. 134). Im Zusammenhang mit Employer Branding wird in der Literatur gelegentlich auch das Synonym „Reputations-Management" verwendet (bspw. Tenés und Runge 2016).

Die Zielsetzung des Employer Branding geht in zwei Richtungen:

- Man kann beim Employer Branding zum einen von einer mittelbaren Personalwerbung sprechen und sie als Teil der Public Relations verstehen, wobei „mit gezielter Öffentlichkeitsarbeit günstige Voraussetzungen" geschaffen werden sollen, „um einen Personalbedarf ohne große Schwierigkeiten decken zu können" (Thommen et al. 2017, S. 388). Im Idealfall weisen die arbeitsuchenden Fachkräfte eine Präferenz gegenüber einer bestimmten für sie hoch attraktiven Arbeitgebermarke auf.
- Eine gelungenes Employer Branding resp. eine starke Arbeitgebermarke kann darüber hinaus die Personalbindung entscheidend unterstützen, das Schlagwort in diesem Zusammenhang ist das aus dem Employer Branding abgeleitete „Employee Relationship Management", wobei in Analogie zum Konsumentenmarkt eine Markenbindung der Beschäftigten an ihre Unternehmung besteht.

Abbildung 4.1 fasst diese Gedankengänge noch einmal zusammen.

Das Employer Branding wird von Unternehmen der Erwerbswirtschaft inzwischen dann zum Mittel der Wahl, wenn ein Mangel an Fachkräften in quantitativer Hinsicht wahrgenommen oder erwartet wird und/oder bestimmte für den Erfolg der Organisation wesentliche Schlüsselstellen in wachsendem Maße nicht mehr oder lediglich mit einem sehr hohen Aufwand besetzt werden können (Stritzke 2009, S. 26 ff.). Für viele soziale Organisationen ist davon auszugehen, dass das Employer Branding sowohl in der Dimension der Gewinnung und den Verbleib

Grundlagen des Employer Brandings

Abbildung 4.1 Konzept und Ziele des Employer Brandings (eigene Darstellung)

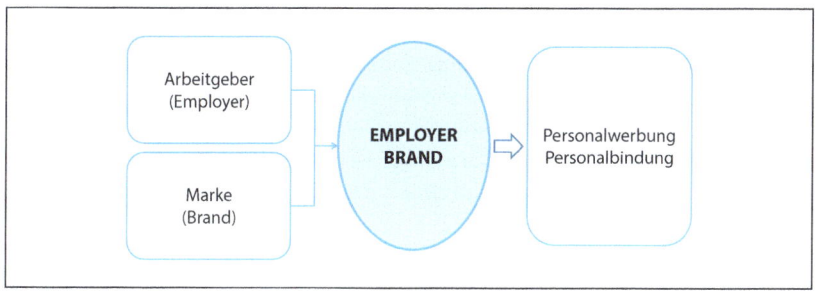

von Fachkräften im operativen Bereich als auch für die Rekrutierung und Bindung von Spezialisten für IT oder Controlling sowie für die Anwerbung und nachhaltige Bindung von Führungskräften, welche an der Schnittmenge von Betriebswirtschaftslehre und Sozialwesen besondere Kompetenzen aufweisen, bereits in naher Zukunft an Relevanz zunehmen dürfte.

Die gelungene Implementation einer Arbeitgebermarke hat verschiedene Vorteile für alle Beteiligten:

- Der Nutzen für den Arbeitgeber besteht zunächst darin, dass er bei seinen Zielgruppen nicht nur bekannt ist, sondern im Hinblick auf die Arbeitsplatzqualität beliebt und begehrt ist. Er ruft mithin sowohl bei bestehenden als auch bei potenziellen Mitarbeitenden positive Emotionen hervor, sein Arbeitsplatzangebot wird auf dem Arbeitsmarkt im Idealfall hinreichend nachgefragt. Der weitere Nutzen für den Arbeitgeber besteht in der Bindungskraft, die er bzw. seine Organisation für die Beschäftigten aufweist.
- Der Nutzen für die Arbeitssuchenden besteht darin, dass sie bei der Auswahl eines potenziellen Arbeitgebers einen geringeren Aufwand haben und in der Frage, bei welcher Unternehmung sie sich bewerben sollen, eine entsprechend rasche Entscheidung treffen können. Ein Nutzen für die in einer Organisation bereits Beschäftigten besteht in dem Umstand, dass sie aufgrund ihrer Bindung an den Arbeitgeber keine Initiativen zur Suche von Alternativen unternehmen müssen und im Vertrauen darauf, beim aktuell besten Arbeitgeber tätig zu sein, ihren Informationsbeschaffungsaufwand bezüglich des jeweils aktuellen Arbeitsmarkts minimieren können.

Erst seit einigen Jahren ist das Employer Branding verstärkt im Kanon der Managementliteratur vorzufinden. Bedingt durch den Rückgang des Angebotsüberhangs auf den Arbeitsmärkten bzw. dem prognostizierten und zum Teil bereits eingetretenen Fachkräftemangel widmen sich mehr und mehr Autorinnen und Autoren auch im deutschsprachigen Raum dem Aufbau und der Steuerung einer Arbeitgebermarke, die den Unternehmen im Wettbewerb um Mitarbeiterinnen und Mitarbeiter zu Konkurrenzfähigkeit verhelfen soll. Inzwischen liegt eine Reihe von Monographien, Sammelwerken und Beiträgen in Fachzeitschriften vor, allerdings widmen sich nur einige wenige ratgeberorientierte Schriften wie die von Heider-Winter (2014) dezidiert dem Employer Branding im sozialen Sektor.

4.1.2 Markenpolitik als Basis des Employer Brandings

Das Konzept des Employer Brandings fußt auf der Strategie der Markenpolitik. Nach Kotler und Bliemel (1999, S. 421) ist eine Marke „ein Name, eine Bezeichnung, ein Zeichen, ein Symbol oder ein Design, oder eine Kombination dieser Elemente, die zur Identifikation der Güter oder Dienstleistungen eines Anbieters oder einer Gruppe von Anbietern und zu ihrer Differenzierung von jenen ihrer Konkurrenten dient".

Gelingt es, eine Marke erfolgreich zu etablieren, hat dies Vorteile für die Anbieter wie die Nachfrager. Zusammengefasst kann dies als Informations-, Orientierungs-, Vertrauens- und Bindungsfunktion für Käufer folgendermaßen dargestellt werden:

- Aus nutzentheoretischer Sicht bietet eine Marke eine Informationshilfe für die Kunden, da sie über ihr positioniertes Nutzenversprechen eine bestimmte Qualität signalisiert.
- Aus transaktionstheoretischer Sicht ist die Marke bzw. die „Markierung" eines Produkts oder einer Dienstleistung in der Lage, für die Nachfrager Orientierungskosten bzw. Informationsbeschaffungskosten beim Konsum zu reduzieren.
- Marken erhöhen darüber hinaus die Markttransparenz, „so dass dem Nachfrager schneller ermöglicht wird, die gewünschte Leistung zu identifizieren" (Meffert et al. 2014, S. 326).
- Die Vertrauensfunktion erfüllt eine Marke dann, wenn sie die Nutzenversprechen, mit welchen sie gegenüber den Nachfragern kommuniziert worden ist, tatsächlich einhält.
- Die Bindungsfunktion ist dann gewährleistet, wenn zufriedene Nachfrager wiederholt auf eine Marke zurückgreifen.

Grundlagen des Employer Brandings

Abbildung 4.2 Markenführung im Marketing-Mix (eigene Darstellung)

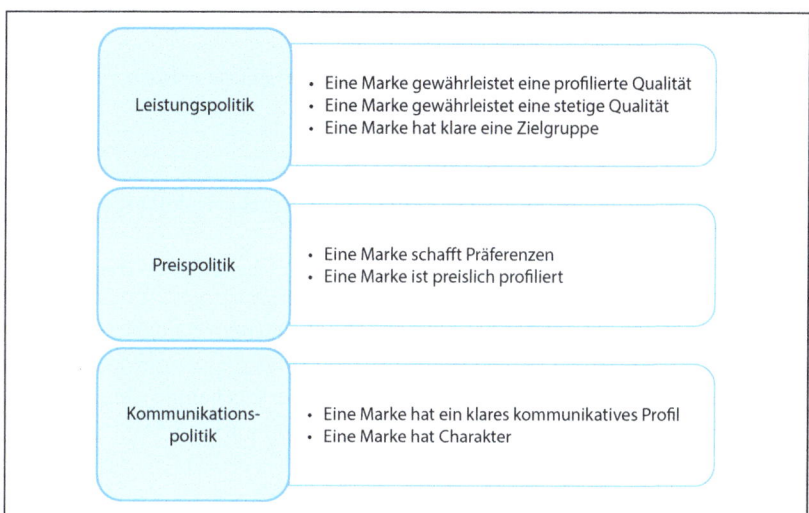

Für die Anbieter ist die Marke darüber hinaus attraktiv, da sie gegebenenfalls ermöglicht, höhere Preise zu realisieren. Dies ist jedoch nur dann möglich, wenn sie die oben genannten Nutzenfunktionen für die Konsumenten erfüllt.

Marken können in verschiedenen Varianten wie folgt etabliert werden (bspw. Meffert und Bruhn 2015, S. 320 ff.):

- Dachmarkenansatz (fasst sämtliche Leistungen eines Unternehmens unter einer Marke zusammen),
- Markenfamilienansatz (fasst ein begrenztes Spektrum von Leistungen eines Unternehmens zusammen),
- Einzelmarkenansatz (markiert spezifische Produkte oder Dienstleistungen),
- Mehrmarkenansatz (ein mit einer Dachmarke versehenes Unternehmen differenziert einzelne Produkt- oder Dienstleistungsformen mit eigenen Marken aus),
- Markentransferansatz (erfolgreiche Marken werden um Produkt- oder Dienstleistungslinien erweitert, um den guten Ruf der Ursprungsmarke zu nutzen),
- Tandemmarkenansatz (im Rahmen von strategischen Allianzen werden von zwei oder mehr Markenträgern gemeinsame Produkte oder Dienstleistungen entwickelt und unter einer Kombinationsmarke angeboten),

- Premium-Marken (im Rahmen von besonders hochwertigen Angeboten werden eigene Marken konzipiert oder ausgelagert).

Am Beispiel von bekannten Verbänden der Wohlfahrtspflege können verschiedene der strategischen Varianten erläutert werden:

- Dachmarkenansatz: Die Lebenshilfe als Arbeitgeber;
- Markenfamilienansatz: Pflegeeinrichtungen der Arbeiterwohlfahrt als Arbeitgeber;
- Einzelmarkenansatz: Das Collegium Augustinum (diakonische Trägerschaft) als Arbeitgeber;
- Tandemmarkenansatz: Kirchliche Träger als Arbeitgeber.

Ein zentraler Bezugspunkt der Markenpolitik ist die sogenannte „Markenidentität" anzusehen. Die wesentlichen Komponenten sind (a. a. O., S. 331):

- Vision (wohin wollen wir?)
- Persönlichkeit (was kommunizieren wir?)
- Werte (woran glauben wir?)
- Kompetenzen (was können wir?)
- Herkunft (woher kommen wir?)

Das Markenimage sollte idealerweise eine Kongruenz von Soll- und Ist-Wahrnehmung durch die Nachfragenden aufweisen. Zudem ist ein hoher Bekanntheitsgrad bei den Zielgruppen unerlässlich.

In erwerbsorientierten Sektoren der Wirtschaft ist in den vergangenen zwanzig Jahren für viele Anbieter die sogenannte „identitätsbasierte Markenführung" in den konzeptionellen Mittelpunkt der Strategie gerückt. Dieser Ansatz geht über die traditionelle Markierungspolitik hinaus, indem versucht wird, das Markenimage mit dem Selbstbild der Nachfragerinnen und Nachfrager bis hin zur Herstellung von „Markenerlebnissen" zu verknüpfen. Ein weiteres strategisches Element im Rahmen der identitätsbasierten Markenführung ist das sogenannte „Corporate Branding", also die Fundierung von Produkt- oder Dienstleistungsmarketing über die Generierung einer Unternehmung als Marke (Meffert und Bierwirth 2005, S. 144 ff.). Typische Beispiele hierfür sind Mercedes-Benz oder Apple.

Die „Stärke" einer Marke hat im Konzept der an der Identität einer Unternehmung orientierten Markenführung allerdings auch eine entscheidende innengerichtete Dimension. Der Erfolg dieses Ansatzes steht und fällt nämlich mit dem „Ausmaß an Markencommitment der Mitarbeiter (psychologische Bindung ge-

Grundlagen des Employer Brandings

Abbildung 4.3 Markenidentität und Markenimage (eigene Darstellung in Anlehnung an Meffert et al. 2014, S. 330 ff.)

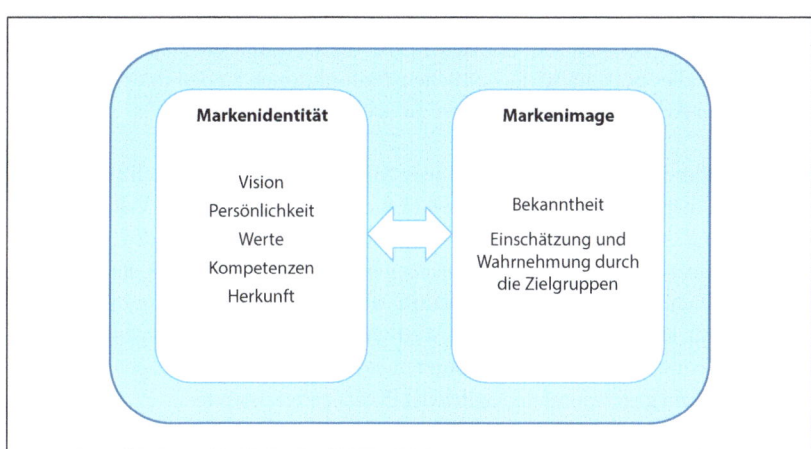

genüber der Marke)" (Burmann et al. 2005, S. 10), mithin mit der Bereitschaft zu einem engagierten und markenkonformen Verhalten bzw. der Motivation, die Markenziele zu erreichen.

Employer Branding als Konstrukt und als Strategie zur systematischen Erleichterung der Personalgewinnung wurde zu Beginn der 1990er Jahre im Kontext von Personalakquise und Markenbildung etabliert. „Es ist in der wissenschaftlichen und der praxisorientierten Literatur dabei weitestgehend verbreitet, die Arbeitgebermarke (employer brand) als das Zielobjekt eines marktorientierten Personalmanagements zu verstehen. Employer Branding stellt demgegenüber das strukturierte Vorgehen der Führung dieser Arbeitgebermarke dar, also einen Managementprozess im Rahmen des Personalführungssystems. Diese Ebenenunterscheidung zwischen employer brand und Employer Branding lehnt sich an Begrifflichkeiten in der klassischen Markenführung an. Auch dort wird die Marke (brand) von Markenführung/Markenmanagement (branding/brand management) unterschieden" (Stritzke 2009, S. 42 f.).

Gemeinsamkeiten mit der Strategie einer Markenentwicklung und Markenpflege bzw. identitätsorientierten Markenführung sind unverkennbar. Ziel der Bestrebungen ist selbstverständlich die positive, eindeutige und im Wettbewerb überlegene Wahrnehmung bei den jeweiligen Kunden (im Personalmarketing also den Bewerberinnen und Bewerbern als die nach Arbeitsplätzen Nachfragenden).

Hauptelemente des Employer Branding sind konsequenterweise:

- die Definition einer „Employer Value Proposition" (EVP), mithin eines im Wettbewerb attraktiven und besonderen Nutzenversprechens als Arbeitgeber,
- die Vermittlung dieses Nutzenversprechens an die wesentlichen Zielgruppen,
- die „interne Verankerung der Arbeitgebermarke durch die Sicherstellung des Beitrags aller personalwirtschaftlichen Teilfunktionen zu den in der Marke definierten Arbeitgebereigenschaften" (a. a. O., S. 50).

Eine besondere Herausforderung für jede Markenpolitik – also auch für das Management einer Arbeitgebermarke – ist es nicht nur, die Employer Value Proposition zu generieren und auf dem Arbeitsmarkt nachhaltig zu vermitteln, sondern die kommunizierte Besonderheit (gegebenenfalls: Einzigartigkeit) auch tatsächlich verlässlich und dauerhaft zu gewährleisten. Employer Branding bedeutet damit nicht nur, sich als Arbeitgeber im Wettbewerb um Fachkräfte gegenüber anderen Anbietern erfolgreich zu positionieren, sondern dieses Leistungsversprechen wirklich in der (gegebenenfalls täglichen) Praxis zu realisieren.

Wirkungsvolles Employer Branding bedeutet also die nicht zu unterschätzende Herausforderung, Elemente des Marketings bzw. Personalmarketings mit einem Personalmanagement und mit einem Markenmanagement gezielt und stimmig zu verbinden. An dieser Stelle sollte deutlich geworden sein, dass neben der Konzeption und Kommunikation einer Arbeitgebermarke ein nicht unerheblicher

Abbildung 4.4 Hauptelemente des Employer Branding (eigene Darstellung)

Aufwand in dem binnenstrukturellen Bemühen um die Einhaltung des gegebenen Nutzenversprechens gegenüber den Mitarbeiterinnen und Mitarbeitern als „Kunden" der Organisation enthalten ist.

4.2 Erarbeitung und Etablierung einer Arbeitgebermarke

Es soll in diesem Abschnitt verdeutlicht werden, dass die Erarbeitung und Etablierung einer effektiven Arbeitgebermarke mit einem strukturierten Vorgehen zu erfolgen hat. Nachfolgend werden die wesentlichen Arbeitsschritte, die Entwicklung eines Positionierungsprofils sowie die systematische Kommunikation einer Arbeitgebermarke behandelt.

4.2.1 Wesentliche Arbeitsschritte

In der Theorie der Markenbildung wird betont, dass nachhaltig erfolgreiches Branding unverzichtbar mehrere Elemente bzw. Arbeitsschritte benötigt (bspw. Clausnitzer et al. 2002, S. 19 ff.; Sponheuer 2010, S. 155 ff.):

- Klärung der Ausgangssituation: Neben der Notwendigkeit, eine eigenständige Arbeitgebermarke zu erarbeiten und zu etablieren, werden die spezifischen Stärken und Schwächen der bisherigen Position als Arbeitgeber eruiert. Ein diesbezüglich weiterer wichtiger Baustein besteht in der Sondierung der Bedarfe und Interessen der spezifischen Zielgruppe(n) der Organisation.
- Klärung der Kernkompetenzen: Hiermit wird der Grundstein der Arbeitgebermarke gelegt. Es geht dabei um die Herausarbeitung jener wertvollen Aspekte als Arbeitgeber, welche die Organisation bereits aufweist und die als eine Besonderheit in der jeweiligen Branche gelten können. Im Idealfall handelt es sich dabei um Kernkompetenzen, welche sowohl einen wichtigen Wettbewerbsvorteil bringen können als auch von den Konkurrenten nicht ohne Weiteres zu imitieren sind.
- Definition eines „Markenkerns": Hier besteht die Herausforderung darin, die Individualität der Organisation als Arbeitgeber mit Einzigartigkeit und Werthaltigkeit zu verbinden. Dieser Markenkern muss kommunizierbar sein.
- Bestimmung des „Markennutzens": In Korrelation zum Markenkern sind die besonderen Vorteile herauszuarbeiten, die Arbeitnehmerinnen und Arbeitnehmern als Beschäftigte der jeweiligen Organisation haben. Auch dies kann lediglich aus Sicht der Zielgruppen heraus formuliert werden.

Abbildung 4.5 Elemente des Branding Prozesses (eigene Darstellung)

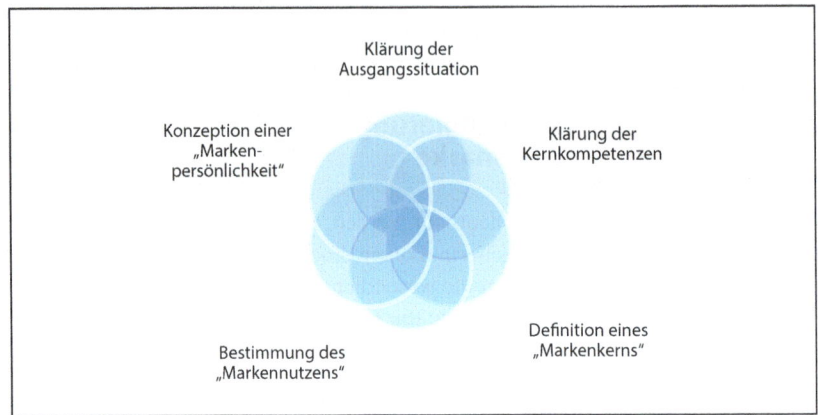

- Konzeption einer „Markenpersönlichkeit": Hier werden die affektiven (mithin gefühlsbetonten) Elemente einer Marke konzipiert. Leicht wiedererkennbare Elemente spielen dabei eine ebenso große Rolle wie die sogenannte „Tonalität" eines Markenauftritts im Rahmen von Öffentlichkeitsarbeit und Werbung.

4.2.2 Die Entwicklung eines Positionierungsprofils

Ein zentrales Element bei der Herausbildung einer Arbeitgebermarke ist die Entwicklung eines Positionierungsprofils. Dieser Ansatz folgt der im Marketing sehr häufig vorzufindenden Strategie der Markt- bzw. Kundensegmentierung. Eine Leistung bzw. ein Produkt kann, wenn hinreichend positioniert, präziser auf die Bedarfe von Kundengruppen ausgerichtet werden. Es ist mit einem guten Positionierungsprofil möglich, sich erkennbar von konkurrierenden Angeboten zu unterscheiden bzw. abzugrenzen. Nicht zuletzt ist von Vorteil, dass damit die werbliche Ansprache der Zielgruppen erheblich erleichtert werden kann. Ähnliche Absichten verfolgt das Positionierungsprofil im Employer Branding. Attraktivität und Erkennbarkeit des „Produkts Arbeitsplatz", aber auch seine möglichst klare Kommunizierbarkeit sind zentrale Argumente für die Verfolgung einer solchen Strategie.

Von Walter und Kremmel (2016a, S. 125) unterscheiden folgende Kategorien, die für die Bildung eines Positionierungsprofils von Relevanz sind:

- „Wichtigkeit für die Zielgruppen: Unterscheidung zwischen Arbeitgebereigenschaften mit hoher und geringer Wichtigkeit für die Zielgruppen. Arbeitgebereigenschaften hoher Wichtigkeit reflektieren zentrale Erwartungen der Zielgruppen an das Unternehmen als Arbeitgeber (z. B. attraktives Grundgehalt, sichere Anstellung, freundliche Kollegen).
- Wichtigkeit für das Unternehmen: Unterscheidung zwischen Arbeitgebereigenschaften mit hoher und geringer Wichtigkeit für das Unternehmen. Arbeitgebereigenschaften mit hoher Wichtigkeit reflektieren zentrale Erwartungen des Unternehmens an seine Mitarbeiter (z. B. Bereitschaft zu Überstunden, unternehmerisches Denken).
- Herausforderungsgrad der Arbeitgebereigenschaften: Unterscheidung zwischen Arbeitgebereigenschaften mit hohem und geringem Herausforderungsgrad für die Zielgruppen. Eigenschaften mit hohem Herausforderungsgrad sind für die Zielgruppen schwierig umzusetzen, werden als anstrengend wahrgenommen und/oder verlangen eine große Motivation (z. B. zeitliche Flexibilität, Dienstleistungsorientierung, körperliche Belastung). Sie können deshalb im Gegensatz zu Eigenschaften mit geringem Herausforderungsgrad (z. B. attraktive Produkte, gute Weiterbildungsangebote, Spaß bei der Arbeit) von den Zielgruppen auch negativ wahrgenommen werden.
- Art der Arbeitgebereigenschaften: Unterscheidung zwischen instrumentellen und symbolischen Arbeitgebereigenschaften. Instrumentelle Eigenschaften sind objektiv überprüfbare Charakteristika und Leistungen eines Arbeitgebers (z. B. Karriereprogramme, Altersvorsorge, Maßnahmen zur Vereinbarung von Familie und Beruf). Symbolische Eigenschaften geben die Persönlichkeit und Kultur der Organisation wieder (z. B. Arbeitgeber ist freundlich, bodenständig, fair, innovativ)".

Von Walter und Kremmel (a. a. O.) vermerken des Weiteren, dass eine Kombination der genannten Kategorien zu unterschiedlichen Positionierungsprofilen führt. Das „klassische Positionierungsprofil" als in der Praxis weit verbreiteter Ansatz ist stark an dem Grundsatz angelehnt, dass die Marke „in erster Linie für die Zielgruppen attraktiv sein muss [...] Getreu dem Motto ‚der Köder muss dem Fisch schmecken und nicht dem Angler' werden Arbeitgebereigenschaften herangezogen, die den Wünschen der Zielgruppen entsprechen, d. h. Arbeitgebereigenschaften, die für die Zielgruppen von großer Wichtigkeit sind. Der Herausforderungsgrad steht dabei nicht im Vordergrund. Meist handelt es sich um instrumentelle Eigenschaften, die einen konkreten, von den Zielgruppen geschätzten Nutzen beinhalten, der sich leicht kommunizieren lässt. Es können jedoch auch symbolische Eigenschaften herangezogen werden. Die Forschung ist sich einig, dass sowohl instrumentelle als auch symbolische Arbeitgebereigenschaften eine starke Wirkung auf die Arbeitgeberattraktivität entfalten können".

Der Nachteil dieses Ansatzes ist zum einen, dass damit neben gewollten auch ungewollte potentielle Bewerberinnen und Bewerber angesprochen werden können und der Aufwand für die Auswahl damit steigt. Daneben spricht gegen diesen unreflektiert zum Einsatz gebrachten Ansatz der klassischen Profilierung die Gefahr, dass die eingestellten Fachkräfte sehr schnell Enttäuschungen im realen Arbeitsleben erfahren, die Arbeitszufriedenheit gering und die Fluktuation hoch ist. Solchermaßen frustrierte Beschäftigte fühlen sich nicht nur durch die Aussagen der Rekrutierungsstrategie getäuscht, sondern weisen auch eine vergleichsweise hohe Bereitschaft auf, die Organisation wieder zu verlassen. So sollten zumindest im Verlaufe des Bewerbungsgesprächs die oben erwähnten herausfordernden Eigenschaften der beruflichen Tätigkeit dezidiert zur Erwähnung kommen.

Die Alternative zum klassischen Profil der Positionierung ist das sogenannte „selektionierende Positionierungsprofil", welches weniger auf die Wünsche der potentiellen Bewerberinnen und Bewerber, denn mehr auf die Ansprüche des Unternehmens gerichtet ist. Im Zentrum des Profils stehen dann die Eigenschaften der gewünschten Fachkraft, welche durchaus auch Herausforderungscharakter aufweisen können. Eine solche Strategie kann sozialen Organisationen dann empfohlen werden, wenn sie bereits über ein gutes Arbeitgeberimage verfügen und im Rahmen ihrer Rekrutierungsstrategie solche Bewerberinnen und Bewerber gezielt ansprechen möchten, welche sich bewusst auch größeren Herausforderungen im beruflichen Alltag stellen wollen. Zielgruppe des selektionierenden Ansatzes sind mithin Bewerberinnen und Bewerber mit hoher Qualität, einem hohen Engagement und einer realistischen Bereitschaft zur anspruchsvollen Tätigkeit. Angemerkt werden muss jedoch, dass diese Strategie das Bewerberaufkommen in der Regel erheblich verringert.

Ein wesentliches Kennzeichen erfolgreicher Positionierung ist deren Passgenauigkeit im Hinblick auf den Arbeitsmarkt sowie die konkreten Bedarfe der sozialen Organisation: „In einer immer komplexer werdenden Welt, in der es zunehmend schwerer fällt, Unterschiede zu erkennen und Transparenz herzustellen, nimmt das Employer Branding im Bewerbungsprozess eine wichtige Orientierungsfunktion ein […] Aufgabe des Employer Branding ist die Treiberfunktion zur Priorisierung. Es gilt zu entscheiden, welcher Aspekt oder welche Aspekte in den Fokus gerückt und offensiv beworben werden. Arbeitgeber, die sich dem Employer Branding widmen, reduzieren für potentielle Bewerbende die Komplexität der Informationen, so dass sie leichter Entscheidungen treffen können" (Heider-Winter 2014, S. 26).

Jede Positionierung birgt Gefahren in sich im Hinblick auf die hinreichende Größe der anvisierten Zielgruppe und die eindeutige Wahrnehmung der Arbeit-

Abbildung 4.6 Entwicklung eines Positionierungsprofils der Arbeitgebermarke (von Walter und Kremmel 2016a, S. 124 ff., eigene Darstellung)

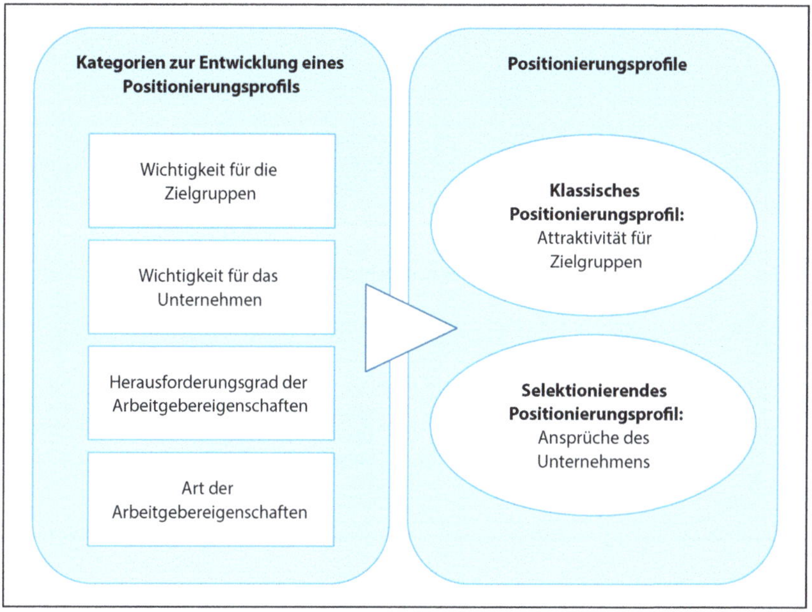

Kategorien zur Entwicklung eines Positionierungsprofils
- Wichtigkeit für die Zielgruppen
- Wichtigkeit für das Unternehmen
- Herausforderungsgrad der Arbeitgebereigenschaften
- Art der Arbeitgebereigenschaften

Positionierungsprofile
- Klassisches Positionierungsprofil: Attraktivität für Zielgruppen
- Selektionierendes Positionierungsprofil: Ansprüche des Unternehmens

gebermarke. Probleme, die zu vermeiden sind, können folgendermaßen umrissen werden:

- Unklare Positionierung: Die Zielgruppen der Arbeitgebermarke haben keine klare Vorstellung von der Position des Leistungsversprechens, sie können es nicht positiv abgrenzen, es gilt als eines unter vielen. In diese Rubrik fällt auch die zweifelhafte Positionierung, wenn es den Zielgruppen schwerfällt, die Positionierung nachzuvollziehen, sie zu akzeptieren bzw. zu glauben.
- Überpositionierung: Die Position des Leistungsangebotes ist klar, jedoch zu exklusiv. Infolgedessen sind zu wenige potentielle Bewerberinnen und Bewerber vorhanden, die sich für den Arbeitgeber interessieren.
- Unterpositionierung: Es wird mit der Positionierung ein zu breites Spektrum an Bewerberinnen und Bewerbern angesprochen. Eine Unterpositionierung kann auch zur Folge haben, dass die Zielgruppen zu unterschiedliche Vorstellungen von der Position der Arbeitgebermarke haben.

Abbildung 4.7 Positionierung im Employer Branding – Chancen und Gefahren (eigene Darstellung)

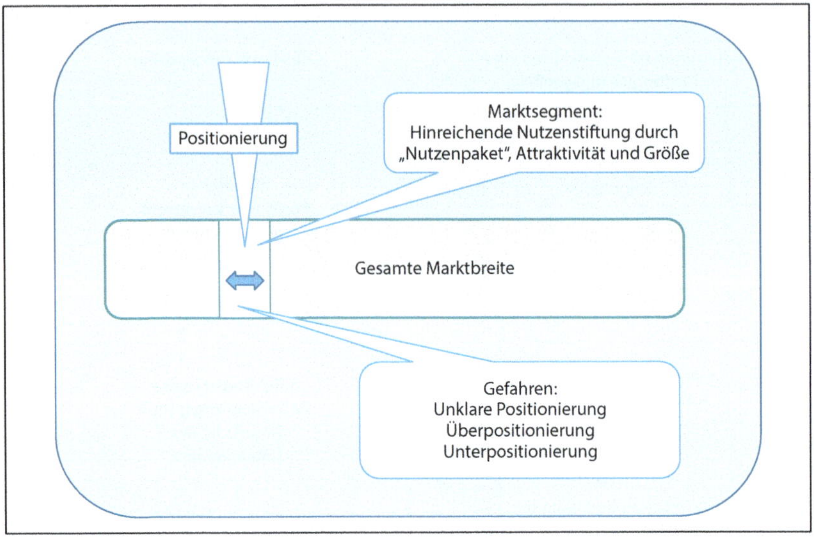

```
                    Marktsegment:
 Positionierung     Hinreichende Nutzenstiftung durch
                    „Nutzenpaket", Attraktivität und Größe

         ⟷     Gesamte Marktbreite

                    Gefahren:
                    Unklare Positionierung
                    Überpositionierung
                    Unterpositionierung
```

4.2.3 Die Kommunikation einer Arbeitgebermarke

Um eine Arbeitgebermarke im Bewusstsein der Zielgruppen zu etablieren, ist eine dezidierte Kommunikationsstrategie angezeigt. Im Grunde folgen die Maßgaben für eine solche Employer-Brand-Communication den im Marketing gängigen Imperativen.

Die Kommunikation einer Arbeitgebermarke

- sollte auf fundierten Informationen zur aktuellen Situation basieren,
- ist mit Zielen zu versehen, die ihrerseits im Zusammenhang mit der Gesamtstrategie der Organisation stehen beziehungsweise aus der Strategie abgeleitet worden sind,
- sollte integriert sein, das heißt mit Einbeziehung aller relevanten Instrumente erfolgen, und
- sollte auf der Grundlage etablierter und bewährter Planungskonzepte vorbereitet werden.

Der Planungsprozess der Kommunikation einer Arbeitgebermarke sollte folgende Elemente aufweisen (Bruhn 2015, S. 45):

- Situationsanalyse
- Kommunikationsziele
- Zielgruppenplanung
- Festlegung der Kommunikationsstrategie
- Kommunikationsbudget
- Einsatz von Kommunikationsinstrumenten
- Maßnahmenplanung
- Kommunikationskontrolle.

In inhaltlicher Hinsicht sind folgende Faktoren für die Konzeption einer Kommunikationsstrategie besonders wichtig:

- Die Positionierung der Arbeitgebermarke im Wettbewerb im Sinne einer „Employer Value Proposition", also der Besonderheit, der Einzigartigkeit der sozialen Organisation als Arbeitgeber;
- die Kommunikationsziele (bspw. die Arbeitgebermarke bekannt machen, die Sympathiewerte erhöhen oder die Bereitschaft zur Bewerbung verstärken);
- der Nutzen und die Begründung des Nutzenversprechens der Arbeitgebermarke;
- zentrale Unterschiede zwischen den eigenen Arbeitgebereigenschaften und jenen der Konkurrenz;
- Kernbotschaft (welche Hauptidee sollen die Angesprochenen nach dem Werbekontakt im Kopf haben? Welche Emotionen sollen angesprochen werden? Welche „Tonalität" (seriös, aggressiv, jugendlich etc.) soll die Werbebotschaft haben?).

Für die Kommunikation kommen auch im Rahmen des Employer Brandings die in Tabelle 4.1 dargestellten instrumentelle Bereiche infrage.

Die effiziente Anwendung von Instrumenten der Employer-Branding-Kommunikation hat zur Voraussetzung, dass die Wahl des Ansatzes bewusst auf die jeweilige Situation der Zielgruppe zugeschnitten ist. Kremmel et al. (2016, S. 171) verweisen auf diesen Umstand, indem sie unter dem Stichwort „Arbeitgeberwahlprozess mit möglichen Kontaktpunkten" verschiedene Instrumente im Abgleich mit drei Phasen darstellen, in welchen sich potentielle Mitarbeiterinnen und Mitarbeiter befinden können (Tab. 4.2).

Zu den wichtigsten inhaltlichen Maßnahmen ist im Employer Branding die medienwirksame Lancierung von eigenen Anstrengungen für eine gute Arbeitsqualität der Fachkräfte zu zählen. Mit Rodenbeck Schäfer (2014, S. 55 f.) möchten wir einige ausgewählte Hinweise geben, welche Elemente einer Markenbildung am Beispiel von Pflegeeinrichtungen dafür herangezogen werden könnten:

Tabelle 4.1 Instrumentelle Bereiche der Employer-Branding-Kommunikation (eigene Darstellung)

Werbung	• einseitige, unpersönliche Kommunikation • zielt direkt auf den Absatz einer Leistung, mithin sind möglichst unmittelbare akquisitorische Effekte intendiert • Werbeträger sind u. a.: Anzeigen in Zeitungen und Zeitschriften, webbasierte Auftritte, TV- und Rundfunkspots, Flyer, Werbebroschüren, Postwurfsendungen, Plakate, Flächenwerbung an öffentlichen Verkehrsmitteln
Öffentlichkeitsarbeit (PR)	• zweiseitig und so beziehungsintensiv als möglich ausgelegte Kommunikation • zielt auf umfassendere Wirkungen (u. a. zur längerfristigen Imageentwicklung oder -konsolidierung) • die Intention ist, im Dialog zu erklären und verstanden zu werden • Träger sind u. a. Gesprächsrunden von Führungskräften mit Studierenden, Interviews mit Medienvertreterinnen und Medienvertretern, aber auch die Mitarbeiterinnen und Mitarbeiter können als aktive „Markenbotschafterinnen" und „Markenbotschafter" aktiv sein (sie sind besonders glaubhafte, weil authentische Öffentlichkeitsarbeiterinnen und -arbeiter)
Verkaufsförderung	• temporäre Intensivaktionen mit möglichst direktem Kontakt zu potenziellen Bewerberinnen und Bewerbern • Verkaufsförderung kann erfolgen durch: direkte Ansprache-Aktionen, Informationsveranstaltungen für einzelne Zielgruppen, Praktika, Probearbeitstage etc.
Corporate Identity (CI)	• einheitlich positiver Auftritt aller sichtbaren Faktoren einer Organisation nach innen und außen • soll die Glaubwürdigkeit eine Employer Branding Strategie unterstützen • im Zentrum steht die Integrität von Anspruch und Wirklichkeit, von Leitbild, Werbung und PR sowie dem faktischen „Verhalten" der Organisation insgesamt sowie im Besonderen als Arbeitgeber • Träger der Corporate Identity: das Verhalten der Organisation

Tabelle 4.2 Arbeitgeberwahlprozess mit möglichen Kontaktpunkten (Kremmel et al. 2016, S. 171, eigene Darstellung)

	Phase 1	Phase 2	Phase 3
Phase und wesentliche Kennzeichen	Schule, Studium, bisheriger Arbeitgeber (Low-Involvement-Phase, passiv)	Informations- und Stellensuche (Selektionsphase, aktiv)	Auswahlprozess (finale Bewertungs-, Entscheidungsphase)
Instrument/ Medium	Employer Branding-Werbung, PR, Sponsoring, Social Media	Direktmarketing, Messen, Events, Karrierewebsite, Social Media	Vorstellungsgespräch, Assessment, Korrespondenz

- „Möchten sie einen Schwerpunkt auf die Themen Vereinbarkeit von Familie und Beruf/Work-Life-Balance setzen?
- Möchten Sie die Burn-Out-Prävention zu Ihrem Thema machen?
- Oder denken Sie, Sie bekommen ein Mentoring-Programm für angehende Führungskräfte hin?
- Sind Sie ‚das Krankenhaus mit Betriebskindergarten' (das für Pflegekräfte nach der Babypause besonders interessant ist) oder ‚das Seniorenheim mit dem Riesen-Wellnessbereich' (den die Mitarbeiter mit nutzen dürfen)? […]
- Haben Vollzeitkräfte bei Ihnen nur eine 39- oder gar 35- statt einer 40-Stunden-Woche?".

Als Beispiel für einen im Hinblick auf die mediale Präsenz gelungenen Auftritt als Arbeitgebermarke soll jener der auf Pflegeleistungen und Betreutes Wohnen spezialisierten Unternehmensgruppe „domino world™" vorgestellt werden. Der Sieger in der Kategorie „Gesundheit und Soziales" des Arbeitgeberwettbewerbs „Focus Award: Die Top 10 Arbeitgeber 2018" weist auf seiner Website (domino-world.de) auf diverse gewonnene Preiswettbewerbe und Auszeichnungen der vergangenen Jahre hin und bietet verschiedene Broschüren zur Berufstätigkeit in den Einrichtungen und Diensten dieses Trägers an. Eine eigene Veröffentlichung wurde „Qualitätsgarantien für Mitarbeiterinnen und Mitarbeiter" gewidmet, welche dezidierte Aussagen zu Einstieg, Team-Zugehörigkeit, Fortbildung, Laufbahn, Arbeiten mit Sinn, Arbeitsklima, Gesundheit sowie finanzielle Sicherheit und Familie enthält.

Weigmann (2011, S. 58) publizierte im Rahmen einer Ratgeberbroschüre für Pflege-PR in der Diakonie goldene Regeln für einen journalistischen Text, deren nachfolgende Wiedergabe in Auszügen darauf hinweisen soll, dass die Medienarbeit auch von sozialen Organisationen die Einhaltung professioneller Mindeststandards einfordert:

- Das Wichtigste zuerst!
- Neuigkeiten, neue Erkenntnisse, noch nie Gesagtes, Unerhörtes, Aufregendes, Erhellendes nach vorn!
- Was wollen die Menschen lesen? Was will ich, das die Menschen lesen sollen? Wofür will ich sie interessieren? Wie wird das, was ich ihnen mitteilen will, interessant?
- Journalistische Texte sind relevante Texte: Warum muss das heute, an dieser Stelle und in dieser Form dem Leser mitgeteilt werden?
- Journalistische Texte besitzen Gebrauchswert! Der Gebrauchswert erweist sich beim Leser, nicht beim Autor!

- Erzählen, nicht dokumentieren oder protokollieren! Also: wörtliche Rede, Alltagssprache, Umgangssprache, Metaphern; Spannung erzeugen, belustigen, betroffen oder nachdenklich machen.
- Amtssprache vermeiden!
- Aktiv schreiben!
- Substantive durch Verben ersetzen, kurze Wörter, Fremd- und Fachwörter vermeiden; ein Gedanke pro Satz, keine Verlegenheitsfloskeln; keine Schachtelsätze.
- Der häufige Gebrauch von Hauptwörtern, die auf „-ung", „-heit" und „-keit" enden, wirkt sehr hölzern und nichtssagend.

Viele größere Unternehmen entscheiden sich bei der Realisierung der auf das Employer Branding bezogenen Kommunikationspolitik für ein konzertiertes Vorgehen im Rahmen einer sogenannten „Kampagne". Der Unterschied zur reinen PR ist darin zu sehen, dass bei der Kampagne eine dezidierte Verbindung von öffentlichkeits- bzw. zielgruppenwirksamen Ansätzen erfolgt, eine bewusst gestaltete Struktur des Aufbaus vorliegt, der Ablauf eine spezifische Dramaturgie erfährt, Ziele und Zeitrahmen sehr präzise festgelegt sowie alle relevanten Kommunikationsinstrumente abgestimmt eingesetzt werden. Zur Realisierung einer Kampagne können nahezu alle gängigen Medien persönlicher und unpersönlicher Art zum Einsatz gebracht werden.

Kremmel et al. (2016, S. 194) geben ein Beispiel für einen Employer-Branding-Kommunikationsplan, sie unterscheiden verschiedenen Maßnahmen innerhalb der Elemente „Kampagne" sowie „Basisprogramm" und strukturieren sie entlang einer Zeitschiene (Tab. 4.3).

Die gleichen Autoren (a.a.O., S. 195) geben auch ein Beispiel für eine kommunikationspolitische Detailplanung inklusive der Kosten der verschiedenen Maßnahmen (Tab. 4.4).

Mit Heider-Winter (2014, S. 169 f.) machen wir schließlich darauf aufmerksam, dass die Kommunikationspolitik im Rahmen des Employer Branding auch nach innen gerichtet sein muss. Entsprechende Instrumente der internen Kommunikation sind die Mitarbeiterzeitschrift, das Intranet, E-Mail-Newsletter, soziale Netzwerke oder Infobriefe. Natürlich kann Employer Branding im binnenstrukturellen Bereich auch über Meetings oder persönliche Gespräche kommuniziert werden. Zur visuellen und inhaltlichen Überführung eines auch die Corporate Identity einer sozialen Organisation berücksichtigenden Employer Brandings in die interne Kommunikation gibt Heider-Winter (a.a.O., S. 171) folgenden Hinweis: „Die konsequente bildhafte und inhaltliche Stringenz zahlt innerhalb Ihrer Belegschaft intensiv auf das Wissen zur Arbeitgebermarke ein".

Erarbeitung und Etablierung einer Arbeitgebermarke 151

Tabelle 4.3 Beispiel für einen Employer-Branding-Kommunikationsplan (Kremmel et al. 2016, S. 194, eigene Anpassungen, eigene Darstellung)

		Monate											
		1	2	3	4	5	6	7	8	9	10	11	12
Kampagne	Print												
	PR												
Basisprogramm	Direkt-Marketing												
	Messe												
	Events												
	Karriere-Website	Laufend (Employer Branding Leitinstrument)											
	Stellenanzeige	Nach Bedarf											
	Vorstellungsgespräch	Nach Bedarf											

Tabelle 4.4 Beispiel einer kommunikativen Detailplanung (Kremmel et al. 2016, S. 195, eigene Anpassungen, eigene Darstellung)

	Instrument	Zeitraum	Frequenz	Reichweite	Kosten in Euro
Kampagne	Print-Werbung	März–April	2×	10 000	6 000
	PR Kampagne	Januar–Februar	2×		1 500
				Kosten Kampagne	7 500
Basisprogramm	Direktmarketing	März	1×	3 000	3 000
	Messe	April	1×	500	500
	Events	Mai	10×	500	5 000
	Karriere-Website	Januar–Dezember	Januar–Dezember		1 000
	Stellenanzeigen	n. B.	n. B.		1 000
				Kosten Basisprogramm	10 500
				Gesamtkosten	18 000

4.3 Employer Brand Controlling

Wie im gesamten Marketing ist auch die Konzeption und Implementierung des Employer Brandings einem Controlling zu unterwerfen. Nach einer Skizze der konzeptionellen Grundlagen werden in diesem Kapitel verschiedene Kennzahlen zur Steuerung der Arbeitgebermarke vorgestellt und erläutert sowie der Faktor „Informationsbeschaffung" im Kontext des Employer Branding Prozesses behandelt.

4.3.1 Controlling als Managementinstrument des Employer Brandings

Mit Horcher (2013, S. 216) verstehen wir Controlling als ein „umfassendes, funktionsübergreifendes Steuerungs- und Koordinierungskonzept mit der Aufgabe ergebnisorientierter Informationsversorgung des Managements eines Unternehmens". Vor allem geht es dabei um „die Unterstützung und zielgerichtete Entscheidungsvorbereitung durch die Beschaffung, Aufbereitung, Analyse und Kommunikation von quantitativen und qualitativen Unternehmensdaten" (ebd.).

In technischer Hinsicht obliegt dem Controlling der für jede Steuerung unverzichtbare Abgleich von Soll und Ist unter Berücksichtigung der jeweiligen lang-, mittel- und kurzfristigen Zielstellungen. Auf dieser Basis können Ursachenanalysen und gegebenenfalls Vorschläge für Steuerung/Umsteuerung eines Employer Branding Prozesses vorbereitet und unterbreitet werden.

Wir können unterscheiden in ein strategisches (langfristiges) und operatives (kurzfristiges) Employer Brand Controlling:

- Das strategische Controlling der Arbeitgebermarke bezieht sich auf die länger- und langfristige Perspektive des Employer Brandings. Der Bezug richtet sich auf übergeordnete Zielstellungen wie den Erhalt von Attraktivität und Wettbewerbsfähigkeit, die dauerhafte Sicherung der Markenwirkung und ihrer Substanz.
- Das operative Controlling der Arbeitgebermarke bezieht sich auf die Zielerreichung im Bereich einzelner Maßnahmen (wie z. B. Kontakte bei Nachwuchsmessen, Besucher der Website oder Bewerbungen nach der Schaltung von Stellenausschreibungen in Zeitungen und Zeitschriften).

Die entsprechende Logik des Controllings ist jedoch in strategischer wie operativer Hinsicht gleich und soll in Abbildung 4.8 verdeutlicht werden.

Im Kontext der Planung bzw. der Strategieformulierung sind mithin Ziele festzulegen, die im Rahmen der Durchführung erreicht werden sollen. Dem Con-

Abbildung 4.8 Logik des Employer Brand Controllings (eigene Darstellung)

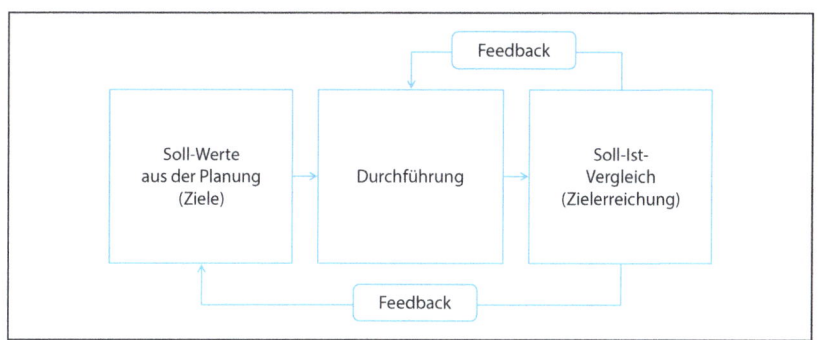

trolling untersteht die Prüfung der Ergebnisse im Hinblick auf die Zielerreichung (Ist-Soll-Übereinstimmungen oder -Diskrepanzen). Rückkoppelungen können sowohl die Planung bzw. die Strategieformulierung als auch die Durchführung betreffen. Ziele müssen objektiv definiert und messbar formuliert werden, damit sie fundiert überwacht und mit der Zielstellung verglichen werden können. Das Controlling benötigt geeignete Methoden und Instrumente, die eine valide Messung der Zielerreichung erlauben.

Im Controlling spielt neben den genannten Parametern „Zielstellungen", „Durchführung" und „Ergebnisse" schließlich auch die Mittelverwendung eine herausragende Rolle. Es gilt die Vorgabe, dass die Mittelverwendung einen klaren Zusammenhang zu Tätigkeiten und erstrebten Ergebnissen aufweisen muss. Das Controlling hat im Employer Branding Prozess auch sozialer Organisationen die Effektivität und Effizienz von Maßnahmen zu prüfen und eine entsprechende „Aufwand- und Erlöskontrolle" durchzuführen:

- Während sich die Prüfung der Effektivität auf die reine Zielerreichung von Maßnahmen bezieht (z. B. „Haben wir unsere Akquiseziele erreicht?"),
- wird bei der Beurteilung der Effizienz die Sparsamkeit im Einsatz der Mittel (bei gegebenen Zielen) betrachtet (z. B. „Hätten wir die Akquiseziele auch mit geringerem Ressourcenaufwand erreichen können?").

4.3.2 Kennzahlen des Employer Brand Controllings

In einer hinreichend aufbereiteten Form hat das Controlling des Employer Brandings die für das Management wesentlichen Informationen bereitzustellen und

Abbildung 4.9 Ziele von Employer Branding Maßnahmen und mögliche Kennzahlen (von Walter und Kremmel 2016b, S. 217, geringfügige Anpassungen, eigene Darstellung)

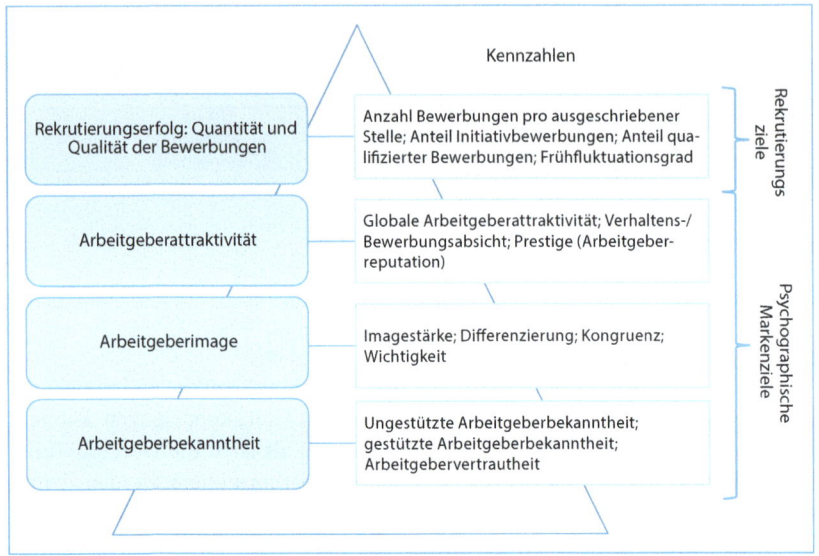

damit Unterstützung bei der Durchsetzung, Durchführung und Kontrolle (Implementierung) beschlossener Strategien zu leisten. Hierzu ist die Heranziehung von Kennzahlen dienlich. Unter Kennzahlen werden quantitative Daten verstanden, die als bewusste Verdichtung einer komplexen Realität über betriebswirtschaftliche Sachverhalte informieren, sie dienen der wertorientierten Unternehmenssteuerung (Weber et al. 2017, S. 69 ff.).

Kennzahlen haben sich auch im Employer Branding auf Schlüsselindikatoren zu konzentrieren, die Aussagen über Effektivität und Effizienz der Maßnahmen erlauben. Neben der internen Überprüfung von Zielerreichung und Sparsamkeit beim Ressourcenverbrauch ist auch eine Teilnahme an einem „Benchmarking" möglich, wo wichtige Parameter des Employer Brandings mit anderen vergleichbaren Einrichtungen und Diensten verglichen werden können (so können Aussagen über die Effizienz der Maßnahmen häufig lediglich nach einem Abgleich mit dem Erfolg und dem Ressourceneinsatz anderer Organisationen getroffen werden).

Tabelle 4.5 Kennzahlen für den Rekrutierungserfolg (von Walter und Kremmel 2016b, S. 217 ff., eigene Darstellung)

(1) Kennzahlen zur Kontrolle der Quantität der Bewerbungen	
Anzahl Bewerbungen pro ausgeschriebener Stelle	Anzahl der Bewerbungen/Anzahl ausgeschriebener Stellen
Anzahl Bewerbungen pro angenommener Stelle	Anzahl der Bewerbungen/Anzahl angenommener Stellenangebote
Anteil Initiativbewerbungen	Anzahl der Initiativbewerbungen/Anzahl der Bewerbungen (Kalkulation in Prozent)
(2) Kennzahlen zur Kontrolle der Qualität der Bewerbungen	
Anteil qualifizierter Bewerbungen	Anzahl qualifizierter Bewerbungen/Anzahl der Bewerbungen (Kalkulation in Prozent)
Frühfluktuationsrate	Aufgelöste Arbeitsverhältnisse in der Probezeit/Anzahl der Einstellungen (Kalkulation in Prozent)
(3) Weitere Kennzahlen zur Kontrolle des Rekrutierungserfolgs	
Beschaffungsdauer	Gesamtsumme Prozessdauer bis zur Stellenbesetzung/Anzahl angenommener Stellenangebote
Kosten pro Einstellung	Gesamtkosten Personalbeschaffung/Anzahl der Einstellungen
Grad der Personaldeckung	Anzahl der Einstellungen/Anzahl benötigter Mitarbeiter (Kalkulation in Prozent)
Vorstellungsquote	Anzahl der Vorstellungsgespräche/Anzahl der Bewerbungen (Kalkulation in Prozent)

Die nachstehenden Darlegungen erfolgen in Anlehnung an eine Konzeption, die von Walter und Kremmel (2016b, S. 217 ff.) erstellt haben. Die Dimensionierung und die beispielhafte Zuordnung von Kennzahlen ist in Abbildung 5.9 aufgezeigt. Den drei Leitdimensionen (Rekrutierungserfolg, Arbeitgeberattraktivität, Arbeitgeberimage) werden diesem Konzept folgend spezifische Kennzahlen zugeordnet, die den Status des Employer Branding Prozesses kennzeichnen sollen.

Kennzahlen für den Rekrutierungserfolg lassen sich ausdifferenzieren in Quantität und Qualität der Bewerbungen sowie weitere Parameter zur Kontrolle des Ergebnisses. In Tabelle 4.5 sind solche Kennzahlen aufgeführt, wobei rechts neben der Kennzahl die jeweilige Erläuterung bzw. Formel steht.

Kennzahlen für die Ermittlung und Kontrolle der Arbeitgeberattraktivität lassen sich aus Befragungen verschiedener Zielgruppen der Employer Branding Strategie ermitteln. In der Regel handelt es sich dabei um die Ergebnisse der Zustimmung oder Ablehnung von sogenannten „Statements" der Befragten zur Attraktivität eines bestimmten Arbeitgebers. Ein Beispiel (vgl. Tab. 4.6) soll dies illustrieren:

Tabelle 4.6 Erhebung zur globalen Arbeitgeberattraktivität (von Walter und Kremmel 2016b, S. 217 ff., eigene Darstellung)

Bitte bewerten Sie die folgenden Aussagen, inwieweit Sie ihnen zustimmen können (Skala von ++ bis --)	Ausmaß der Zustimmung/Ablehnung				
	++	+	0	-	--
Globale Arbeitgeberattraktivität					
„Dieses Unternehmen wäre für mich ein guter Arbeitgeber"					
„Dieses Unternehmen ist für mich als Arbeitgeber attraktiv"					
„Eine Beschäftigung bei diesem Unternehmen spricht mich sehr an"					
Verhaltensabsicht					
„Ich würde ein Jobangebot dieses Unternehmens annehmen"					
„Dieses Unternehmen wäre für mich die erste Wahl als Arbeitgeber"					
„Wenn mich dieses Unternehmen zu einem Vorstellungsgespräch einlädt, würde ich zusagen"					
Bewerbungsabsicht					
„Wenn ich ein Stellenangebot dieses Unternehmens sehen würde, würde ich mich darauf bewerben"					
„Wenn ich nach einer Stelle suchen würde, würde ich mich bei diesem Unternehmen bewerben"					

Zur Ermittlung des aktuellen Standes können nun für jede der aufgeführten Subdimensionen (globale Arbeitgeberattraktivität, Verhaltensabsicht, Bewerbungsabsicht) Durchschnittswerte errechnet werden, die mit dem Ausgangspunkt des Employer Branding Prozesses sowie mit den bei der Strategieformulierung und der Konzeption von Maßnahmen gebildeten Zielen ableitbar sind. Als Beispiel für das Ergebnis einer solchen Erhebung sollen die Durchschnittswerte aus einer Befragung zur globalen Arbeitgeberattraktivität, zur Verhaltensabsicht gegenüber diesem Arbeitgeber sowie zum Ausmaß der konkreten Bewerbungsabsicht aufgezeigt werden:

Das Ergebnis könnte wie folgt aussehen:

Tabelle 4.7 Ergebnis einer Erhebung zur Arbeitgeberattraktivität – Beispiel (eigene Darstellung)

Subdimension	Ausgangslage	Zielsetzung	Erreichter Wert
Globale Arbeitgeberattraktivität	2,8	1,8	2,3
Verhaltensabsicht	3,0	1,8	2,5
Bewerbungsabsicht	3,1	2,0	2,5

Wir sehen an dem obigen Beispiel, dass in jedem Bereich Verbesserungen eingetreten sind, wenngleich die (möglicherweise zu engagierten) Ziele nicht vollständig erreicht werden konnten.

Im Bereich des affektiven Anteils eines Arbeitgeberimages werden Kennzahlen in der Regel auf die Zustimmung oder Ablehnung bezüglich bestimmter in einer Befragung vorgelegter Adjektive bezogen. Ein Beispiel soll dies verdeutlichen (vgl. Tab. 4.8).

Tabelle 4.8 Ergebung des affektiven Anteils der Arbeitgeberattraktivität – Beispiel (eigene Darstellung)

Frage: In welchem Maße treffen die untenstehenden Merkmale auf diesen Arbeitgeber zu?	Ausmaß der Zustimmung/Ablehnung				
	++	+	0	–	––
modern			x		
dynamisch			x		
aufgeschlossen		x			
engagiert			x		
sympathisch			x		
jung				x	
großzügig					x
sorgfältig		x			
freundlich		x			
sozial		x			

Tabelle 4.9 Erhebung der Bekanntheit einer Arbeitgebermarke – Beispiel (eigene Darstellung)

Frage 1: „Welcher Arbeitgeber fällt Ihnen aus dieser Branche spontan ein?" Frage 2: Welchen Arbeitgeber aus dieser Liste kennen Sie (mindestens dem Namen nach)?	Angaben in Prozent		
	Ausgangslage	Zielsetzung	Erreichter Wert
Anteil befragter Studierender der Sozialpädagogik, die den Arbeitgeber ungestützt als bekannt genannt haben	19	60	55
Anteil befragter Studierender der Sozialpädagogik, die den Arbeitgeber aus einer ihnen vorgelegten Liste verschiedener Arbeitgeber als bekannt angegeben haben (gestützte Bekanntheit)	35	85	90

Ein weiterer fester Bestandteil des Employer Branding Controllings ist die Ermittlung der Bekanntheit einer Arbeitgebermarke. Ein entsprechendes Beispiel für die Ergebnisse einer Erhebung bei Studierenden der Sozialpädagogik soll dies illustrieren (vgl. Tab. 4.9).

Die Resultate der Befragung zeigen, dass die unternommenen Maßnahmen offensichtlich Wirkung gezeigt haben, so konnte die unbefriedigende Ausgangslage von 19 bzw. 35 Prozent Bekanntheit durch die kommunikationspolitischen Maßnahmen erheblich verbessert werden, im Falle der gestützten Bekanntheit wurden die Ziele sogar übererfüllt[1]. Die Ergebnisse einer solchen Untersuchung können bei Bedarf nach verschiedenen Merkmalen der Zielgruppe (Alter, Geschlecht, Studiensemester, Bachelor oder Master etc.) differenziert analysiert werden, um bestimmte Stärken und Schwächen in der Bekanntheit noch etwas genauer zu betrachten.

Ebenfalls ist es sinnvoll, bei den Zielgruppen die sogenannte „Arbeitgebervertrautheit" zu ermitteln bzw. entsprechende Maßnahmen des Employer Brandings im Hinblick auf diesen Faktor zu evaluieren. Auch dazu sollen Beispiele für Statements angeführt werden, die den Befragten im Rahmen einer Erhebung mit der Bitte um Bewertung vorgelegt werden (vgl. Tab. 4.10).

Unter dem Strich zeigen die durchschnittlichen Werte der Zustimmung bzw. Ablehnung zu den vorgelegten Statements, dass der in Rede stehende Träger eine relativ gute Position im Hinblick auf eine profilierte Bekanntheit bei den Ziel-

---

1 Voraussetzung für die Gültigkeit dieser Annahme ist natürlich, dass eine Verbindung von Intervention und Resultat plausibel ist und keine externen Effekte stattgefunden haben, die Ergebnisse also tatsächlich auf die durchgeführten Maßnahmen zurückgeführt werden können resp. nicht andere Ursachen für die Entwicklung verantwortlich sind.

Tabelle 4.10   Erhebung der „Arbeitgebervertrautheit" – Beispiel (eigene Darstellung)

Bitte bewerten Sie die folgenden Aussagen zu Träger XY, inwieweit Sie ihnen zustimmen können (Skala von ++ bis --)	Ausmaß der Zustimmung/Ablehnung				
	++	+	0	–	--
„Dieser Träger kommt mir als einer der ersten in den Sinn, wenn ich an Arbeitgeber denke"		x			
„Ich kann diesen Träger von anderen Arbeitgebern unterscheiden"		x			
„Ich bin mit diesem Träger als Arbeitgeber sehr vertraut"				x	

gruppen aufweist, offensichtlich jedoch noch Nachholbedarf bei der Information der Zielgruppen über den Träger als Arbeitgeber hat. Selbstverständlich ist es auch hier ganz im Sinne eines Employer Brand Controllings möglich, die ursprünglichen Werte (Ausgangslage) mit den Zielsetzungen und den tatsächlich realisierten Ergebnissen der Employer Branding Maßnahmen abzugleichen sowie entsprechende steuerungsbezogene Rückschlüsse auf die Strategie, die Planungen und die Umsetzung zu ziehen.

4.3.3 Informationsbeschaffung im Employer Branding Prozess

Strategien zum Aufbau und zur Pflege einer Arbeitgebermarke müssen wie bereits angedeutet auf fundierten Informationen basieren. Das Employer Brand Controlling steht und fällt mit der Aktualität und Güte der Daten zum Stand der Zielerreichung.

Folglich sind in regelmäßigen Abständen Erhebungen u. a. zu folgenden Fragen durchzuführen:

- wie die soziale Organisation in ihrem Umfeld als Dienstleister, Arbeitgeber und Sozialpartner wahrgenommen bzw. bewertet wird,
- welche Akzeptanz die Dienstleistungen der sozialen Organisation in der Öffentlichkeit, bei Nutzerinnen und Nutzern, Leistungsträgern und natürlich bei den eigenen Fachkräften erfahren,
- wie nachvollziehbar, einprägsam, gehaltvoll und glaubwürdig die Botschaften und das Erscheinungsbild der sozialen Organisation sind,

- inweiweit die Fachkräfte der sozialen Organisation mit den Zielen, Werten und Normen sowie der Unternehmenskultur konform gehen,
- wie sich die Bewerbungslage quantitativ und qualitativ entwickelt hat.

Notwendig werden damit Befragungen der Zielgruppen sowie Analysen der Daten der Sozialunternehmung (bspw. zur Bewerbungslage und zur Mitarbeitendenzufriedenheit). Beispiele zum Einsatz entsprechender Instrumente wurden bereits im vorstehenden Abschnitt angeführt.

Nicht alle Träger, Einrichtungen und Dienste der Sozialwirtschaft sind in der Lage, aufwändige und kostenintensivere Maßnahmen der Informationsbeschaffung zu realisieren. Auf neu eingestellte Mitarbeiterinnen und Mitarbeiter als interessante und kostengünstige Informationsquelle zum aktuellen Stand des Employer Brandings macht Heister (2013, S. 192) aufmerksam. Er stellt folgende Dimensionen und Leitfragen zur Disposition:

- „Stärken der direkten Wettbewerber: Für welches Unternehmen hätten sich unsere neuen Mitarbeiter interessiert, wenn sie nicht zu uns gekommen wären? Was wären die wichtigsten Gründe unserer neuen Mitarbeiter gewesen, ein anderes Unternehmen zu bevorzugen?
- Präferenzen der Zielgruppe: Welche Faktoren waren für unsere neuen Mitarbeiter am wichtigsten, um ihren neuen Arbeitgeber auszuwählen?
- Aktuelles Arbeitgeberimage: Was waren die wichtigsten Gründe unserer neuen Mitarbeiter, sich ausgerechnet für uns zu entscheiden?
- Medienpräferenzen: Über welche Medien wurden die neuen Mitarbeiter auf uns aufmerksam?".

Hofmann (2014, S. 347) berichtet von der Strategie einer Sozialdienst gGmbH zur Gewinnung von Information über die Möglichkeiten des Aufbaus einer trägerspezifischen Employer-Branding-Identität. Über das Instrument „Wiki" wurden in der Sozialunternehmung eine Kommunikationsplattform zu Möglichkeiten der qualitativen Verbesserung und ein Forum für Kernaussagen zum Selbstverständnis geschaffen: „Eine der ersten Inhalte, die von der Geschäftsleitung in das Wiki gestellt wurden, waren die Leitsätze, die beschreiben, welche Grundlagen ihnen bei der Führung der Mitarbeitenden und des Unternehmens als Basis dienen". So wurden Kernbegriffe im Sinne von Normen definiert, welche im Hinblick auf ihre Realisierung im betrieblichen und unternehmerischen Alltag der Sozialorganisation analysiert werden konnten. Zu diesen Leitbegriffen zählen unter anderem Intuition und Glaube, Spontanität und Tatkraft, Planung und Ziele, Kreativität und Motivation, Verantwortung und Kompetenz, Individualität und Selbstbestimmung, Partnerschaft und Kooperation sowie Erfolg und Familie. Als Beispiel für entsprechende Leitsätze soll für den letztgenannten Leitbegriff die Aussage „Wir wollen Erfolg, wir wollen gewinnen, wir wollen die Besten sein – aber nicht um jeden Preis. Fairness prägt unser Handeln" wiedergegeben werden (a. a. O., S. 348). Man kann über eine solche Vorgehensweise eine Basis schaffen, die im Sinne eines anschließenden regelmäßigen Soll-Ist-Vergleichs dann von den Mitarbeitenden bewertet werden kann, um den aktuellen Stand des Verhältnisses von Selbstbild und Realität im Employer Branding Prozess zu ermitteln. Die Ergebnisse solcher Erhebungen zeigen nicht nur generelle Übereinstimmungen von Wunsch und Wirklichkeit bezüglich der Arbeitgebermarke auf, sondern können auch helfen, Unterschiede und Gemeinsamkeiten in der Einschätzung von Management und Mitarbeitenden (oder einzelnen Gruppen der Belegschaft) einer Sozialorganisation zu identifizieren.

Als Beispiel einer internen Analyse zur Wettbewerbsfähigkeit auf dem Arbeitsmarkt soll eine von Lüngen und Braun (2014, S. 305) publizierte Gegenüberstellung der Vor- und Nachteile einer Arbeit in einem diakonischen Pflegestift aufgeführt werden (vgl. Tab. 4.11).

Zur flankierenden Analyse der Ist-Situation der eigenen Arbeitgebermarke können gegebenenfalls statistische Quellen wie die zur Erhebung des Bekanntheitsgrads des Trägers bzw. des Verbands herangezogen werden. So veröffentlichte beispielsweise die Internetausgabe „Neue Caritas" im Jahr 2013 einen Forschungsbefund Freiburger Sozialwissenschaftler zur Wahrnehmung der Caritas durch Studierende (www.caritas.de). Dort heißt es unter anderem: „Ihr hoher Bekannt-

Tabelle 4.11 Gegenüberstellung der Vor- und Nachteile im Alexander-Stift (Lüngen und Braun 2014, S. 305)

Vorteile	Nachteile
• Gute Vernetzung in den Gemeinden (zu Vereinen, Kirchen, Apotheken, Ärzten usw.) • Familiäre Atmosphäre • Persönliche Beziehungen z. B. zum Gemeindepfarrer • Miteinbeziehung in das Gemeindeleben • Attraktivität für potentielle Mitarbeitende durch die kleinen Einheiten • Gemeinschaft unter den Bewohnerinnen und Bewohnern, da diese durch die Hausgemeinschaften gefördert wird • Mitarbeitende und Pflegebedürftige kennen sich • Mitarbeitende können auf die Bewohnerinnen und Bewohner individuell eingehen	• Schlechte Verkehrsanbindung • Betriebswirtschaftliche Nachteile (z. B. für bis zu 50 Pflegebedürftige wird eine Nachtwache benötigt. Eine Einrichtung des Alexander-Stifts hat durchschnittlich 40 Pflegekräfte) • Für z. B. drei Küchen werden drei hauswirtschaftliche Mitarbeitende benötigt

heitsgrad auch außerhalb der Gruppe konfessionellen Christentums kann als sehr erfreulich für die Caritas gewertet werden. Dass Studierende die Caritas am meisten durch Plakate oder Zeitung kennen, lässt den Schluss zu, dass derzeit besonders Plakat- und Zeitungswerbung der Caritas Aufmerksamkeit erzeugen können. Möglicherweise hören Studierende wenig Radio, wohingegen sie auf dem täglichen Weg zur Universität an Plakaten der Caritas vorbeikommen könnten. Außerdem ist es möglich, dass Menschen, denen die Caritas schon ein Begriff ist, solche Werbeplakate eher im Gedächtnis behalten als Menschen, die noch nie von der Organisation gehört haben". In ihrem Resümee schließen die Autoren: „Zusammenfassend können die quantitativen Ergebnisse dieser Studie gute Ansatzpunkte liefern für das Vorhaben der Caritas, einen noch besseren Zugang zur Jugend zu finden: Zum einen verfügen die Studierenden noch nicht über genügend Informationen zur Caritas. Auffällig wenige (24 Prozent) kennen die Caritas aus dem Religionsunterricht, immerhin jedoch etwa 35 Prozent aus dem Kontext der Gemeinde. Da dieser Wohlfahrtsverband im Rahmen seiner Internetpräsenzen und an diversen anderen Orten ausführliche Informationen bereitstellt und sich junge Menschen bei Interesse leicht Zugang verschaffen können, kommt es vor allem darauf an, dieses Interesse in einer für sie attraktiven Weise zu wecken. Damit wird es möglich, die Jugendlichen mit den Angeboten der Caritas besser zu erreichen und andererseits auch mehr junge Menschen zum Engagement bei der Caritas zu motivieren".

4.4 Besondere Herausforderung des Employer Brandings für soziale Organisationen

Der Sektor der Wohlfahrtspflege weist Besonderheiten auf, die auch im Employer Branding Prozess zu berücksichtigen sind. So sind soziale Organisationen unter frei-gemeinnütziger Trägerschaft nicht selten wertegebunden und in ihrer Mehrzahl historisch über einen längeren bis langen Zeitraum gewachsen. Organisationen unter öffentlicher Trägerschaft sind tendenziell bürokratischen Sachzwängen unterworfen und von einer starken Einbindung in übergeordnete politisch-administrative Kontexte gekennzeichnet. Beide Trägerarten stehen institutionell vor besonderen Herausforderungen, da sie in ihren Strukturen und Strategien zur Inflexibilität neigen.

Zum Schluss dieses Abschnitts sollen vor diesem Hintergrund die bei einem Employer Branding Prozess für Organisationen des sozialen Bereichs zu bewältigenden Schwierigkeiten einer Harmonisierung von intendierter Arbeitgebermarke und Management- und Führungskonzepten thematisiert werden. Der Fokus liegt auf Fragen der Unternehmenskultur sowie der Notwendigkeit einer systemischen Herangehensweise.

4.4.1 Employer Branding und die Kultur der Sozialorganisation

In der Literatur wird häufig betont, dass eine nachhaltig erfolgreiche Employer Branding Strategie lediglich auf der Grundlage einer korrespondierend stabilen und positiven Unternehmenskultur möglich ist. Die Identität einer Organisation und das Konzept der Arbeitgebermarke müssen mithin harmonieren. Lediglich auf dieser Basis kann eine klare Positionierung auf dem Arbeitsmarkt, ein Nutzenversprechen an die potentiellen Mitarbeiterinnen und Mitarbeiter sowie eine affektiv ansprechende Tonalität der Arbeitgebermarke konzipiert und in der Praxis des Arbeitsalltags durchgehalten werden.

In den Fokus des Employer Brandings kommt damit die „Gesamtheit der verhaltensbeeinflussenden Werte, Normen und Symbole in einem Unternehmen, die in der Interaktion gemeinsam geschaffen, geteilt und weiterentwickelt werden und die Basis für die Unternehmensidentität bilden" (Franken 2010, S. 209). Mit den Grundprämissen (häufig unbewusste und tief verankerte Anschauungen), den bekundeten Werten (Strategien, Ziele, artikulierte Philosophie) sowie den Artefakten (sichtbare und gegebenenfalls spürbare tangible Strukturen und Prozesse) sind drei Ebenen der Unternehmenskultur zu bedenken (Schein und Schein 2018). Wie Heister (2013, S. 189) betont, ist diese kulturelle Basis im Rahmen einer Vision und eines Leitbildes zu formulieren: „Aufbauend auf der Unternehmensphilosophie und der Corporate Identity wird eine Vision, ein Leitbild und eine EVP für das Employer Branding verabschiedet, also eine Kultur bzw. Philosophie abgestimmt, kommuniziert und vor allem von der Unternehmensführung gelebt und in allen Funktionen des Personalmanagements integriert"[2].

Dass tradierte Vorurteile respektive gewachsene kulturelle Sichtweisen bei Berücksichtigung von neuen Zielgruppen des Employer Brandings kritisch hinterfragt werden müssen, betont Könnecke (2014, S. 342) in ihrem Bericht zum Markenbewusstsein als Arbeitgeber in der Eingliederungshilfe sowie einer damit korrespondierenden Realisierung eines Karriereportals sowie einer einführenden Werbekampagne in einer Zeitschrift und an den Hamburger Hoch- und Fachschulen: „Dass ein sozialer Träger die Karriereplanung und Stärkung des Führungsnachwuchses zum strategischen Ziel erklärt und dies auch innerhalb der Organisation sowie der Verwaltung umsetzt, ist neu in der Sozialwirtschaft, aber dringend nötig. [...] Studierende der Sozialen Arbeit und der verwandten Berufe sind keine Freaks, die die Welt verbessern wollen – und das am besten in Wollsocken mit Diskussionskerze bewaffnet. Diese Bilder passen heute nicht mehr in

---

2 EVP = „Employer Value Proposition", ein im Wettbewerb attraktives und besonderes Nutzenversprechen als Arbeitgeber, vgl. Kapitel 4.1.2.

das Milieu der Sozialen Arbeit. [...] Soziale Arbeit ist ein Berufszweig mit Karriereperspektiven – gerade in Zeiten des Fachkräftemangels".

In der Literatur zu personalpolitischen Aspekten der Konkurrenz um jüngeres Personal in der Pflege und in der Eingliederungshilfe finden sich auch Hinweise auf eine verstärkte Notwendigkeit von generationen- oder zumindest kohortenspezifischem Diversity Management bei Anpassung von arbeitsspezifischen Rahmenbedingungen an die Erwartungen des Fachkräftenachwuchses. Anschaulich hat dies Daubertshäuser (2014, S. 143) zum Thema Rollenverständnis jüngerer Mitarbeiter und Realität in den Einrichtungen wie folgt formuliert: „Die Entwicklung und Erbringung individueller, vorwiegend ambulanter Dienstleistungen, das Assistenzmodell und die damit verbundene strikte Klientenorientierung gehören inzwischen selbstverständlich in die Lehrpläne der Ausbildungsstätten. Doch dann treffen die Ausbildungsinhalte auf die (momentane) Realität: auf das Beharrungsvermögen älterer Mitarbeitender, vielfach auch auf die eigenen Arbeitsbedingungen".

Inzwischen werden die Wahrnehmungen von Fachkräften in ihrem Berufsalltag von einer Reihe an Instituten erhoben und im Benchmarking öffentlichkeitswirksam verglichen. Bekannte Beispiele sind „Deutschlands beste Arbeitgeber" (greatplacetowork.de), „Top Job" (topjob.de) oder „Focus Award" (news.kununu.com). Typische Dimensionen der Erhebungen sind Arbeitszufriedenheit, Wertschätzung, Anerkennung, Möglichkeiten und Förderung von Entwicklung und Karriere, Vergütung und Vergütungsstrukturen, Gesundheitsmanagement, Kommunikations- und Führungsstile, Betriebsklima, Gerechtigkeit, Diskriminierungsfreiheit und Teamkulturen. Häufig werden auch Leitgedanken der Arbeitgeber zu verschiedenen Handlungsfeldern des Employer Brandings in die Bewertung einbezogen.[3]

4.4.2 Systemische Herangehensweise

Das Employer Branding verfolgt das Ziel, als Anbieter von Arbeitsplätzen auf dem Arbeitsmarkt eine erfolgreiche Position einzunehmen. Die Verankerung in der Organisation ist eine notwendige Voraussetzung für die Wirksamkeit einer Arbeitgebermarke. Es geht auch hier um eine Gestaltung „eines institutionellen Rahmens, der es ermöglicht, eine handlungsfähige Ganzheit über ihre Zweckerfüllung überlebensfähig und entwicklungsfähig zu halten" (Ulrich und Fluri 1992,

---

[3] Nicht alle Rankings sind unumstritten, kritisiert wird häufiger eine nicht wissenschaftlich fundierte methodische Herangehensweise sowie der Umstand, dass nicht alle Wettbewerbe frei von kommerziellen Interessen sind.

Abbildung 4.10 Dimensionen einer Marketing-Implementierung (Voeth und Herbst 2013, S. 620, eigene Darstellung)

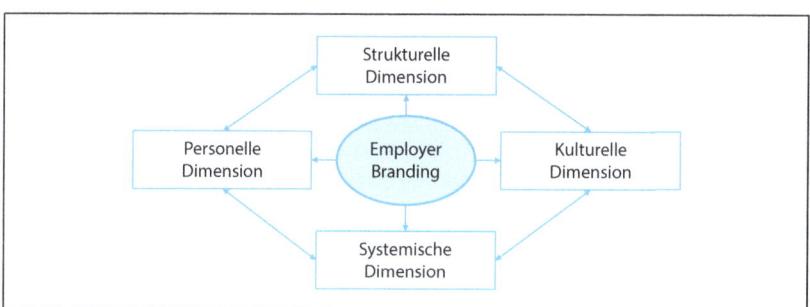

S. 113). Voeth und Herbst (2013, S. 620 ff.) weisen in diesem Zusammenhang darauf hin, dass mit der verhaltensbezogenen Durchsetzung und der sachbezogenen Umsetzung verschiedene Ebenen der Unternehmensführung betroffen sind. Es geht damit nicht nur um strukturelle und technische Angelegenheiten, sondern auch (und möglicherweise vor allem) um die Aufgabe, bei den Mitarbeitenden einer Organisation Akzeptanz für ein Employer Branding bzw. ein entsprechendes Konzept zu schaffen.

In der Gesamtschau sind bei der Implementierung einer Employer Branding Strategie mit der strukturellen, der personellen, der kulturellen sowie der systematischen Dimension vier Sektoren des Managements gleichermaßen in Einklang zu bringen (Abb. 4.10).

Die Durchsetzung konzeptioneller Entwürfe benötigt in der personellen Dimension ebenso ein Kennen wie ein Verstehen, Können und Wollen. In der kulturellen Dimension sind die verschiedenen Ebenen vom Träger bis zur Gruppen- und Individualebene betroffen. In der strukturellen Dimension sind Faktoren wie Organisation, Prozesse und Kundenorientierung zu nennen, auf der systemischen Ebene reicht das Spektrum vom Informations- und Kommunikations- bis hin zum Kontroll-, Anreiz- und Personalmanagementsystem. Gegebenenfalls bedeutet die Implementierung einer Employer-Branding-Strategie damit eine ganze Reihe von Anpassungsleistungen des sozialen Unternehmens oder des Betriebs als sozio-technisches Gebilde.

Für soziale Organisationen ist die Konzeption und Implementierung einer starken Arbeitgebermarke nicht ohne besondere Herausforderungen. Eine Eigenschaft, die eine erfolgreiche Marke kennzeichnet, besteht nämlich darin, dass sie „im Markt ein Qualitätsversprechen gibt, dass eine dauerhaft werthaltige, nutzenstiftende Wirkung erzielt und bei der relevanten Zielgruppe in der Erfüllung der

Kundenerwartungen ein nachhaltiger Erfolg im Markt realisiert bzw. realisieren kann" (Bruhn 2004, S. 21). Mit den Versprechungen einer Marke korreliert eine Reihe von Verpflichtungen mit möglicherweise erheblichem Aufwand für die jeweilige Organisation. Dies betrifft vor allem die Verpflichtung zur Gewährleistung von Qualitätsversprechen und den Aufwand diesbezüglich notwendiger Maßnahmen im Bereich der Qualitätsentwicklung und Qualitätssicherung. Entsprechend den Geboten der Markenpolitik im absatzwirtschaftlichen Bereich bedeutet dies im Personalmarketing, dass das Employer Branding im Alltag der sozialen Organisation tatsächlich realisiert bzw. durchgehalten und überprüft werden muss, zudem sind entsprechende Ressourcen für die Pflege der Marke gesichert bereit zu stellen. Ähnlich wie im Markenmanagement von Produkten und Dienstleistungen muss die in der Arbeitgebermarke verankerte Qualität auch tatsächlich und dauerhaft geliefert werden. So sind solche Markenversprechen als attraktiver Arbeitgeber nicht abzugeben, die in der Realität nicht gesichert einzuhalten sind.

Mit Eisenreich (2014, S. 64) möchten wir noch auf eine weitere Herausforderung verweisen, die mit dem Employer Branding verbunden ist: „Wie sollen Mitarbeiterinnen und Mitarbeiter sich in der Fülle möglicher Arbeitgeber [...] den für sich passenden Arbeitgeber heraussuchen, wenn sich diese mit der Listung von identischen Instrumenten und Angeboten nicht unterscheiden. [...] Im Grunde muss erst einmal einen Schritt zurückgegangen werden. Geklärt wird, wofür eigentlich die Organisation im Verhältnis zu ihrem Personal steht. Wie verbindet sich die Unternehmensstrategien mit der Personalstrategie? Existiert keine wirkliche Unternehmensstrategie, wird es für eine Personalstrategie schwer. Denn eben die Sinnhaftigkeit der eigenen Tätigkeit ist für die Auswahl eines Arbeitgebers immer ein zentrales Kriterium".

Literaturempfehlungen zur Vertiefung

Empfehlenswert zur Vertiefung sind die Beiträge in dem von von Walter und Kremmel (2016) herausgegebenen Band zum Employer Brand Management, dort insbesondere zur Einführung in die Thematik, zu strategischen Fragen sowie zu Ansätzen der Kommunikationspolitik und zur Steuerung des Employer Brandings.

Empfehlungen für praxisbezogene Vertiefungen

Praxisbezogene Vertiefungen zum Aufbau und zur Gestaltung einer Arbeitgebermarke durch Employee Relationship Management können über die Lektüre des von Bröckermann und Pepels (2013) herausgegebenen Bands zum Personalmarketing vorgenommen werden.

Die Beiträge in dem von der Bundesarbeitsgemeinschaft der Freien Wohlfahrtspflege (2014) herausgegebene Tagungsband zur innovativen Gestaltung von Beschäftigung informiert gut über diesbezügliche Herausforderungen und Chancen im sozialen Sektor.

Literaturverzeichnis Kapitel 4

Bruhn, M. (2004). Begriffsabgrenzungen und Erscheinungsformen von Marken. In: M. Bruhn (Hrsg.), *Handbuch Markenführung. Bd. 1* (S. 3–49). Wiesbaden: Gabler.
Bruhn, M. (2015). *Kommunikationspolitik. Systematischer Einsatz der Kommunikation für Unternehmen*. 8. Aufl., München: Gabler.
Burmann, Chr., Meffert, H., & Koers, M. (2005). Stellenwert und Gegenstand des Markenmanagements. In: H. Meffert, C. Burmann & M. Koers (Hrsg.), *Markenmanagement. Identitätsorientierte Markenführung und praktische Umsetzung* (S. 3–17). 2., vollst. überarb. u. erw. Aufl., Wiesbaden: Gabler.
caritas.de (2013). Umfrage: So nehmen Studierende die Caritas wahr. http://www.caritas.de/neue-caritas/heftarchiv/jahrgang2013/artikel/umfrage-so-nehmen-studierende-die-caritas. Zugegriffen: 12.09.2017.
Clausnitzer, Th., Heide, G., & Nasner, N. (2002). *Markenartikel-Management. Strategien und Instrumente für eine konsistente Marktbearbeitung*. Stuttgart: Schäffer-Poeschel Verlag.
Daubertshäuser, H.-G. (2014). Der Umbau der Eingliederungshilfe und die Auswirkungen auf Kompetenz- und Anforderungsprofile von Fach- und Führungskräften. In: Bundesarbeitsgemeinschaft der Freien Wohlfahrtspflege (Hrsg.), *Beschäftigung innovativ gestalten. Wertschöpfung – Wertschätzung – Wettbewerb. Bericht über den 8. Kongress der Sozialwirtschaft vom 13. und 14. Juni 2013 in Magdeburg* (S. 139–154). Baden-Baden: Nomos.
Eisenreich, Th. (2014). Unternehmen der Sozial- und Gesundheitswirtschaft: Mit welchen strategischen Konzepten wird den Herausforderungen an das Personalmanagement begegnet? In: Bundesarbeitsgemeinschaft der Freien Wohlfahrtspflege (Hrsg.), *Beschäftigung innovativ gestalten. Wertschöpfung – Wertschätzung – Wettbewerb. Bericht über den 8. Kongress der Sozialwirtschaft vom 13. und 14. Juni 2013 in Magdeburg* (S. 59–65). Baden-Baden: Nomos.
Franken, S. (2010). *Verhaltensorientierte Führung. Handeln, Lernen und Diversity in Unternehmen*. 3., überarb. u. erw. Aufl., Heidelberg: Gabler.
Heider-Winter, C. (2014). *Employer Branding in der Sozialwirtschaft. Wie Sie als attraktiver Arbeitgeber die richtigen Fachkräfte finden und halten*. Wiesbaden: Springer Gabler.
Heister, W. (2013). Employer Branding. In: W. Pepels (Hrsg.), *Das neue Personalmarketing. Employee Relationship Management als moderner Erfolgstreiber. Bd. 2: Handbuch Personaleinsatz* (S. 179–201). Berlin: Wissenschaftsverlag.

Hofmann, D. (2014). Mit einem Wiki der Employer brennt auf die Spur gekommen. Integra Soziale Dienste gGmbH. In: C. Heider-Winter (Hrsg.), *Employer Branding in der Sozialwirtschaft. Wie Sie als attraktiver Arbeitgeber die richtigen Fachkräfte finden und halten* (S. 343–350). Wiesbaden: Springer Gabler.

Horcher, G. (2013). Controlling. In: K. Grunwald, G. Horcher & B. Maelicke, (Hrsg.), *Lexikon der Sozialwirtschaft*. 2. aktual. u. vollst. überarb. Aufl. (S. 216–218). Baden-Baden: Nomos.

Könnecke, St. (2014). Markenbewusstsein als Arbeitgeber in der Eingliederungshilfe. In: C. Heider-Winter (Hrsg.), *Employer Branding in der Sozialwirtschaft. Wie Sie als attraktiver Arbeitgeber die richtigen Fachkräfte finden und halten* (S. 333–343). Wiesbaden: Springer Gabler.

Kotler, Ph., & Bliemel, F. (1999). *Marketing-Management*. 9. Aufl., Stuttgart: Schäffer-Poeschl Verlag.

Kremmel, D., Hofer-Fischer, S., & von Walter, B. (2016). Kommunikationsprobleme. Arbeitgebermarke kommunikativ umsetzten. In: B. von Walter & D. Kremmel, (Hrsg.), *Employer Brand Management. Arbeitgebermarken aufbauen und steuern* (S. 169–200). Wiesbaden: Springer Gabler.

Meffert, H., & Bierwirth, A. (2005). Corporate Branding. Führung der Unternehmensmarke im Spannungsfeld unterschiedliche Zielgruppen. In: H. Meffert, C. Burmann & M. Koers (Hrsg.), *Markenmanagement. Identitätsorientierte Markenführung und praktische Umsetzung*. 2., vollst. überarb. u. erw. Aufl. (S. 143–162). Wiesbaden: Gabler.

Meffert, H., Burmann, Chr., & Kirchgeorg, M. (2014). *Marketing. Grundlagen marktorientierter Unternehmensführung. Konzepte – Instrumente – Praxisbeispiele*. 12., überarb. u. aktualisierte Aufl., Wiesbaden: Springer Gabler.

Meffert, H., & Bruhn, M. (2015). *Dienstleistungsmarketing. Grundlagen – Konzepte – Methoden*. 8. vollst. überarb. u. erw. Aufl., Wiesbaden: Springer Gabler.

Roedenbeck Schäfer (2014). *Personalgewinnung in der Pflege. Innovative Ideen – einfach umgesetzt*. München: Urban & Fischer.

Schein, E. H., & Schein, P. (2018). *Organisationskultur und Leadership*. 5. Aufl., München: Vahlen.

Sponheuer, B. (2010). *Employer Branding als Bestandteil einer ganzheitlichen Markenführung*. Wiesbaden: Gabler.

Stritzke, Chr. (2009). *Marktorientiertes Personalmanagement durch Employer Branding. Theoretisch-konzeptioneller Zugang und empirische Evidenz*. Wiesbaden: Gabler.

Tenés, A., & Runge, Chr. (2016). *Reputations-Management. Employer Branding*. Wiesbaden: Springer Gabler.

Thommen, J.-P., Achleitner, A.-C., Gilbert, D. U., Hachmeister, G., & Kaiser, G. (2017). *Allgemeine Betriebswirtschaftslehre. Umfassende Erörterung aus managementorientierter Sicht*. 8. Aufl., Wiesbaden: Gabler.

Ulrich, P., & Fluri, E. (1992). *Management*. 6. Aufl., Bern und Stuttgart: Haupt.

Voeth, M., & Herbst, U. (2013). *Marketing-Management. Grundlagen, Konzeption und Umsetzung*. Stuttgart: Schäffer-Poeschel Verlag.

Von Walter, B., & Kremmel, D. (2016a). Employer Branding-Strategie: Strategische Ausrichtung der Arbeitgebermarke bestimmen. In: B. von Walter & D. Krem-

mel (Hrsg.), *Employer Brand Management. Arbeitgebermarken aufbauen und steuern* (S. 113–137). Wiesbaden: Springer Gabler.
Von Walter, B., & Kremmel, D. (2016b). Employer Brand Controlling. Erfolg der Arbeitgebermarke kontrollieren. In: B. von Walter & D. Kremmel (Hrsg.), *Employer Brand Management. Arbeitgebermarken aufbauen und steuern* (S. 215–234). Wiesbaden: Springer Gabler.
Weber, J., Bramsemann, U., Heineke, C., & Hirsch, B. (2017). *Wertorientierte Unternehmenssteuerung. Konzepte – Implementierung – Praxis-Statement*. Wiesbaden: Springer Gabler.
Weigmann, F. (2011). *In den Augen der Anderen. Pflege-PR in der Diakonie. Handreichung für die interne und externe Kommunikation*. Halle: Diakonie Texte.

# Zusammenfassung und Ausblick

Zum Abschluss dieser Publikation soll eine Zusammenfassung der vorstehenden Abschnitte vorgenommen und ein Ausblick auf die Zukunft des Personalmarketings sozialer Organisationen gewagt werden.

5.1 Zusammenfassung

In diesem Band zum Personalmarketing für soziale Organisationen wurden mit den personalwirtschaftlichen Rahmenbedingungen und Herausforderungen, der Mitarbeitendengewinnung, der Mitarbeitendenbindung sowie dem Employer Branding vier inhaltlicher Schwerpunkte behandelt.

5.1.1 Rahmenbedingungen und Herausforderungen des Personalmarketings sozialwirtschaftlicher Organisationen

Aufgrund eines gleichzeitigen Bevölkerungsrückgangs und eines Alterungsprozesses der Gesellschaft müssen in Deutschland auf sehr vielen Arbeitsmärkten in bereits naher Zukunft größere Verwerfungen erwartet werden. Die Rahmenbedingungen des Personalmarketings sozialer Organisationen sind hierzulande wie in nahezu allen anderen volkswirtschaftlichen Branchen gekennzeichnet von einer bereits in Ansätzen wahrzunehmenden Fachkräfteknappheit und einem mittelfristig deutlich zunehmenden Wettbewerb um Mitarbeiterinnen und Mitarbeiter. Die meisten Träger, Einrichtungen und Dienste der Wohlfahrtspflege erbringen ihre Leistungen sehr personalintensiv und sind daher auf Fachkräfte in einem besonderen Maße angewiesen. Sie arbeiten in Feldern, welche Produktivitätssteigerungen kaum unterworfen werden können, der „Produktionsfaktor Mensch" ist in personalbezogenen sozialen Sektoren so gut wie nicht substituierbar. Um Mitarbeitende zu gewinnen und zu halten, können die Ansätze und Denkweisen des Marketings genutzt werden. Das Marketing ist eine fest verankerte Disziplin des Managements bzw. der Betriebswirtschaftslehre und konzentriert sich auf den Absatz von Produkten und Dienstleistungen. Das Personalmarketing ist eine auf die Akquise und Bindung von Mitarbeitenden ausgerichtete Unterfunktion des Marketings, im Mittelpunkt stehen hier die potentiellen und aktuellen Fachkräfte als „Kunden" der Organisation. Personalmarketing wird nach innen und nach außen betrieben.

Die Besonderheiten im Personalmarketing für soziale Organisationen sind zu beachten. Insbesondere muss berücksichtigt werden, dass aufgrund der besonderen Finanzierungsstruktur der sozialen Organisationen in der Regel keine Lohnanpassungen bzw. finanziellen Anreize in Analogie zu Arbeitsmärkten der Erwerbswirtschaft möglich sind. Soziale Organisationen müssen ggfls. andere Chancen nutzen, Fachkräfte zu gewinnen und zu halten.

5.1.2 Mitarbeitendengewinnung

Die Gewinnung von neuen Mitarbeiterinnen und Mitarbeitern kann über eine Reihe von kurz- und mittelfristig wirksamen Maßnahmen realisiert werden. Von Relevanz im kurzfristigen Bereich sind die interne Personalrekrutierung und die Nutzung eines Bewerbendenpools, aber auch die Akquise über Stellenanzeigen und Out-of-Home Werbung sowie die Einschaltung von Arbeitsagenturen und privaten Arbeitsvermittlern. Zunehmend bedeutsam wurden in den vergangenen Jahren die verschiedenen Medien und Plattformen im Rahmen des Internet-Recruitments, auch die Direktansprache potentieller Bewerberinnen und Bewerber gerät im Personalmarketing mehr und mehr in den Mittelpunkt der Erörterung.

Die Mitarbeitendengewinnung muss auf fundierten Informationen basieren. Hierzu gehören die Kenntnis des aktuellen Stands sowie der Entwicklung des für eine soziale Organisation relevanten Arbeitsmarkts ebenso wie die Kenntnis der eigenen Position im Wettbewerb um Fachkräfte. Eine entsprechende Stärken-/Schwächen-Analyse soll die Situation als Arbeitgeber durch einen Abgleich mit den Trends auf dem Arbeitsmarkt sowie den Bedarfen und Bedürfnissen der Zielgruppen ermitteln, ein Abgleich mit den Umfeldentwicklungen soll es der Sozialorganisation ermöglichen, Chancen und Risiken sowie Handlungsbedarf im Hinblick auf die Optimierung der eigenen Attraktivität als Arbeitgeber abschätzen zu können.

Zusammenfassung 173

5.1.3 Mitarbeitendenbindung

Die Mitarbeitendenbindung ist das Ziel des Personalmarketings, welches „nach innen" wirksam ist. Im Zentrum der Ansätze zur Bindung von Fachkräften sozialwirtschaftlicher Organisationen stehen neben dem Führungsverhalten (Führungsstil, Delegation, Wertschätzung, konstruktives Konfliktmanagement) und den Möglichkeiten einer Anpassung der Vergütung (Arbeitslohn, leistungsorientierte Bezahlung und zusätzliche Arbeitgeberleistungen) vor allem die Entwicklungsmöglichkeiten im Sozialbetrieb und Sozialunternehmen. Um die Entwicklungsmöglichkeiten von Fachkräften in sozialen Organisationen bedarfsgerecht zu gewährleisten, sind die Potenziale der Fort- und Weiterbildung sowie die Karriereoptionen gemäß den Ansprüchen der Mitarbeitenden resp. den qualitativen Anforderungen ihrer Tätigkeit auszugestalten.

Ebenfalls von Bedeutung sind strukturelle und prozessuale Faktoren, die eine Zufriedenheit der Fachkräfte gewährleisten bzw. ein entsprechend gutes Betriebsklima unterstützen können. Im Rahmen der Arbeitsgestaltung sind arbeitswissenschaftliche Befunde im Hinblick auf Anforderungsvielfalt, Ganzheitlichkeit der Aufgaben, Bedeutsamkeit, Autonomie und Möglichkeiten der Rückkopplung respektive Wirksamkeit zu berücksichtigen. Die Arbeitsbedingungen sind humanorientiert auszugestalten und müssen auch arbeitspsychologischen Notwendigkeiten folgen. Im Kontext der Personalbildung und Personalförderung sind die Einarbeitung und Integration sowie die Möglichkeiten von Patenschaften und Mentoring ebenso wesentlich wie die Maßnahmen des sogenannten Human-Resources- und des Diversity-Managements. Neuere Ansätze der Personalbindung umfassen auch eine bedarfsgerechte Betriebliche Gesundheitsförderung.

Die Informationsbeschaffung zum Stand der Qualität der Mitarbeitendenbindung umfasst das Instrument der Mitarbeiterbefragung sowie die Analyse von Unternehmensdaten wie Fluktuationsrate, Krankenstand, Überlastungsanzeigen und Abmahnungen.

5.1.4 Employer Branding

Mit Employer Branding wird die Strategie der Bildung einer Arbeitgebermarke bezeichnet, welche die Akquise und Bindung von Mitarbeitenden unterstützt. Im Zentrum steht eine Markenpolitik, welche das Image der sozialen Organisation als Arbeitgeber positiv ausgestaltet.

Die Erarbeitung und Etablierung einer Arbeitgebermarke umfasst die Klärung der Ausgangsituation und der Kernkompetenzen, die Definition eines Arbeitgeber-Markenkerns, die Bestimmung des Markennutzens sowie die Konzeption einer Markenpersönlichkeit. Bei der Konzeption eines Profils ist die Relevanz für die Zielgruppen und das Unternehmen ebenso zu berücksichtigen wie der Herausforderungsgrad und die Art der Arbeitgebereigenschaften. Die Kommunikation einer Arbeitgebermarke kann verschiedene Instrumente nutzen und sollte auf fundierten Planungen beruhen.

Das Employer Brand Controlling bezieht sich auf die Steuerung der Erarbeitung, Implementierung und Pflege einer Arbeitgebermarke. Verschiedene Kennzahlen und Methoden zur Informationsbeschaffung stehen hierfür zur Verfügung.

Besondere Herausforderungen beim Employer Branding einer sozialen Organisation bestehen sowohl in personellen und strukturellen wie auch in kulturellen und systemischen Dimensionen.

5.2 Ausblick

Ganz zuletzt sei noch erlaubt, einen kurzen Blick auf die Zukunft des Personalmarketings sozialer Organisationen vorzunehmen. Nach Hinweisen auf die absehbare Relevanz von Personalgewinnung und Personalbindung im sozialen Sektor werden einige ausgewählte Perspektiven benannt, die der Autor in den Raum stellen möchte.

5.2.1 Der Fachkräftemangel wird noch weiter an Bedeutung gewinnen

Die Relevanz der Gewinnung und Bindung von Mitarbeitenden – so die Generalthese – wird im Sozialbereich bereits in wenigen Jahren noch wesentlich deutlicher hervortreten.

Zwei Dimensionen von Zukunftsfähigkeit sozialer Organisationen sind in diesem Kontext zu beachten:

- Quantitativ: Die Knappheit an Fachkräften wird in einigen Regionen des deutschsprachigen Raums dramatisch zunehmen. Verspüren einige öffentliche und private Träger bereits heute eine abnehmende Zahl an Nachwuchskräften, wird in nicht wenigen Gegenden die Leistungserbringung an sich künftig in Gefahr sein, wenn es nicht gelingt, eine Mindestzahl an hinreichend qualifiziertem Personal zu gewinnen.
- Qualitativ: In wachsender Weise wird der Wettbewerb um Zuwendungen und einzelleistungsfinanzierten Aufträgen über die Qualität der Fachkräfte ausge-

tragen werden. Dies betrifft deren Ausbildung ebenso wie deren Berufserfahrung und deren Engagement.

Trotz der Versuche, Sozialberufe über PR-Maßnahmen auf übergreifender Ebene aufzuwerten, wird der Erfolg im Wettbewerb um Personal über die Initiative der Träger, Eirichtungen und Dienste entschieden werden. Mehr und mehr Leistungserbringer werden sich künftig dazu entscheiden, in die Personalgewinnung und Personalbindung verstärkt zu investieren. Das Personalmarketing wird zum sine-qua-non für den Bestand und Erfolg vieler personenbezogener sozialer Dienstleistungen. Die sozialen Organisationen werden sich noch weiter die Perspektive des Marketings zu eigen machen (müssen), um die Attraktivität ihrer Arbeitsplätze zu erhöhen, sie werden dabei die Bedarfe und Bedürfnisse der „Kunden" (also der Fachkräfte) in den Mittelpunkt ihrer Überlegungen zu stellen haben. Dass ein Träger, eine Einrichtung oder ein Dienst der Sozialwirtschaft in Zukunft ohne Beachtung dieser Maßgabe noch hinreichend Mitarbeiterinnen und Mitarbeiter gewinnen und halten kann, wird zunehmend unwahrscheinlich.

5.2.2 Professionelles Personalmarketing als Schlüsselfaktor des Sozialmanagements

Es muss davon ausgegangen werden, dass Personalmarketing zu einem der Schlüsselfaktoren im Management sozialer Organisationen werden wird. Hierzu sollen folgende Thesen formuliert werden:

- Organisationen der sozialen Arbeit, der Rehabilitation, der Elementar- und Hortpädagogik, der Pflege und der Gesundheitswirtschaft werden kaum mehr umhinkönnen, ihre Arbeitsplätze bewusst zu „verkaufen". Sie werden, um weiterhin Personal der gewünschten Menge und Qualität beschäftigen zu können, jede Chance nutzen müssen, sich als attraktiver Arbeitgeber darzustellen und ihre Beschäftigten zu halten. Mitarbeitendengewinnung und Mitarbeitendenbindung werden als investiver Faktor eine Aufwertung im Budget sozialer Organisationen erfahren müssen.
- Es ist zu erwarten, dass die Abwerbeversuche auch im Sektor der Wohlfahrtspflege zunehmen werden. Soziale Organisationen werden künftig genötigt sein, mindestens bei solchen Fachkräften eine langfristige Personalplanung vorzunehmen, welche einen besonderen Wert für die Qualität der Einrichtung oder des Dienstes aufweisen. Effektive Personalplanung und ein wirksames Personalmarketing werden zu einem strategisch ausschlaggebenden Faktor gegenüber den Anforderungen von Kostenträgern werden.

- Mittel- und langfristig werden solche Sozialorganisationen auf dem Markt erfolgreich sein, welche in der Lage sind, ihre Leistungspolitik mit integrierten Strategien und ganzheitlichen Konzepten ihres Personalmarketings zu verbinden. Dies bedeutet eine bewusste Verknüpfung von attraktiven (wirksamen) Angeboten und attraktiven Arbeitsplätzen. Es ist davon auszugehen, dass gerade bei solchen Fachkräften, welche für die Qualitätsentwicklung einer Sozialorganisation von hoher Bedeutung sind, ein korrespondierendes Talent-Management unverzichtbar ist. Eine mittel- und langfristige Personalbedarfsplanung geht dann einher mit entsprechender Personalentwicklung und Bereitstellung von Karriereperspektiven. Eine solche strategische Ausrichtung bedeutet im Übrigen, bereits lange bevor die ersten Anzeichen einer Fachkräfteknappheit spürbar sind aktiv zu werden. Ein weiterer Schlüsselfaktor wird in der effektiven Implementation von Strategien und Maßnahmen des Personalmarketings liegen.
- Im Wettbewerb um Fachkräfte werden für viele soziale Organisationen der Aufbau und die Kommunikation einer profilierten Arbeitgebermarke unumgänglich werden. Diesbezüglich werden sich viele Träger, Einrichtungen und Dienste professionalisieren müssen, um in der Konkurrenz um Fachkräfte mithalten zu können. Nicht unwahrscheinlich ist, dass eine Reihe von sozialen Organisationen in Zukunft eine sehr intensive Personalwerbung auf der Basis einer dezidierten Employer Value Proposition, also eines Sets sehr attraktiver Arbeitgebereigenschaften, betreiben werden. Da vor allem kleinere Anbieter nicht in der Lage sein werden, einzelne Mitarbeitende oder gar eigenständige Abteilungen für die Entwicklung und Umsetzung von strategischen Konzepten auszubilden, wird auch im sozialen Bereich verstärkt auf externe Beratung (Recruitment-Consulting) zurückgegriffen werden müssen.
- Das Personalmarketing für soziale Organisationen wird künftig verstärkt im Internet stattfinden. Die Internetpräsenz über die Website an sich, im Speziellen jedoch die Social Media Nutzung, die Beteiligung an Blogs und Microblogs sowie die Kommunikation über Social Sharing werden auch im Bereich der Wohlfahrtspflege fester instrumenteller Bestandteil der Personalakquise und Personalbindung sein. Auch hier ist zu erwarten, dass professionelle Standards bald nicht mehr unterschritten werden können, weil die Anspruchshaltungen der Fachkräfte als „Kunden" weiter steigen werden.
- Dem Fachkräftemangel erfolgreich entgegenzutreten, bedeutet am Ende auch für soziale Organisationen, im Hinblick auf die Beschaffung und Bindung von Personal eine schonungslose Analyse der Stärken und Schwächen vorzunehmen sowie sich bietende Potenziale für einen positiven Kulturwandel zu nutzen.

Ausblick

Die Verantwortlichen sozialer Organisation (Vorstand, Geschäfts- und Einrichtungsleitungen, aber auch Fachberatungen und Teamleitungen) werden in ihrer Personalpolitik vor wichtige Entscheidungen gestellt sein. Die Zeit wird knapp. Werden die Führungs- und Leitungskräfte die Herausforderungen rechtzeitig und umfassend erkennen (können)? Werden sie auf den Wandel rechtzeitig reagieren (können)? Welche Instrumente der Bindung und Akquise von Personal werden sie nutzen (können)? Wie individuell werden die sozialen Organisationen sich als Arbeitgeber profilieren (können)? Welchen besonderen Nutzen werden sie im Rahmen ihrer Employer Branding Strategie schaffen und kommunizieren (können)? Werden sie für ein wirksames Personalmarketing hinreichende Ressourcen generieren bzw. bereitstellen (können)?

Es stellen sich darüber hinaus noch weitere Fragen: Wie sich werden die (potenziellen) Fachkräfte verhalten? Gelingt es, Menschen auch weiterhin für einen vergleichsweise niedrig bezahlten und nicht selten aufreibenden Beruf zu begeistern und sie darin zu halten? Wie werden sich die Fachkräfte im Wettbewerb der Arbeitgeber entscheiden? Welche Faktoren (Geld, Entwicklungsmöglichkeiten, Betriebsklima etc.) werden wirksam sein in der zu erwartenden heißen Konkurrenz um Talente?

Man darf gespannt sein.

Gesamtliteraturverzeichnis

Adams, J., Claus, A., Claus, M., Schöne, K., Rose, D. M., & Sammito, St. (2018). Soziale Unterstützung und Arbeitszufriedenheit. Unterschiede zwischen verschiedenen Tätigkeitsbereichen. *Prävention und Gesundheitsförderung* 1, 18–23.

aerzteblatt.de (2015). Hoher Krankenstand in der Kinderbetreuung. http://www.aerzteblatt.de/nachrichten/63805/Hoher-Krankenstand-in-der-Kinderbetreuung. Zugegriffen: 12. 10. 2017.

aerzteblatt.de (2011). Krankenstand von Pflegekräften. http://www.aerzteblatt.de/nachrichten/45524/Krankenstand-von-Pflegekraeften-ein-Drittel-ueber-dem-Durchschnitt. Zugegriffen: 12. 10. 2017.

Antonovsky, A. (1997). *Salutogenese. Zur Entmystifizierung der Gesundheit*. Erweiterte deutsche Ausgabe von A. Franke. Tübingen: Dgvt-Verlag.

Becker, Th. (2014). *Medienmanagement und öffentliche Kommunikation. Der Einsatz von Medien in Unternehmensführung und Marketing*. Wiesbaden: Springer VS.

Beckerle, K. (2015). *Die Abmahnung. Wirksam und korrekt umsetzen*. 12. Aufl., Freiburg; München: Haufe-Lexware.

Bertel, J., & Becker, F. G. (2017). *Personal-Management: Grundzüge für Konzeptionen betrieblicher Personalarbeit*. Stuttgart: Schäffer-Poeschel Verlag.

Birzele, H. J., & Thieme, L. (2007). *Sozial-Marketing*. Schwalbach/Ts.: Wochenschau.

Bleicher, K., & Abegglen, Chr. (2017). *Das Konzept Integriertes Management: Visionen – Missionen – Programme*. Frankfurt a. M: Campus Verlag.

Boneberg, I. (2013). Delegation. In: Th. Steiger & E. Lippmann (Hrsg.), *Handbuch angewandte Psychologie für Führungskräfte*, Bd. II, 4. Aufl. (S. 160–171). Berlin, Heidelberg: Springer.

Braun, D., & Löhe, J. (2017). Konfliktmanagement als Leitungsaufgabe – Was tun wenn's kracht? In: S. Skalla (Hrsg.), *Handbuch für die Kita-Leitung*. 2., überarbeitete u. erw. Aufl. (S. 269–288). Köln: Carl Verlag.

Brickwedde, W. (2017). Erschließen Sie mit LinkedIn den deutschen und international orientierten Talentpool. In: R. Dannhäuser (Hrsg.), *Praxishandbuch Social Media Recruiting. Experten Know-How/Praxistipps/Rechtshinweise*. 3. Aufl. (S. 143–185), Wiesbaden: Springer Gabler.

Bruhn, M. (2015). *Kommunikationspolitik. Systematischer Einsatz der Kommunikation für Unternehmen*. 8. Aufl., München: Vahlen.

Bruhn, M. (2004). Begriffsabgrenzungen und Erscheinungsformen von Marken. In: M. Bruhn (Hrsg.), *Handbuch Markenführung. Bd. 1* (S. 3–49). Wiesbaden: Gabler.

Brunner, F. J. (2014). *Japanische Erfolgskonzepte*. 3. Aufl., München: Carl Hanser Verlag.

bund.de (2016). http://www.bmg.bund.de/index.php?id=646. Zugegriffen: 09.05.2018.

Bund, K. (2016). *Glück schlägt Geld. Generation Y: Was wir wirklich wollen*. 3. Aufl., Hamburg: Murmann.

Bundesagentur für Arbeit (2018). Zum Tag der Pflege: Immer mehr ausländische Pflegekräfte. BA-Presseinfo Nr. 15, 09.05.2018. http://www.presseportal.de/pm/6776/3939820 . Zugegriffen: 09.05.2018.

Bundesanstalt für Arbeit (2017) Arbeitgeber-Service. http://www.arbeitsagentur.de/unternehmen/arbeitgeber-service. Zugegriffen: 10.05.2017.

Bundesarbeitsgemeinschaft der Freien Wohlfahrtspflege e. V. (2012). *Einrichtungen und Dienste der Freien Wohlfahrtspflege. Gesamtstatistik*. o. O., o. V.

Bundesministerium für Arbeit und Soziales (2013). *Arbeitsmarktprognose 2030. Eine strategische Vorausschau auf die Entwicklung von Angebot und Nachfrage in Deutschland*. Bonn: Bundesministerium für Arbeit und Soziales.

Bungard, W., Müller, K., & Niethammer, C. (2007). *Mitarbeiterbefragung – was dann...? MAB und Folgeprozesse erfolgreich gestalten*. Heidelberg: Springer.

Burmann, Chr., Meffert, H., & Koers, M. (2005). Stellenwert und Gegenstand des Markenmanagements. In: H. Meffert, C. Burmann & M. Koers (Hrsg.), *Markenmanagement. Identitätsorientierte Markenführung und praktische Umsetzung* (S. 3–17). 2., vollst. überarb. u. erw. Aufl., Wiesbaden: Gabler.

Buß, E. (2007). Image und Reputation. Werttreiber für das Management. In: M. Piwinger & A. Zerfaß (Hrsg.), *Handbuch Unternehmenskommunikation* (S. 227–243). Wiesbaden: Springer Gabler.

Boeßenecker, K.-H., & Vilain, M. (2013). *Spitzenverbände der Freien Wohlfahrtspflege: Eine Einführung in Organisationsstrukturen und Handlungsfelder sozialwirtschaftlicher Akteure in Deutschland*. Weinheim: Beltz Juventa.

Bofinger, P. (2015). *Grundzüge der Volkswirtschaftslehre: Eine Einführung in die Wissenschaft von Märkten*. München: Pearson Studium.

Bogai, D. (2014). Perspektiven des Arbeitsmarktes für Pflegekräfte. *Vierteljahreshefte zur Wirtschaftsforschung DIW 04*, 107–122.

Bosch, G. (2014). Arbeitsmarkt und Beschäftigung im Umbruch. Auswirkungen auf die Sozial- und Gesundheitswirtschaft. In: Bundesarbeitsgemeinschaft der Freien Wohlfahrtspflege (Hrsg.), *Beschäftigung innovativ gestalten. Wertschöpfung – Wertschätzung – Wettbewerb. Bericht über den 8. Kongress der Sozialwirtschaft vom 13. und 14. Juni 2013 in Magdeburg* (S. 17–30). Baden-Baden: Nomos.

caritas.de (2013). Umfrage: So nehmen Studierende die Caritas wahr. http://www.caritas.de/neue-caritas/heftarchiv/jahrgang2013/artikel/umfrage-so-nehmen-studierende-die-caritas. Zugegriffen: 12.09.2017.

Christa, H. (2017). Weiche Faktoren im harten Wettbewerb. *SOZIALwirtschaft 6*, 38–39.

Christa, H. (2016a). Distributionspolitik. Der unterschätzte Faktor. *SOZIALwirtschaft* 6, 34–35.
Christa, H. (2016b). Personalgewinnung. Defizite bei sozialen Medien. *SOZIALwirtschaft aktuell* 10, 1–4.
Christa, H. (2013). Strategisches Controlling. In: U. Bettig, H. Christa, C. Faust, A. Goldstein & L. Kolhoff (Hrsg.), *Betriebswirtschaftliche Grundlagen in der Sozialwirtschaft* (S. 231–247). Baden-Baden: UTB.
Christa, H. (2010). *Grundwissen Sozio-Marketing. Konzeptionelle und strategische Grundlagen für soziale Organisationen.* Wiesbaden: VS Verlag für Sozialwissenschaften.
Christliches Jugenddorfwerk Deutschlands (2017). Ihr Einstieg ins CJD. http://www.cjd.de/arbeiten-im-cjd/ihr-einstieg-ins-cjd. Zugegriffen: 11.11.2017.
Ciesinger, K. G., Fischbach, A., Klatt, R., & Neuendorff, H. (Hrsg.) (2011). *Berufe im Schatten: Wertschätzung von Dienstleistungsberufen.* Berlin: LIT Verlag.
Clausnitzer, Th., Heide, G., & Nasner, N. (2002). *Markenartikel-Management. Strategien und Instrumente für eine konsistente Marktbearbeitung.* Stuttgart: Schäffer-Poeschel Verlag.
Dannhäuser, R. (2017). Trends im Recruiting. In: Dannhäuser, R. (Hrsg.), *Praxishandbuch Social Media Recruiting. Experten Know-How/Praxistipps/Rechtshinweise.* 3. Aufl. (S. 1–40), Wiesbaden: Springer Gabler.
Daubertshäuser, H.-G. (2014). Der Umbau der Eingliederungshilfe und die Auswirkungen auf Kompetenz- und Anforderungsprofile von Fach- und Führungskräften. In: Bundesarbeitsgemeinschaft der Freien Wohlfahrtspflege (Hrsg.), *Beschäftigung innovativ gestalten. Wertschöpfung – Wertschätzung – Wettbewerb. Bericht über den 8. Kongress der Sozialwirtschaft vom 13. und 14. Juni 2013 in Magdeburg* (S. 139–154). Baden-Baden: Nomos.
Deutscher Bundestag (2015). Vermittlungsquote von 13 Prozent. Parlamentsnachrichten. Arbeit und Soziales/Antwort – 04.03.2015 (hib 113/2015). http://www.bundestag.de/presse/hib/2015_03/-/363660. Zugegriffen: 10.05.2017.
Dilcher, B., & Emminghaus, Chr. (Hrsg.) (2010). *Leistungsorientierte Vergütung: Herausforderung für die Organisations- und Personalentwicklung. Umsetzung und Wirkung von Leistungsentgeltsystemen in der betrieblichen Praxis.* Wiesbaden: Gabler.
Drumm, H.-J. (2008). *Personalwirtschaft.* Berlin, Heidelberg: Springer.
Drumm, H.-J. (2002). Organisation für Gründer. In: M. Dowling & H. J. Drumm, (Hrsg.), *Gründungsmanagement: Vom erfolgreichen Unternehmensstart zu dauerhaftem Wachstum* (S. 185–202). Berlin, Heidelberg: Gabler.
Eisenreich, Th. (2014). Unternehmen der Sozial- und Gesundheitswirtschaft: Mit welchen strategischen Konzepten wird den Herausforderungen an das Personalmanagement begegnet? In: Bundesarbeitsgemeinschaft der Freien Wohlfahrtspflege (Hrsg.), *Beschäftigung innovativ gestalten. Wertschöpfung – Wertschätzung – Wettbewerb. Bericht über den 8. Kongress der Sozialwirtschaft vom 13. und 14. Juni 2013 in Magdeburg* (S. 59–65). Baden-Baden: Nomos.

EVENT-PARTNER (2017). In 7 Schritten zu einem erfolgreichen Event. http://www.event-partner.de/business/in-7-schritten-zu-einem-erfolgreichen-event-marketing. Zugegriffen: 08.11.2017.

Facebook (2018). Eine Community von 30 Millionen. https://de.newsroom.fb.com/news/2017/06/eine-community-von-30-millionen-facebook-sagt-danke/. Zugegriffen: 02.02.2018.

Fehlau, E. G. (2013). Job Sharing. In: K. Grunwald, G. Horcher & B. Maelicke (Hrsg.), *Lexikon der Sozialwirtschaft*, 2. akt. u. vollst. überarb. Aufl. (S. 508). Baden-Baden: Nomos.

Felser, G. (2015). *Werbe- und Konsumentenpsychologie*. 4., erw. u. vollst. überarb. Aufl., Berlin, Heidelberg: Springer.

Franken, S. (2010). *Verhaltensorientierte Führung. Handeln, Lernen und Diversity in Unternehmen*. 3., überarb. u. erw. Aufl., Heidelberg: Gabler.

Freiling, J., & Reckenfelderbäumer, M. (2010). *Markt und Unternehmung*. 3. Aufl., Wiesbaden: Gabler.

Fuchs, J., Söhnlein, D., & Weber, B. (2017). *Arbeitskräfteangebot sinkt auch bei hoher Zuwanderung*. IAB-Kurzbericht Nr. 6, 16.2.2017.

Fuß, A. (2017). Selbst- und Zeitmanagement für Leitungen. In: S. Skalla (Hrsg.), *Handbuch für die Kita-Leitung* (S. 325–335). Köln: Carl Verlag.

Gallup Inc. (2017). Pressemitteilung – Gallup Engagement Index 2016: Schlechte Chefs kosten deutsche Volkswirtschaft bis zu 105 Milliarden Euro jährlich. Berlin.

Glasl, F. (2017). *Konfliktmanagement: Ein Handbuch für Führungskräfte, Beraterinnen und Berater*. Bern: Haupt.

Grothe, M. (2017). Wie Sie Facebook richtig verankern. In: R. Dannhäuser (Hrsg.), *Praxishandbuch Social Media Recruiting. Experten Know-How/Praxistipps/Rechtshinweise*. 3. Aufl. (S. 187–244). Wiesbaden: Springer Gabler.

Gundlach, A. (2013). *Wirkungsvolle Live-Kommunikation. Liebe Deine Helden: Dramaturgie und Inszenierung erfolgreicher Events*. Wiesbaden: Springer Gabler.

Haberkorn, K. (2002). *Praxis der Mitarbeiterführung. Ein Grundriss*. 10., erw. Aufl., Renningen-Malmsheim: Expert Verlag.

Hackman, J. R., & Odlham, G. R. (1976). Motivation through the design of work. *Organisational Behavior and Human Performance* 16, 250–279.

Hahnzog, S. (Hrsg.) (2014). *Betriebliche Gesundheitsförderung. Das Praxishandbuch für den Mittelstand*. Wiesbaden: Springer Gabler.

Halfar, B., Moos, G., & Schellberg, K. (2014). *Controlling in der Sozialwirtschaft*. Handbuch. Baden-Baden: Nomos.

Haubold, A.-K., Gnieser, K., & Golovina, M. et al. (2014). Mitarbeiter an das Unternehmen binden. In: A.-K. Haubold, T. Gonschorek & I. Gestring et al. (Hrsg.), *Managementkompetenzen im Mittelstand. Grundlegendes Wissen und Instrumente zur praktischen Umsetzung* (S. 113–130). Wiesbaden: Springer Gabler.

Haubold, A.-K., Christa, H., Kuntzsch, M., Beckmann, W., Ishig, A., Kuntzsch, D., & von der Weth, R. (2016). Healthy Ageing in the Geriatric Nursing Profession. A Salutogenetic Intervention Program. In M. Wiencke, M. Cacace & S. Fischer (Hrsg.), *Healthy at Work. Interdisciplinary Perspectives* (S. 299–310). Cham: Springer International Publishing Switzerland.

Heider-Winter, C. (2014). *Employer Branding in der Sozialwirtschaft. Wie Sie als attraktiver Arbeitgeber die richtigen Fachkräfte finden und halten.* Wiesbaden: Springer Gabler.

Heider-Winter, C., & Lange, R. (2014). „MEHR Männer in Kitas". In: Bundesarbeitsgemeinschaft der Freien Wohlfahrtspflege (Hrsg.), *Beschäftigung innovativ gestalten. Wertschöpfung – Wertschätzung – Wettbewerb. Bericht über den 8. Kongress der Sozialwirtschaft vom 13. und 14. Juni 2013 in Magdeburg* (S. 263–267). Baden-Baden: Nomos.

Heister, W. (2013). Employer Branding. In: W. Pepels (Hrsg.), *Das neue Personalmarketing. Employee Relationship Management als moderner Erfolgstreiber. Bd. 2. Handbuch Personaleinsatz* (S. 179–201). Berlin: Wissenschaftsverlag.

Held, U., Hoffmann, A., & Kaßbaum, B. (2014). Gesund arbeiten. Das Projekt gesa. In: Bundesarbeitsgemeinschaft der Freien Wohlfahrtspflege (Hrsg.), *Beschäftigung innovativ gestalten. Wertschöpfung – Wertschätzung – Wettbewerb. Bericht über den 8. Kongress der Sozialwirtschaft vom 13. und 14. Juni 2013 in Magdeburg* (S. 253–261). Baden-Baden: Nomos.

Herbst, D. (2007). *Public Relations. Konzeption und Organisation, Instrumente, Kommunikation mit wichtigen Bezugsgruppen.* 3. völl. überarb. Aufl., Berlin: Cornelsen.

Hersey, P., Blanchard, K., & Johnson, D. E. (2015). *Management Of Organizational Behavior.* 10. Aufl., Chennai: Pearson.

hessischer-pflegemonitor.de (2015). Hessischer Pflegemonitor. http://www.hessischerpflegemonitor.de/2015/index.php?id=118. Zugegriffen: 09.09.2017.

Hey, P. (2014). Betriebliche Gesundheitsförderung führt zu erfolgreichem Personalmarketing. In: W. Hahnzog (Hrsg.), *Betriebliche Gesundheitsförderung. Das Praxishandbuch für den Mittelstand* (S. 299–310). Wiesbaden: Springer Gabler.

Hoffmann, St., & Akbar, P. (2016). *Konsumentenverhalten. Konsumenten verstehen – Marketingmaßnahmen gestalten.* Wiesbaden: Springer Gabler.

Hofmann, D. (2014). Mit einem Wiki der Employer brennt auf die Spur gekommen. Integra Soziale Dienste GmbH. In: C. Heider-Winter (Hrsg.), *Employer Branding in der Sozialwirtschaft. Wie Sie als attraktiver Arbeitgeber die richtigen Fachkräfte finden und halten* (S. 343–350). Wiesbaden: Springer Gabler.

Homburg, Chr. (2017). *Marketingmanagement. Strategie – Instrumente – Umsetzung – Unternehmensführung.* 6., überarbeit. u. erw. Aufl., Wiesbaden: Springer Gabler.

Horcher, G. (2013a). Delegation. In: K. Grunwald, G. Horcher & B. Maelicke (Hrsg.), *Lexikon der Sozialwirtschaft,* 2. akt. u. vollst. überarb. Aufl. (S. 237–238). Baden-Baden: Nomos.

Horcher, G. (2013b). Controlling. In: K. Grunwald, G. Horcher & B. Maelicke (Hrsg.), *Lexikon der Sozialwirtschaft.* 2. aktual. u. vollst. überarb. Aufl. (S. 216–218). Baden-Baden: Nomos.

Huber, A. (2014). Das Betriebliche Eingliederungsmanagement. In: W. Hahnzog (Hrsg.), *Betriebliche Gesundheitsförderung. Das Praxishandbuch für den Mittelstand* (S. 59–73). Wiesbaden: Springer Gabler.

Huggenberger, M. (2014). *Optimierungspotenziale der Personalbindung von Fachkräften in Krankenhäusern. Analyse und Evaluation von Personalbindungsstrategien anhand exemplarischer Berufsgruppen.* Heidelberg: medhochzwei-Verlag.

Hungenberg, H., & Wulf, Th. (2011). *Grundlagen der Unternehmensführung.* 4. Aufl., Heidelberg, Berlin: Springer Gabler.

Institut für Arbeitsmarkt- und Berufsforschung – IAB (2015). Zentrale Befunde zu aktuellen Arbeitsmarktthemen. IAB-Bericht 7/2015.

Jung, R. H., Heinzen, M., & Quarg, S. (2016). *Allgemeine Managementlehre. Lehrbuch für die angewandte Unternehmens- und Personalführung.* 6., neu bearb. u. erweit. Aufl., Berlin: Erich-Schmidt-Verlag.

Kanning, U. P. (2017). *Personalmarketing, Employer Branding und Mitarbeiterbindung. Forschungsbefunde und Praxistipps aus der Personalpsychologie.* Berlin, Heidelberg: Springer.

Kelm, R. (2018). *Arbeitszeit- und Dienstplangestaltung in der Pflege.* 5., überarb. Aufl., Stuttgart: Kohlhammer.

Kirschten, K. (2017). *Nachhaltiges Personalmanagement. Aktuelle Konzepte, Innovationen und Unternehmensentwicklung.* Konstanz, München: UVK.

Klie, Th., Heislbetz, C., & Behrend, M. (2013). Herausforderung Pflege – Modelle und Strategien zur Stärkung des Berufsfeldes Altenpflege. http://agp-freiburg.de/downloads/Abschlussbericht_Herausforder ung_Pflege_2013.pdf. Zugegriffen: 12.11.2017.

Kliner, K., Rennert, D., & Richter, M. (Hrsg.) (2017). *Gesundheit und Arbeit – Blickpunkt Gesundheitswesen.* BKK Gesundheitsatlas 2017, Berlin: MWV.

Kolb, M. (2010). *Personalmanagement. Grundlagen und Praxis des Human Resources Management.* 2. Aufl., Wiesbaden: Gabler.

Könnecke, St. (2014). Markenbewusstsein als Arbeitgeber in der Eingliederungshilfe. In: C. Heider-Winter (Hrsg.), *Employer Branding in der Sozialwirtschaft. Wie Sie als attraktiver Arbeitgeber die richtigen Fachkräfte finden und halten* (S. 333–343). Wiesbaden: Springer Gabler.

Kotler, Ph., & Bliemel, F. (1999). *Marketing-Management.* 9. Aufl., Stuttgart: Schäffer-Poeschl Verlag.

Kortendieck, G. (2011). *Marketing im Sozialen Bereich.* Augsburg: Walhalla.

Kremmel, D., Hofer-Fischer, S., & von Walter, B. (2016). Kommunikationsprobleme. Arbeitgebermarke kommunikativ umsetzten. In: B. von Walter & D. Kremmel (Hrsg.), *Employer Brand Management. Arbeitgebermarken aufbauen und steuern* (S. 169–200). Wiesbaden: Springer Gabler.

Krings, Th. (2017). *Erfolgsfaktoren effektiver Personalauswahl.* Wiesbaden: Springer Gabler.

Jones, D. G., & Tadajewski, M. (2018). *Foundations of Marketing Thought: The Influence of the German Historical School.* New York: Routledge.

Kuniß, K. (2013). Die demografischen Herausforderungen für soziale Einrichtungen. Perspektiven aus der Praxis zur Personalsituation in der sächsischen Sozialwirtschaft. *corax* 5, 6–10.

Kuß, A., & Kleinaltenkamp, M. (2016). *Marketing – Einführung.* 7. Aufl., Wiesbaden: Springer Gabler.

Kuß, A., & Kleinaltenkamp, M. (2013). *Marketing – Einführung.* 5. Aufl., Wiesbaden: Springer Gabler.

Kuß, A. (2009). *Marketing-Theorie. Eine Einführung.* Wiesbaden: Springer Gabler.

Landkreis MOL (2017). Bachelor of Arts (Soziale Dienste) – Duales Studium. http://www.ausbildung.de/unternehmen/landkreis-maerkisch-oderland/stellen/bachelor-of-arts-soziale-dienste-duales-studium. Zugegriffen: 09.05.2018.

Lorenz, R. (2016). *Salutogenese. Grundwissen für Psychologen, Mediziner, Gesundheits- und Pflegewissenschaftler.* 3. Aufl., München: Reinhardt.

Lorenz, M., & Rohrschneider, U. (2015). *Erfolgreiche Personalauswahl. Sicher, schnell und durchdacht.* 2. Aufl., Wiesbaden: Springer Gabler.

Luhmann, N. (1987). *Soziale Systeme: Grundriß einer allgemeinen Theorie.* Frankfurt a. M: Suhrkamp.

March, J. G., & Simon, H. A. (1993). *Organizations.* Second Edition. Cambridge: John Wiley & Sons.

Matyssek, A. K. (2011). *Wertschätzung im Betrieb. Impulse für eine gesündere Unternehmenskultur.* Norderstedt: Books on Demand.

Meffert, H., & Bierwirth, A. (2005). Corporate Branding. Führung der Unternehmensmarke im Spannungsfeld unterschiedlicher Zielgruppen. In: H. Meffert, C. Burmann & M. Koers (Hrsg.), *Markenmanagement. Identitätsorientierte Markenführung und praktische Umsetzung.* 2., vollst. überarb. u. erw. Aufl. (S. 143–162). Wiesbaden: Gabler.

Meffert, H., Burmann, Chr., & Kirchgeorg, M. (2014). *Marketing: Grundlagen marktorientierter Unternehmensführung. Konzepte – Instrumente – Praxisbeispiele.* 12., überarb. u. aktual. Aufl., Wiesbaden: Springer Gabler.

Meffert, H., & Bruhn, M. (2015). *Dienstleistungsmarketing. Grundlagen – Konzepte – Methoden.* 8. vollst. überarb. u. erw. Aufl., Wiesbaden: Springer Gabler.

Merchel, J. (2009). *Sozialmanagement.* Weinheim: Juventa.

Merchel, J., Pamme, H., & Khalaf, A. (2012). *Personalmanagement im Allgemeinen Sozialen Dienst. Standortbestimmung und Perspektiven für Leitung.* Weinheim, Basel: Beltz Juventa.

Moser, K., & Sende, C. (2014). Personalmarketing. In: H. Schuler & U. P. Kaning (Hrsg.), *Lehrbuch der Personalpsychologie.* 3. überarb. u. erw. Aufl. (S. 99–148). Göttingen: Hogrefe.

Moskaliuk, J. (2016). *Generation Y als Herausforderung für Führungskräfte: Psychologisches Praxiswissen für wertorientierte Führung.* Wiesbaden: Springer.

Müller, K., Liebig, Chr., Jöns, I., & Bungard, W. (2007). Durchführung der Befragung. In: W. Bungard, K. Müller & C. Niethammer (Hrsg.), *Mitarbeiterbefragung – was dann…? MAB und Folgeprozesse erfolgreich gestalten* (S. 103–124). Heidelberg: Springer.

Müller-Stevens, G., & Lechner, Chr. (2016). *Strategisches Management. Wie strategische Initiativen zum Wandel führen.* Stuttgart: Schäffer-Poeschel Verlag.

Müller-Vorbrüggen, M. (2013). Personalentwicklung. In: R. Brökelmann & W. Pepels (Hrsg.), *Das neue Personalmarketing. Employee Relationship Management als moderner Erfolgstreiber* (S. 105–128). 2. Aufl., Berlin: Wissenschaftsverlag.

ndr.de (2017). Immer mehr Aushilfserzieher in Kitas. http://www.ndr.de/nachrichten/mecklenburg-vorpommern/Immer-mehr-Aushilfs-Erzieher-in-Kitas,kitaerzieher100.html. Zugegriffen: 28.09.2017.

Nerdinger, F. W. (2014a). Gravitation und organisationale Sozialisation. In: F. W. Nerdinger, G. Blickle & N. Schaper (Hrsg.), *Arbeits- und Organisationspsychologie*, 3., vollst. überarb. Aufl. (S. 71–82). Berlin, Heidelberg: Springer.

Nerdinger, F. W. (2014b). Teamarbeit. In F. W. Nerdinger, G. Blickle & N. Schaper (Hrsg.), *Arbeits- und Organisationspsychologie*, 3., vollst. überarbeitete Aufl. (S. 103–118). Berlin, Heidelberg: Springer.

Nieder, P. (1997). *Erfolg durch Vertrauen. Abschied vom Management des Mißtrauens.* München: Gabler.

Panczuk, M. (2016). *Corporate Recruiting Best Practice. 16 Handlungsempfehlungen für innovative Personalbeschaffung.* Book on demand.

Parsons, T., & Smelser, N. (2001). *Economy and Society: A Study in the Integration of Economic and Social Theory.* London: Routledge.

Piller, F., Hutzenreuther, Th., & Koch, J. et al. (2008). *Einführung in die Betriebswirtschaftslehre.* Wiesbaden: Springer Gabler.

Polenske, U. (2017). Mitarbeiterbindung in der Diakonie am Beispiel von Einrichtungsleitenden der stationären Altenhilfe – Konsequenzen für diakonisches Personalmanagement. In: B. Hofmann & M. Büscher (Hrsg.), *Diakonische Unternehmen multirational führen. Grundlagen – Kontroversen – Potenziale* (S. 135–151). Baden-Baden: Nomos.

Richter, G., & Schütte, M. (2014). Salutogenetische Subjektive Arbeitsanalyse – SALSA. In Bundesanstalt für Arbeitsschutz und Arbeitsmedizin (Hrsg.), *Gefährdungsbeurteilung psychischer Belastung. Erfahrung und Empfehlungen* (S. 240–244). Berlin: Erich-Schmidt-Verlag.

Rimann, M., & Udris, I. (1997). Subjektive Arbeitsanalyse. Der Fragebogen SALSA. In O. Strohm & E. Ulich (Hrsg.), *Unternehmen arbeitspsychologisch bewerten. Ein Mehr-Ebenen-Ansatz unter besonderer Berücksichtigung von Mensch. Technik und Organisation* (S. 281–298). Zürich: vdf Hochschulverlag.

Roedenbeck Schäfer, M. (2017). *Recruiting to go für Sozial- und Pflegeeinrichtungen.* Regensburg: Walhalla.

Roedenbeck Schäfer, M. (2014). *Personalgewinnung in der Pflege. Innovative Ideen – einfach umgesetzt.* München: Urban & Fischer.

Rowold, J., & Heinitz, K. (2008). Führungsstile als Stressbarrieren. Zum Zusammenhang zwischen transformationaler, transaktionaler, mitarbeiter- und aufgabenorientierter Führung und Indikatoren von Stress bei Mitarbeitern. *Zeitschrift für Personalpsychologie* 7, 129–140.

Schanz, G. (2015). *Personalwirtschaftslehre.* 3. Aufl., München: Vahlen

Schawel, C., & Billing, F. (2012). *Top 100 Management Tools.* Wiesbaden: Springer Gabler.

Schein, E. H., & Schein, P. (2018). *Organisationskultur und Leadership.* 5. Aufl., München: Vahlen.

Schlüter, W., & Hallbauer, G. (2014). *Mitarbeiter finden mit Facebook & Co. Soziale Medien für die Personalbeschaffung nutzen.* Hannover: Vincentz Network.

Schober, D., More-Hollerweger, E., & Meyer, M. (2015). Personalmanagement. In: R. Eschenbach, C. Horak, M. Meyer & C. Schober (Hrsg.), *Management der Nonprofit-Organisation. Bewährte Instrumente im praktischen Einsatz*. 3., überarb. u. erw. Aufl. (S. 311–335). Stuttgart: Schäffer-Poeschel Verlag.
Schönig, W. (2015). *Koopkurrenz in der Sozialwirtschaft. Zur sozialpolitischen Nutzung von Kooperation und Konkurrenz*. Weinheim, Basel: Juventa.
Schreyögg, G., & Geiger, D. (2015). *Organisation. Grundlagen moderner Organisationsgestaltung*. 6. Aufl., Wiesbaden: Springer Gabler.
Schulz, L. M. (2014). *Das Geheimnis erfolgreicher Personalbeschaffung*. Wiesbaden: Springer Gabler.
Schwarz, G. (2014). *Konfliktmanagement. Konflikte erkennen, analysieren, lösen*. 9. Aufl. Wiesbaden: Springer Gabler.
Schwarz, P. (1996). *Management-Brevier für Nonprofit-Organisationen*. Stuttgart, Bern: Haupt.
Seigel, M. (2014). *PR & Marketing für Pflegedienste*. Hannover: Vincentz Network.
Seiwert, L. J. (1985). Vom operativen zum strategischen Personalmarketing. *Personalwirtschaft* 4, 348–353.
Simon, M., Tackenberg, P., Hasselhorn, H.-M., Kümmerling, A., Büscher, A., & Müller, B. H. (2005). *Auswertung der ersten Befragung der NEXT-Studie in Deutschland*. Universität Wuppertal.
Sponheuer, B. (2010). *Employer Branding als Bestandteil einer ganzheitlichen Markenführung*. Wiesbaden: Gabler.
Staehle, W. H. (1999). *Management*. 8. Aufl., München: Vahlen.
Statistisches Bundesamt (2015). *Bevölkerung Deutschlands bis 2060. 13. koordinierte Bevölkerungsvorausberechnung*. Wiesbaden: Statistisches Bundesamt.
Steiner, E., & Landes, M. (2017). *Leistungsorientierte Vergütung. Anreizsysteme wirkungsvoll gestalten*. Freiburg, München, Stuttgart: Haufe.
Steinmann, H., Schreyögg, G., & Koch, J. (2013). *Management. Grundlagen der Unternehmensführung*. 7. Aufl., Wiesbaden: Springer Gabler.
Stinchcombe, A. L. (1990). *Information and Organizations*. Berkeley: University of California Press.
Stöpel, F., Lange, A., & Voß, J. (Hrsg.) (2018). *Betriebliches Eingliederungsmanagement in der Praxis. Arbeitsfähigkeit sichern, rechtssicher agieren, Potenziale nutzen*. Freiburg: Haufe.
Stritzke, Chr. (2009). *Marktorientiertes Personalmanagement durch Employer Branding. Theoretisch-konzeptioneller Zugang und empirische Evidenz*. Wiesbaden: Gabler.
Struck, O. (2006). Arbeitsmotivation, Fluktuation, Krankenstand – wie wirken sich Entlassungen und Lohnsenkungen aus? In: O. Struck, G. Stephan, C. Köhler, A. Krause, C. Pfeifer & T. Sohr (Hrsg.), *Arbeit und Gerechtigkeit. Entlassungen und Lohnkürzungen im Urteil der Bevölkerung* (S. 87–104). Wiesbaden: VS Verlag für Sozialwissenschaften.
tagesspiegel.de (2017). Kinderbetreuung. http://www.amp.tagesspiegel.de/berlin/kinderbetreuung-in-berlin-mindestens-2000-kitaplaetze-nicht-belegt-weil-erzieher-fehlen/19595206.html. Zugegriffen: 10.12.2017.

Tenés, A., & Runge, Chr. (2016). *Reputations-Management. Employer Branding.* Wiesbaden: Springer Gabler.

Thommen, J.-P., Achleitner, A.-C. , Gilbert, D. U., Hachmeister, G., & Kaiser, G. (2017). *Allgemeine Betriebswirtschaftslehre. Umfassende Erörterung aus managementorientierter Sicht.* 8. Aufl., Wiesbaden: Springer Gabler.

tk.de (2017). Infografik Fehltage nach Berufsfeldern. http://www.tk.de/centaurus/servlet/contentblob/949252/Datei/68772/TK-Infografik-Fehltage-nach-Berufsfeldern.jpg. Zugegriffen: 02.12.2017.

Trommsdorff, V., & Teichert, Th. (2011). *Konsumentenverhalten.* 8. Aufl., Stuttgart: Kohlhammer.

Uhle, Th., & Treier, M. (2015). *Betriebliches Gesundheitsmanagement. Gesundheitsförderung in der Arbeitswelt – Mitarbeiter einbinden, Prozesse gestalten, Erfolge messen.* 3., überarbeit. u. erw. Aufl., Berlin, Heidelberg: Springer.

Ulbricht, C. (2017). Social Medial Recruiting & Recht. Rechtliche Rahmenbedingungen bei der Recherche und Gewinnung von Mitarbeitern über Xing, Facebook & Co. In: R. Dannhäuser (Hrsg.), *Praxishandbuch Social Media Recruiting. Experten Know-How/Praxistipps/Rechtshinweise* (S. 333–355). 3. Aufl., Wiesbaden: Springer Gabler.

Ulrich, P., & Fluri, E. (1992). *Management.* 6. Aufl., Bern und Stuttgart: Haupt.

vbw – Vereinigung der Bayerischen Wirtschaft e. V. (Hrsg.) (2012). *Fachkräftebedarf in Kindertageseinrichtungen bis zum Jahr 2020, erstellt von Matthias Schilling, Arbeitsstelle Kinder- und Jugendhilfestatistik im Forschungsverbund Deutsches Jugendinstitut/Technische Universität Dortmund.* Dortmund: vbw – Vereinigung der Bayerischen Wirtschaft e. V.

Voeth, M., & Herbst, U. (2013). *Marketing-Management. Grundlagen, Konzeption und Umsetzung.* Stuttgart: Schäffer-Poeschel Verlag.

Von Walter, B., & Kremmel, D. (2016a). Employer Branding-Strategie: strategische Ausrichtung der Arbeitgebermarke bestimmen. In: B. von Walter & D. Kremmel (Hrsg.), *Employer Brand Management. Arbeitgebermarken aufbauen und steuern* (S. 113–137). Wiesbaden: Springer Gabler.

Von Walter, B., & Kremmel, D. (2016b). Employer Brand Controlling. Erfolg der Arbeitgebermarke kontrollieren. In: B. von Walter & D. Kremmel (Hrsg.), *Employer Brand Management. Arbeitgebermarken aufbauen und steuern* (S. 215–234). Wiesbaden: Springer Gabler.

Weber, J., Bramsemann, U., Heineke, C., & Hirsch, B. (2017). *Wertorientierte Unternehmenssteuerung. Konzepte – Implementierung – Praxis-Statement.* Wiesbaden: Springer Gabler.

Weidner, H., & Weidner, F. (2016). *Anerkennung und Wertschätzung. Futter für die Seele und Treibstoff für Erfolg.* Offenbach: GABAL.

Weigmann, F. (2011). *In den Augen der Anderen. Pflege-PR in der Diakonie. Handreichung für die interne und externe Kommunikation.* Halle: Diakonie Texte.

Weiss, M. (2003). *Marktwirksame Prozessorganisation. Organisationen marktwirksam gestalten. An der Begegnungsqualität mit dem Umfeld arbeiten. Leistungsprozesse managen.* Frankfurt a. M.: Peter Lang.

Weitzel, T., Laumer, S., & Maier, Chr. (2016). *Themenspecial Best Practices und „Big Failures"*. Bamberg: OPUS.

Zils, E. (2015). Social Media Recruiting Studie 2015. Auswertung Deutschland. http://www.http://www.online-recruiting.net/wp-content/plugins/email-before-download/download.php?dl=4bac315fd6e7ef6d38e936a363b06b3b. Zugegriffen: 26. 11. 2015.

The manufacturer's authorised representative in the EU is Springer Nature Customer Service Centre GmbH, Europaplatz 3, 69115 Heidelberg, Germany. If you have any concerns regarding our products, please contact ProductSafety@springernature.com

Printed and bound by CPI Group (UK) Ltd, Croydon, CR0 4YY

23/03/2026

02076666-0003